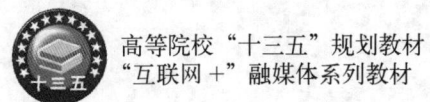

高等院校"十三五"规划教材
"互联网+"融媒体系列教材

纳税筹划

刘璐 宿怡／主编
朱淑梅 卢仙华／副主编

立信会计 出版社
LIXIN ACCOUNTING PUBLISHING HOUSE

图书在版编目(CIP)数据

纳税筹划 / 刘璐,宿怡主编. —上海:立信会计出版社,2021.6(2022.1重印)
ISBN 978-7-5429-6842-5

Ⅰ.①纳… Ⅱ.①刘… ②宿… Ⅲ.①税收筹划—高等学校—教材 Ⅳ.①F810.423

中国版本图书馆 CIP 数据核字(2021)第 096546 号

策划编辑　　郭　光
责任编辑　　郭　光
封面设计　　南房间

纳税筹划
Nashui Chouhua

出版发行	立信会计出版社
地　　址	上海市中山西路 2230 号　　邮政编码　200235
电　　话	(021)64411389　　传　真　(021)64411325
网　　址	www.lixinaph.com　　电子邮箱　lixinaph2019@126.com
网上书店	http://lixin.jd.com　　http://lxkjcbs.tmall.com
经　　销	各地新华书店
印　　刷	上海天地海设计印刷有限公司
开　　本	787 毫米×1092 毫米　　1/16
印　　张	12.25
字　　数	253 千字
版　　次	2021 年 6 月第 1 版
印　　次	2022 年 1 月第 2 次
印　　数	2101—5200
书　　号	ISBN 978-7-5429-6842-5/F
定　　价	42.00 元

如有印订差错,请与本社联系调换

前　言

在"后疫情时期",高等教育更加注重培育创新应用型人才。纳税筹划作为高等院校财经类专业的核心课程,以最新税法和企业会计准则为依据,在对税收制度和税收政策充分研究的基础上,通过对不同税种及税制要素的具体分析,为纳税人提供合理的纳税筹划建议,以实现企业价值最大化。

本书结合高校教学特点,站在纳税人的角度设计课程内容,主要包含纳税筹划理论概述、增值税的纳税筹划、消费税的纳税筹划、企业所得税的纳税筹划、个人所得税的纳税筹划、其他税种的纳税筹划、跨国经营的纳税筹划等七个部分,旨在让学生在了解纳税筹划的基本概念、基本理论的基础上,掌握各税种的筹划方法,强化自身依法纳税的意识和纳税筹划的实际应用能力。

本书以培养创新应用型人才为宗旨,主要有以下特点:

1. 根据最新税收政策编写。本书依据2021年最新出台的税收法律法规编写,与时俱进。

2. 案例经典,灵活性和应用性强。本书在介绍纳税筹划理论的基础上,更加注重纳税筹划的灵活性和应用性,着重培养学生的创新能力和应用能力。通过案例精讲,以点带面,让学生较好地把握纳税筹划的思想和精髓。

3. 编写体例和内容适合创新应用型人才的培养。本书每章开头设置"知识导航""学习目标"和"案例引入"激发学生的学习兴趣;理论部分内容简明,可读性强;在纳税筹划案例的讲授过程中,从筹划案例、工作要求、筹划分析、筹划方案、筹划结论这五个方面对案例进行剖析,力求体现"教、学、做、评合一"和"以学生为主体,以教师为主导"的教学思路;章后设置"章节测试题",训练多样,考核全面。

4. 教学资源丰富。本书为教师提供电子教学课件、教学日历、教学大纲、章节测试题参考答案等教学资源,方便教师教学。

本书由刘璐、宿怡担任主编,朱淑梅、卢仙华担任副主编,戚艺馨、孔令一、李满林、刘燕、孔祥敏参与编写。在编写过程中,参考和借鉴了大量相关教材成果,并得到了立信会计出版社郭光老师的大力支持,在此表示诚挚谢意!

由于编者水平有限,加之税收法律变化较快,本书内容难免有疏漏之处,恳请读者提出改进意见,以便我们进一步修订和完善。

编者
2021年4月

目 录

第一章 纳税筹划理论概述 ·· 1
知识导航 ··· 1
学习目标 ··· 2
第一节 纳税筹划的概念与特点 ··· 2
第二节 纳税筹划的主要形式 ··· 6
第三节 纳税筹划的风险及其防范 ··· 7
第四节 纳税筹划的成本与效益分析 ·· 9
第五节 纳税筹划的动因与目标 ·· 11
第六节 纳税筹划的基本方法 ··· 14
第七节 纳税筹划的基本步骤 ··· 16
章节测试题 ··· 21

第二章 增值税的纳税筹划 ·· 25
知识导航 ··· 25
学习目标 ··· 25
第一节 增值税纳税人的纳税筹划 ··· 26
第二节 增值税计税依据的纳税筹划 ·· 30
第三节 增值税税率的纳税筹划 ·· 47
第四节 增值税税收优惠政策的纳税筹划 ·· 52
第五节 增值税出口退税的纳税筹划 ·· 54
章节测试题 ··· 59

第三章 消费税的纳税筹划 ·· 65
知识导航 ··· 65
学习目标 ··· 65
第一节 消费税纳税人的纳税筹划 ··· 66

第二节 消费税计税依据的纳税筹划 ··· 69
第三节 消费税税率的纳税筹划 ··· 75
第四节 消费税纳税时机或方式的纳税筹划 ·· 78
第五节 消费税其他情况的纳税筹划 ·· 80
章节测试题 ·· 85

第四章 企业所得税的纳税筹划 ··· 91
知识导航 ·· 91
学习目标 ·· 91
第一节 企业所得税纳税人的纳税筹划 ··· 92
第二节 企业所得税计税依据的纳税筹划 ·· 95
第三节 企业所得税税率的纳税筹划 ··· 107
第四节 企业所得税税收优惠政策的纳税筹划 ··································· 111
章节测试题 ··· 117

第五章 个人所得税的纳税筹划 ··· 121
知识导航 ·· 121
学习目标 ·· 121
第一节 个人所得税纳税人的纳税筹划 ·· 122
第二节 个人所得税计税依据或税率的纳税筹划 ································ 127
第三节 个人所得税应税项目转换的纳税筹划 ··································· 134
第四节 个人所得税税收优惠及其他方面的纳税筹划 ·························· 141
章节测试题 ··· 147

第六章 其他税种的纳税筹划 ·· 151
知识导航 ·· 151
学习目标 ·· 152
第一节 城市维护建设税的纳税筹划 ··· 152
第二节 关税的纳税筹划 ··· 154
第三节 资源税的纳税筹划 ·· 156
第四节 土地增值税的纳税筹划 ·· 157
第五节 城镇土地使用税的纳税筹划 ··· 160

第六节　印花税的纳税筹划 …………………………………………… 162

第七节　契税的纳税筹划 ……………………………………………… 165

第八节　房产税的纳税筹划 …………………………………………… 167

第九节　车船税的纳税筹划 …………………………………………… 169

第十节　车辆购置税的纳税筹划 ……………………………………… 171

章节测试题 …………………………………………………………………… 173

第七章　跨国经营的纳税筹划 …………………………………………… 177

知识导航 ……………………………………………………………………… 177

学习目标 ……………………………………………………………………… 177

第一节　跨国经营的纳税筹划概述 …………………………………… 178

第二节　变换投资主体所在国的纳税筹划 …………………………… 179

第三节　规避成为某国常设机构的纳税筹划 ………………………… 180

第四节　跨国关联企业转让定价的纳税筹划 ………………………… 181

第五节　在避税地成立销售公司的纳税筹划 ………………………… 184

第六节　境外投资利润分配的纳税筹划 ……………………………… 185

章节测试题 …………………………………………………………………… 187

第一章 纳税筹划理论概述

知识导航

纳税筹划理论概述
- 纳税筹划的概念与特点
  - 纳税筹划的概念
  - 纳税筹划的特点
  - 纳税筹划与偷税(逃避缴纳税款)、逃避追缴欠税、抗税、骗税的界定
- 纳税筹划的主要形式
  - 节税筹划
  - 避税筹划
  - 税负转嫁筹划
  - 涉税零风险筹划
- 纳税筹划的风险及其防范
  - 纳税筹划风险的内涵
  - 纳税筹划风险的防范
- 纳税筹划的成本与效益分析
  - 纳税筹划成本分析
  - 纳税筹划效益分析
- 纳税筹划的动因与目标
  - 纳税筹划的动因
  - 纳税筹划目标的种类
- 纳税筹划的基本方法
  - 规避或转换纳税义务(或身份)法
  - 降低计税依据法
  - 降低适用税率法
  - 增加可抵扣(或扣除、抵减、抵免)税额法
  - 直接减免税款法
  - 推迟纳税时间法
- 纳税筹划的基本步骤
  - 纳税筹划的前期准备
  - 设计备选的纳税筹划方案
  - 分析、评价并选择纳税筹划方案
  - 实施纳税筹划方案
  - 对纳税筹划方案进行监控、评估和改进

学习目标

1. 理解纳税筹划的概念与特点,并能界定纳税筹划、偷税、抗税与骗税。
2. 掌握纳税筹划的主要形式。
3. 了解纳税筹划的风险以及防范措施。
4. 熟悉纳税筹划成本与效益的分析。
5. 熟悉纳税筹划的动因与目标。
6. 掌握纳税筹划的基本方法。
7. 熟悉纳税筹划的基本步骤。

案例导入

居民个人李正是一名记者,任职于晨星足球专业报社,本年有两种工作方案可供选择。

方案一:李正与晨星足球专业报社签订劳动合同,全年可取得税前工资、薪金收入600 000元。

方案二:李正与晨星足球专业报社签订劳务合同,全年可取得税前劳务报酬收入600 000元。

当年李正的专项扣除、专项附加扣除和依法确定的其他扣除合计40 000元。李正本年没有其他收入。无论确定何种用工关系,对企业和个人的其他方面都不产生影响。假设不考虑增值税因素。

请问:李正应选择哪种方案。

第一节 纳税筹划的概念与特点

一、纳税筹划的概念

"纳税筹划"一词已被越来越多的人认识和接受,纳税筹划活动正在不断地深入社会经济生活当中,不少纳税人将纳税筹划列为企业的日常管理工作。纳税筹划在我国存在着巨大的发展空间。纳税筹划、税收筹划、税务筹划、纳税规划、税收规划、税务规划都是根据英文"tax planning"翻译过来的,在此不做具体的区分。为统一起见,本书采用"纳税筹划"一词。对于纳税筹划,国际上尚无统一、权威的定义。以下列举几种颇具代表性的解释:

荷兰国际财政文献局(IBFD)在其编著的《IBFD国际税收词汇》中对纳税筹划是这样定义的：纳税筹划是指纳税人通过经营活动或个人事务活动的安排，实现缴纳最低的税收。

印度税务专家N·J.雅萨斯威在《个人投资和税收筹划》一书中指出：税收筹划是纳税人通过税务活动的安排，充分利用税收法规所提供的包括减免税在内的一切优惠，从而获得最大的税收收益。

美国南加州大学的W·B.梅格斯博士在其与R·F.梅格斯合著的《会计学》一书中指出：人们合理而又合法地安排自己的经营活动，使之缴纳可能最低的税收。他们使用的方法可称之为税收筹划……少缴税和递延纳税是纳税筹划的目标所在。

我国税务专家唐腾翔在《税收筹划》一书中认为：税收筹划是指在法律许可的范围内，通过对经营、投资、理财活动的事先筹划和安排，尽可能取得节税的税收利益。

天津财经大学会计学院盖地教授在《税务筹划学》一书中认为：税务筹划是指纳税人依据所涉及的现行税法及相关法规，遵循税收国际惯例，在遵守税法、尊重税法的前提下，根据税法中的"允许""不允许"以及"非不允许"项目和内容等，对企业的组建、经营、投资、筹资等活动进行的旨在减轻税负，有利于实现企业财务目标的谋划、决策与安排。

综上所述，纳税筹划有广义和狭义之分。广义的纳税筹划既包括节税筹划，又包括避税筹划、税负转嫁筹划和实现涉税零风险（又称涉税零风险筹划）。狭义的纳税筹划只包括节税筹划。本书采用广义纳税筹划的观点，认为纳税筹划不仅包括节税筹划，还包括避税筹划、税负转嫁筹划和涉税零风险筹划。

就企业而言，纳税筹划是企业财务管理的一部分，研究纳税筹划不能脱离财务管理。一般认为，企业财务管理的最终目标是实现企业价值最大化，因此，企业纳税筹划的最终目标不一定是降低企业的税负，而是实现企业价值最大化。纳税筹划是指企业在不违反法律、法规的前提下，在纳税行为发生之前，自行或委托代理人，通过对纳税主体的经营活动或投资行为等涉税事项做出安排，以实现企业价值最大化的一系列谋划活动。

二、纳税筹划的特点

（一）不违法性

不违法性主要是针对广义的纳税筹划来说的，是指纳税筹划不能违反法律规定。不违反法律规定是纳税筹划的前提条件，任何违反法律规定、逃避纳税责任的行为都不属于纳税筹划的范围。在有多种纳税方案可供选择时，纳税人做出采用较低税负方案的决策是纳税人的正当权利。用道德的名义要求纳税人选择高税负，不是税收法律的本义。此处不违法性包括合法性，合法性主要是针对狭义的纳税筹划即节税筹划来说的，是指纳税筹划应当符合法律规定。

(二) 事先性

事先性是指纳税筹划是在纳税义务发生之前对涉税事项所做的规划和安排。在经济活动中,纳税义务通常具有滞后性。企业在交易行为发生之后才产生货物和劳务税纳税义务,在收益实现或分配之后才产生所得税纳税义务,在财产取得之后才产生财产税纳税义务等,这就为纳税人在纳税义务发生之前进行事先筹划提供了可能性。如果纳税义务已经发生,纳税人再通过种种手段减少应纳税款,则被认定是违法行为。

(三) 全面性

全面性是指纳税筹划应该从战略的角度去考虑和把握。也就是说,企业在纳税筹划时应当用全面、发展的眼光看问题。企业不能只盯着个别税种的筹划,而应着眼于各个税种的筹划。同时,企业不能局限于短期目标的实现,而应考虑长远发展目标,最终增加企业长期、整体的收益。

(四) 风险性

由于纳税筹划是在纳税义务发生之前进行的,这就使未来的结果带有一定的不确定性:有可能由于国家宏观经济形势的变化,纳税人的经营行为未取得预期的效果;也有可能是由于国家税收政策的调整,使得本来的最优方案变成次优方案。另外,纳税人在筹划时由于对税收政策理解不透(税法在某些条款上的模糊性)等而面临违法及纳税调整的风险等。

(五) 专业性

专业性是指纳税筹划人员需要具备相关的专业知识和实际操作能力。一方面,纳税筹划涉及税收学、管理学、财务管理学、会计学、法学、国际贸易学、金融学等专业课程,需要专门人才来从事这项工作;另一方面,随着经济的快速发展、中国市场与国际市场的不断整合,以及各国税制的日益复杂和税收法律法规的不断更新变化,单凭一个人在短时间内设计一个相对复杂的纳税筹划方案越来越不可能。这不仅促使企业开始设置从事纳税筹划的部门,也促进了税务代理行业的发展。

三、纳税筹划与偷税(逃避缴纳税款)、逃避追缴欠税、抗税、骗税的界定

由于一些纳税人对纳税筹划与偷税、逃税等概念的理解模糊,界限掌握不清楚,致使其在纳税筹划时因筹划不当而构成偷税、逃税,被税务机关按规定调整其应纳税额。纳税人不仅不能达到节税的目的,可能还会被要求缴纳滞纳金,甚至会受到行政处罚,情节严重触犯刑律的还将被追究刑事责任。因此,我们很有必要熟悉与纳税筹划相关的概念,减少纳税筹划给纳税人带来的风险。

(一) 偷税(逃避缴纳税款)、逃避追缴欠税、抗税、骗税的概念

偷税(逃避缴纳税款)是指在纳税人的纳税义务已经发生且能够确定的情况下,采取

不正当或不合法的手段以逃脱其纳税义务的行为。偷税与纳税筹划有明显的差别,偷税是采取伪造、变造、隐匿、擅自销毁账簿、记账凭证,在账簿上多列支出或者不列、少列收入,经税务机关通知申报而拒不申报或者采取虚假申报的手段,不缴或者少缴应纳税款。偷税具有故意性、欺诈性,是一种违法行为,应该受到处罚。

逃避追缴欠税是指纳税人欠缴应纳税款,采取转移或者隐匿财产的手段,妨碍税务机关追缴欠缴税款的行为。《中华人民共和国税收征管法》(以下简称《税收征管法》)规定,由税务机关追缴欠缴的税款、滞纳金,并处欠缴税款50%以上5倍以下的罚款;构成犯罪的,依法追究刑事责任。

抗税是指纳税人以暴力、威胁方法拒不缴纳税款的行为。除由税务机关追缴其拒缴的税款、滞纳金外,还要依法追究刑事责任。情节轻微,未构成犯罪的,由税务机关追缴其拒缴的税款、滞纳金,并处拒缴税款1倍以上5倍以下的罚款。

骗税是指采取弄虚作假和欺骗手段,将本来没有发生的应税(应退税)行为虚构成发生了的应税行为,将小额的应税(应退税)行为伪造成大额的应税(应退税)行为,即事先根本未向国家缴过税或未缴足声称已纳的税款,而从国库中骗取了退税款。这是一种非常恶劣的违法行为。

(二) 纳税筹划与偷税(逃避缴纳税款)、逃避追缴欠税、抗税、骗税的区别

1. 性质不同

纳税筹划是在正确履行纳税义务的前提下进行的,它的特点是合法或不违法,而偷税(逃避缴纳税款)、逃避追缴欠税、抗税、骗税是通过非法手段将应税行为变为非应税行为,从而逃避纳税人的应税责任,是违法甚至犯罪行为,应该受到法律的制裁。

2. 使用的手段不同

纳税筹划采取公开或相对公开的手段,不需要进行修饰和掩盖,以理财为目的来实现企业的财务目标;偷税(逃避缴纳税款)、逃避追缴欠税、骗税采用隐蔽的手段达到少缴税款的目的,具有欺诈性;抗税采用暴力、威胁的手段,恶意触犯法律,将受到法律的严惩。

3. 承担的责任不同

纳税筹划既然是一种合法或不违法行为,原则上不会承担法律责任,并应受到国家法律的认可和保护。偷税(逃避缴纳税款)、逃避追缴欠税、抗税、骗税是违法行为,一经查实,除给予一定的经济处罚外,还要视情节轻重,决定是否追究刑事责任。

4. 政府的态度不同

偷税(逃避缴纳税款)、逃避追缴欠税、抗税、骗税行为具有故意性、欺诈性、违法性等特征,使国家税收遭受严重损失。政府对其持坚决的反对和抵制态度,并对此类行为有专门的处罚规定。而对纳税筹划,政府一般持鼓励和支持态度。虽然政府对避税筹划持不提倡态度,但是相对于偷税(逃避缴纳税款)、逃避追缴欠税、抗税、骗税行为来说,政府的态度要宽松很多。

第二节 纳税筹划的主要形式

广义的纳税筹划分为四种形式:节税筹划、避税筹划、税负转嫁筹划和涉税零风险筹划。

一、节税筹划

节税筹划是指企业在合法且顺应立法精神的前提下,在国家法律及税收法规许可并鼓励的范围内,利用税法所赋予的税收优惠或选择机会,对各种涉税事项进行策划和安排,通过减轻税负来实现企业纳税筹划目标的行为。

节税筹划是企业在合法且顺应立法精神的前提下进行的纳税筹划活动本身。其后果与税法的本意相一致,这有利于加强税法的地位,从而使政府更加有效地利用税法来进行宏观调控,因此,节税筹划是政府提倡的行为。

二、避税筹划

避税筹划强调的是不违背法律本身但违背了立法精神,是指企业利用法律的空白、漏洞或缺陷,对各种涉税事项进行策划和安排,通过规避税收来实现企业纳税筹划目标的行为。由于避税筹划违背了立法精神,因此其风险较大,是一种短期行为,最终难以实现企业价值最大化的目标。

避税筹划遵循"法无明文不为罪"的原则,不符合政府的政策导向和意图,是政府不提倡的。成功进行避税筹划意味着行为主体找到了法律漏洞与缺陷,这可以促使政府弥补漏洞与缺陷,客观上促使税法逐步完善。从这方面来说,避税筹划有助于社会经济的进步与发展。

三、税负转嫁筹划

税负转嫁筹划是指企业为了达到降低税负的目的,通过价格的调整和变动,将税负转嫁给他人来实现企业纳税筹划目标的行为。

典型的税负转嫁是在商品流通过程中,纳税人通过提高销售价格或压低购进价格,将税负转嫁给购买者或供应者。这会导致纳税人和负税人分离,纳税人是法律意义上的纳税主体,负税人(购买者或供应者)是经济上的承担主体,而国家的税收收入并不受影响,因此政府对此一般持中立态度。

四、涉税零风险筹划

涉税零风险筹划是指企业努力做到会计账目清楚,会计核算健全,纳税申报正确,业务流程规范、合理,缴纳税款及时、足额,避免受到任何税收方面的处罚,即在税收方面处于几乎零风险的状态,或者是风险极小可以忽略不计的状态。

涉税零风险筹划虽然不能为企业带来直接经济利益的增加,但却能够为企业创造一定的间接经济利益。这主要表现在:一是涉税零风险筹划可以避免涉税风险和损失的出现,从而避免税务机关的经济处罚;二是涉税零风险筹划可以避免发生信誉损失,而好的纳税信誉有利于企业的经营;三是企业会计账目清楚,纳税申报正确,缴纳税款及时、足额等,会使税务机关对企业留下很好的印象,从而使企业在税务检查以及税收优惠政策方面获得宽松待遇等。这些都有利于企业价值最大化目标的实现和企业的长远发展。涉税零风险筹划有利于形成良好的税收征纳环境,促进社会和谐发展,政府对此持鼓励的态度。

纳税筹划四种形式的比较如表 1-1 所示。

表 1-1　　　　　　　　　　纳税筹划四种形式的比较

纳税筹划类型	立法意图	法律关系	政府态度
节税筹划	顺应	合法	提倡
避税筹划	违背	不违法	不提倡
税负转嫁筹划	不相关	纯经济活动	中立
涉税零风险筹划	顺应	合法	鼓励

第三节 纳税筹划的风险及其防范

一、纳税筹划风险的内涵

(一) 风险的概念

要对纳税筹划风险下定义,首先需要了解一下风险的概念。目前,学术界对风险的概念还没有统一和权威的定义,归纳起来有以下几种代表性观点。

1. 损失可能性观

美国学者海恩斯(Haynes)于 1895 年在其所著的《经济中的风险》一书中最早提出风险的概念,他将风险定义为"损害或损失发生的可能性"。这个定义非常接近日常生活中使用的概念,主要强调风险可能带来的损失。这种观点认为,损失发生的可能性或者说概率越大,风险越大。

2. 损失不确定性观

美国学者威利特(A·H.Willet)于1901年在其博士论文《风险与保险的经济理论》中指出:"风险是不愿发生的事件发生的不确定性之客观体现。"这一定义强调了以下几点:第一,风险与损失相关;第二,风险的本质是不确定性,而非可能性;第三,风险是客观存在的;第四,风险被人厌恶,人们不愿其发生。

3. 预期结果与实际结果差异观

美国学者小阿瑟·威廉姆斯(C.ArthurWil-liams, Jr.)等将风险定义为:"风险是结果中潜在的变化。风险是人们的预期结果和实际结果的差异。"这种观点认为,风险是预期结果与实际结果之间的差异大小或偏离程度。这种预期结果和实际结果之间的差异越小或偏离程度越低,风险越小;反之,风险越大。

在对风险进行深入研究以后,人们发现风险不仅可以带来超出预期的损失,也可以带来超出预期的收益。广义的风险可定义为:由于事件的不确定性而导致发生损失或收益的可能性。

在实际的风险管理中,人们更多关注的是风险的负面效应,即风险可能带来的损失。狭义的风险可定义为:由于事件的不确定性而导致发生损失的可能性。

(二) 纳税筹划风险的含义

一般情况下,从狭义的角度来理解风险更有意义。因此,在对纳税筹划风险的管理进行探讨时,侧重点往往放在"损失"上。

根据上述风险的含义可以总结出纳税筹划风险的含义:纳税筹划风险是指企业在进行纳税筹划时因种种不确定因素的存在,导致纳税筹划方案失败、纳税筹划目标落空、偷税(逃避缴纳税款)等违法行为认定等而发生各种损失的可能性。

二、纳税筹划风险的防范

(一) 提高纳税筹划相关人员的素质

一方面,要引进高素质的纳税筹划人才,将纳税筹划知识与能力的考核成绩、职业道德修养以及沟通和协作能力作为录取的标准之一;另一方面,要加强对包括财会人员在内的从事纳税筹划工作人员的培训,使他们较好地掌握税收、会计、财务管理、法律、企业管理、风险管理等方面的知识,同时加强职业道德教育和沟通、协作能力的培训,使其既能制定正确的纳税筹划方案、正确地执行纳税筹划方案,又能有效地对纳税筹划风险进行防范。

(二) 加强企业各部门之间的沟通、协作与配合

一方面,在企业管理层的组织下,各业务部门应当定期进行交流,共享信息并进行讨

论,协调纳税筹划与其他领域的管理活动,分享各自对纳税筹划风险的建议;另一方面,企业应当建立纳税筹划风险责任制,明确各部门和人员的职责,将其风险防范业绩与工资挂钩,从而将纳税筹划风险降到最低。

(三)密切关注纳税筹划方案实施条件的变化,不断调整完善筹划方案

一方面,要密切关注企业自身条件的变化,主要是企业经济活动的变化;另一方面,要密切关注企业外部条件的变化,包括政治环境的变化,税收政策的变化,国内经济的波动,全球经济的波动,国外金融、税收政策的变化,自然灾害,突发事件的出现等。有时甚至要预测、推断上述变化,不断调整和完善筹划方案,将纳税筹划风险降到最低。

(四)加强与税务机关的沟通,协调好与税务机关的征纳关系

企业应当加强与税务机关的交流和沟通,处理好和税务机关的关系,主动适应税务机关的管理,及时争取税务机关的指导,努力寻求税务机关的支持与帮助,树立良好的纳税信誉和形象,甚至可以在实施每一个新的筹划方案时,诚心地向税务机关咨询,获得批准和认可,实现企业与税务机关的双赢。

(五)合理利用税务代理的专业化服务

一方面,不能盲目信赖税务代理的专业化服务,在将纳税筹划方案外包出去的同时,企业自身仍要加强对纳税筹划风险的防范,避免因外包的纳税筹划失败而发生损失;另一方面,对纳税筹划方案的复杂程度和企业纳税筹划人员的专业胜任能力进行合理的评价,应该外包的纳税筹划方案就外包给税务代理机构,不应外包的就不外包。

(六)尽量避免纳税筹划的成本最终超过收益

企业应当较为保守地预计纳税筹划的成本和收益,同时不能忽略纳税筹划的隐性损失(无形成本),合理运用成本与收益分析法,谨慎地选择及实施纳税筹划方案。

第四节 纳税筹划的成本与效益分析

一、纳税筹划成本分析

纳税筹划成本是指企业为实现纳税筹划目标在整个纳税筹划方案实施过程中所支付的额外成本。纳税筹划成本按可否用货币加以直接计量,分为有形成本和无形成本两种。

(一)有形成本

有形成本是指企业进行纳税筹划所花费的货币支出。具体来说,主要包括纳税筹划方案的设计成本和实施与控制成本两个方面。

(1) 设计成本。企业开展纳税筹划可自行设计筹划方案,亦可委托税务代理机构设计筹划方案,若企业自行设计,则设计成本主要包括设计人员的薪酬成本、人员培训成本等;若企业委托税务代理机构进行设计,则设计成本主要为支付给税务代理机构的咨询代理成本。

(2) 实施与控制成本。纳税筹划的实施与控制成本主要包括组织变更成本、违规成本、救济成本等。组织变更成本是指企业为实施纳税筹划方案而变更企业组织形式所支付的成本,如企业设立子公司或企业合并所支付的筹建成本和注册登记成本等。违规成本是指企业开展的纳税筹划被税务机关认定为偷、漏税行为而被处以罚款以及缴纳相应的滞纳金所带来的经济上的损失。救济成本是指企业为处理与税务机关之间产生的涉税纠纷所支付的成本,主要包括谈判成本和诉讼成本。在纳税筹划方案实施过程中,为实现税务协调,企业需要和税务机关进行充分交流与沟通,而在交流与沟通过程中所花费的成本,便是谈判成本。诉讼成本是指企业与税务机关双方处理涉税纠纷失败后企业为维护自身的权利寻求司法救济而支付的成本。例如,企业在维护自身的权利时,为收集资料、寻找证据、聘请律师等都需要花费大量的人力和物力以及在诉讼过程中可能产生的寻租成本等。

(二) 无形成本

无形成本是指企业开展纳税筹划所支付的难以用货币加以计量的各种成本费用,主要包括时间成本、心理成本、信誉风险成本等。

(1) 时间成本。时间成本指企业在设计与实施纳税筹划方案过程中所花费的时间。时间成本是构成纳税筹划成本较为重要的一点,但由于时间的无形性及难以用货币计量等特性,容易被人们所忽视。

(2) 心理成本。心理成本指纳税人在纳税筹划方案设计和实施过程中担心筹划失败而产生的在精神方面的耗费与支出。心理成本并非实际支出的费用,只不过是纳税人的一种主观的心理感受,但这种心理感受可能会直接导致纳税人工作效率的下降,这便是纳税人在心理上所付出的代价。

(3) 信誉风险成本。信誉风险成本指纳税筹划方案设计失误或实施不当导致筹划失败而给企业带来的信誉上的损失。一旦企业纳税筹划被税务机关认定为偷、漏税,甚至构成犯罪,企业的信誉将会遭受严重的损失,进而影响企业的社会地位和经济效益。

二、纳税筹划效益分析

纳税筹划效益是指企业开展纳税筹划活动所带来的效益,与纳税筹划成本分类相对应,可分为有形效益和无形效益。

(一) 有形效益

有形效益是指可以直接用货币加以衡量的效益,主要表现为经济效益。

(1) 少纳或不纳税效益。税收负担是企业的一项经营成本,它与企业的利润存在着此增彼减的关系,企业税收支出的多少直接影响企业流动资金的周转,影响企业的运营能力。企业通过有效的纳税筹划可实现少纳或不纳税的目的,从而减轻税收负担,增加税后收益。

(2) 进行纳税筹划而新增的收入。在数量上,新增收入等于纳税筹划后企业各项收入大于纳税筹划前各项收入的部分。值得注意的是这里所说的新增收入均是由纳税筹划活动直接或间接引起的,企业发生的与纳税筹划活动无关的新增收入不包括在其中。

(3) 递延纳税效益。企业通过选择不同的会计处理方式或改变企业组织形式等多种筹划手段可实现递延纳税,虽然递延纳税不能直接减少企业应纳税款,但可获取资金的时间价值,这实际上相当于从政府取得了一笔无息无风险贷款,对企业来说等于是降低了税收负担。

(二) 无形效益

无形效益是相对于有形效益而言的,是指难以用货币加以直接衡量的效益。无形效益主要包括提高企业财务与会计管理效益、树立良好的企业信誉效益和完善税收法律制度效益等。

(1) 提高企业财务管理与会计管理效益。纳税筹划涉及法律、税收、财务、会计和金融等各方面的专业知识,是一种实用性和技术性很强的理财活动,这就要求企业财务与会计人员必须熟悉税法、经济法、会计法等相关法律、法规,要不断提高自身业务水平。这客观上会促进企业财务管理水平与会计管理水平的进一步提高,而企业财务与会计管理水平的提高也势必会为企业带来更多的经济效益。

(2) 树立良好的企业信誉效益,合理、合法的纳税筹划。这不仅可以帮助企业减轻税负、减少罚款支出,而且可以帮助企业树立良好的社会形象,提高企业的市场竞争力。而企业市场竞争力提高了,企业收入和利润自然会随之增加。

(3) 完善税收法律制度效益。通过纳税筹划可以使国家立法机关及时了解税收法律、法规和税收征管所存在的缺陷和疏漏,促进税法不断健全和完善,从而为企业提供依法治税、公平竞争的良好环境,降低企业纳税筹划的风险成本。

第五节 纳税筹划的动因与目标

一、纳税筹划的动因

缴税是纳税人的义务,纳税筹划是纳税人的权利,看似矛盾的双方在法律责任的范围内求得统一。纳税人在法律允许或不违反税法的前提下,有从事经济活动、获取收益的权利,有选择生存与发展、兼并与破产的权利,也有通过纳税筹划取得税收收益的权利。纳税筹划是企业对其资产、收益的正当维护,属于企业应有的经济权利。纳税人对经济利益的追求可以说是一种本能,是最大限度地维护自己利益的行为。

(一) 主观动因

纳税筹划是因税收的存在而产生的,利益的驱使是纳税筹划产生的主观动因。在市场经济体制下,企业是独立核算、自主经营、自负盈亏的市场主体,税收对企业的收益有重大影响。税收支出的多少直接影响企业流动资金的周转,所支出的税收是否计入企业成本直接影响企业的最终收益。所以,企业的纳税筹划得当,用足、用好税收优惠政策,有利于减轻税负,增强竞争力,有效维护企业权益,使自身经济利益达到最大化。

(二) 客观条件

税法的政策导向性和不完善性也为纳税筹划创造了客观条件,具体表现在以下四个方面:

(1) 在国际之间,不同国家的税收制度存在较大的差异,因而存在利用国别税收政策的差异进行纳税筹划的空间。

(2) 在同一个国家的不同地区采用不同的税收优惠政策,如我国的西部、经济特区等采用的税收优惠政策都可为纳税筹划提供广阔的空间。

(3) 同一个国家内的各税种间也存在纳税筹划的空间,可以通过筹划加强税种间的组合优势。

(4) 在同一个税种内也可进行纳税筹划,如纳税人、征税对象、税目税率、计税依据、纳税环节等皆可以进行筹划。

二、纳税筹划目标的种类

纳税筹划的目标是指纳税人通过纳税筹划希望达到的结果。对纳税筹划进行准确的目标定位,直接关系到纳税筹划的成败。

(一) 实现税负最小化

纳税人对减轻自身税负的追求,是纳税筹划产生的最初原因。但随着现代财务理念的发展,人们发现纳税筹划单纯地以实现税负最小化为目标存在很多缺陷,主要表现在:第一,没有考虑纳税筹划方案对相关收入和成本的影响,容易导致决策的片面性。若减少的税负是以减少更多的收入或增加更多的成本为代价,则得不偿失。第二,没有考虑货币时间价值。不同纳税筹划方案下相关收益的流入或成本的流出可能发生在不同的时点,不同时点的现金流量的现值是不同的,而税负最小化没有考虑货币时间价值因素,在纳税筹划方案涉及长期决策时很可能出现失误。第三,没有考虑相关的风险。不同的纳税筹划方案所面对的风险往往是不同的,有的方案能实现比较低的税负,但要面对很多不确定的负面因素,在这种情况下,仅仅考虑税负的高低并不能做出正确的决策。因此,纳税筹划以税负最小化为目标有很大的缺陷,甚至会将企业引入误区。当然,减少税负是纳税筹划最直接的动机,也是纳税筹划兴起与发展的直接原因,没有节税动机,也就不可能有纳税筹划。

(二) 实现税后利润最大化

税后利润最大化目标可以克服税负最小化目标的第一个缺陷,即没有考虑相关的收入和成本。税后利润最大化目标在当今的理论界和实务界都比较流行,这种观点认为,由于税后利润=收入－成本－税金,要实现税后利润最大化,就要在收入增加、成本减少的同时,尽可能地减少缴纳的税金,使收入减去成本再减去税金后的值即税后利润最大化。但是这一目标的提出仍然没有解决货币时间价值和风险计量的问题,在纳税筹划方案涉及不同期间的现金流量时有可能导致决策失误,容易导致企业只注重对本年度利润的追求,造成纳税筹划的短期行为,不能兼顾企业的长远发展。当然,在一年以内的短期纳税筹划决策中,税后利润最大化目标一般可以用来对纳税筹划方案进行选择和评价。

(三) 实现资金时间价值最大化

资金是有时间价值的,企业通过一定的手段将本期应该缴纳的税款延期缴纳,以获得资金的时间价值,这也是纳税筹划的目的之一。虽然这笔税款迟早是要缴纳的,但本期无偿占用这笔资金就相当于从财政部门获得了一笔无息贷款,并且这笔无息贷款不存在财务风险。然而,实现资金时间价值最大化是在应缴税金一定的情况下进行的,企业不能单纯为了实现资金时间价值最大化而最大限度地晚缴税金,应在少缴和晚缴之间应进行合理的选择。

(四) 实现纳税风险最小化

实现纳税风险最小化虽然不一定能够直接获取税收上的好处,但却能间接地获取一定的经济利益,主要表现在:第一,可以使纳税人不至于受到税务机关的经济处罚,避免发生不必要的经济损失。第二,可以避免企业发生不必要的名誉损失,使企业的品牌和产品更容易为消费者所接受,从而有利于企业的生产经营。第三,纳税风险最小化主要是通过达到涉税零风险这一状态来实现的。涉税零风险状态可以使企业账目更加清楚,使管理更加有条不紊,不仅有利于企业控制成本费用,而且有利于企业的长远发展与规模扩大。

(五) 实现企业价值最大化

纳税筹划属于财务管理的范畴,纳税筹划的目标应与财务管理的目标相一致。现代财务管理理论基本上确立了以企业价值最大化作为财务管理的目标,企业的内在价值应当是未来企业能够创造的现金净流量的现值,是对未来现金流入和流出、现金流量的时间价值和风险综合评价的结果。将企业价值最大化作为纳税筹划的目标，可以弥补税负最小化和税后利润最大化目标的缺陷，能够综合考虑纳税筹划方案引起的相关收益、成本以及货币时间价值和风险因素，因此是一种非常理想的目标。企业价值最大化目标在纳税筹划中的主要应用是在长期纳税筹划方案中引入净现值法，即计算长期纳税筹划方案可能带来的相关现金流量的净现值，以此作为评价纳税筹划方案优劣的依据。由于计算净现值时采用的折现率既考虑了货币时间价值因素也考虑了风险因素，因此可以帮助决策者更为准确地做出判断。

当然这一目标在实际的计量中有一定的局限性。因此，可以把实现企业价值最大化作为长期的最终目标，而在本书的具体的纳税筹划实务中，主要体现为其他几个目标。

第六节 纳税筹划的基本方法

纳税筹划的方法非常多，可以从不同的角度总结出各种各样的方法。本书把它分为六种：①规避或转换纳税义务（或身份）法。②降低计税依据法。③降低适用税率法。④增加可抵扣（或扣除、抵减、抵免）税额法。⑤直接减免税款法。⑥推迟纳税时间法。

一、规避或转换纳税义务（或身份）法

规避或转换纳税义务（或身份）法主要是指企业通过改变生产流程或经营方向，一方面规避纳税义务，如若生产高档化妆品，则需要缴纳消费税；但若生产护肤护发品（非高档），则不必缴纳消费税；另一方面转换纳税义务（或身份），如将企业所得税业务合理转换为个人所得税业务，在增值税一般纳税人与小规模纳税人之间合理转换，以及在一般计税方法和简易计税方法之间合理转换。

二、降低计税依据法

计税依据是指纳税人计算应纳税额的依据。一般来说，在税率确定的情况下，应纳税额＝计税依据×税率，因此，降低计税依据就会导致应纳税额的降低。降低计税依据是纳税筹划最基本的方法。由于各个税种的计税依据不尽相同，纳税人需要研究各个税种计税依据的不同规定，通过各种不同的方法降低计税依据，从而降低企业税负。

三、降低适用税率法

降低适用税率法是在存在不同税率的前提下，运用一定的方法选择适用相对较低的税率，从而降低应纳税额的方法。运用该方法的前提条件是存在税率差异以及选择的机

会。例如,一般纳税人商品购销行为,适用增值税税率13%,如果购销行为转换为服务行为,适用增值税税率9%或6%,合理安排混合销售及兼营业务,也可实现税目转换以适用更低的税率。

现行税制中个人所得税采用超额累进税率,土地增值税采用超率累进税率。对个人所得税通常是通过控制超额的额度实现节税;对土地增值税通常是通过控制增值率进行纳税筹划。

消费税中啤酒分为甲类和乙类,甲类按250元/吨征收消费税,乙类按220元/吨征收消费税。同理,卷烟也分为甲类和乙类,甲类按56%征收消费税,乙类按36%征收消费税,这就为企业是按甲类商品定价还是乙类商品定价提供了节税操作空间。

四、增加可抵扣(或扣除、抵减、抵免)税额法

增加可抵扣(或扣除、抵减、抵免)税额就相当于抵减了纳税人应当缴纳的税款,在计税依据和税率既定的情况下,意味着纳税人实际缴纳税款的减少。可抵扣(或扣除、抵减、抵免)的税额包括:在计算应纳增值税时,准予抵扣的进项税额;在计算特定应税消费品应纳消费税时,对于以前环节(采购环节或委托加工环节)缴纳的税款在税法规定的范围内准予扣除;在计算缴纳企业所得税时,准许纳税人弥补以前年度(5年内)发生的亏损、自己分公司发生的亏损等,这相当于变相抵扣了税额;在计算缴纳企业所得税时,企业取得的来源于中国境外的应税所得已在境外缴纳的所得税税额,可以从当期应纳税额中抵免,抵免限额为该项所得依照企业所得税法规定计算的应纳税额,超过抵免限额的部分可以在以后5个年度内,用每年度抵免限额抵免当年应抵税额后的余额进行抵补。

五、直接减免税款法

直接减免税款法主要是指企业利用相关减免税等税收优惠政策,直接获得税负减免或者享受相关税收优惠政策。例如,农业生产者销售自产的初级农产品免征增值税,纳税人利用起征点、免征额等享受税收优惠。

六、推迟纳税时间法

推迟纳税时间法属于利用涉税资金时间价值的方法,具体做法有很多,基本思路可以归结为:

(1)尽量推迟确认收入。依据税法相关规定,收入确认时间的早晚会直接影响纳税时间,如赊销商品或服务,可以在销售合同中约定收款的时间,则合同约定的时间为增值税纳税义务时间,这样就延迟了增值税的缴纳;1年以上分期收款赊销商品或服务,销售合同中分期约定具体收款时间,则都会递延增值税和所得税纳税时间。

（2）尽量提前确认成本和费用。尽早确认费用可以从以下几方面入手：其一，能进期间费用不进产品成本；其二，能进产品成本不进资产，资产成本的分摊时间较长，不利于费用的尽早扣除；其三，合理选择企业重组事项的税收政策。如果两个企业实施重组合并，甲整体吸收合并乙，资产交易涉及的增值税、所得税、契税、土地增值税的缴纳时间都会递延。

第七节 纳税筹划的基本步骤

一、纳税筹划的前期准备

（一）收集信息

纳税筹划很重要的一点是要了解纳税企业的基本情况和纳税企业的要求。不同企业的基本情况和要求有所不同，在实施纳税筹划活动时，要了解的企业的基本情况如下：

1. 企业组织形式

不同的企业组织形式，税务待遇不同，了解企业的组织形式可以根据组织形式的不同制定有针对性的税务规划和纳税筹划方案。

2. 财务情况

企业纳税筹划是要合法合理地节减税收，只有全面、详细地了解企业的真实财务情况，才能制定出合法和合理的企业节税方案。财务情况主要包括企业的财务报告和账簿记录资料。

3. 投资意向

投资有时可享受税收优惠，且不同规模的投资额有时会有不同的税收优惠；投资额与企业的规模（包括注册资本、销售收入、利润等）往往有很大的关系，不同规模企业的税收待遇和优惠政策有时也是不同的。

4. 对风险的态度

不同风格的企业领导对纳税筹划风险的态度是不同的。开拓型领导人往往愿意冒更大的风险节减最多的税，稳健型企业领导人则往往希望在最小风险的情况下节减税收。筹划与风险并存，节减税款越多的筹划方案往往也是风险越大的方案，两者的权衡取决于多种因素，包括纳税人对风险的态度等因素。了解纳税人对风险的态度，可以制定更符合要求的纳税筹划方案。

（二）筹划企业相关财税政策盘点归类

不论是企业的外部纳税筹划顾问或税务中介，还是纳税企业的内部纳税筹划者，在着手进行纳税筹划之前,都应该对筹划企业相关的财税政策和法规进行梳理和归类。全面了解与筹划企业相关的行业、部门税收政策,理解和掌握国家税收政策及精神。不论是作为纳税人与税务机关中介的外部纳税筹划人,还是纳税人的内部纳税筹划人员,在着手进行纳税筹划之前,首先都应学习和掌握国家税法精神,争取税务机关的帮助与合作,尤其是对实施跨国纳税筹划业务的筹划人来说,熟悉纳税国的法律环境显得更为重要。对于承接业务的每一个具体的筹划委托,纳税筹划人都应有针对地了解所涉及的法律规定的细节。如果有条件,最好建立企业税收信息资源库,以备使用。

(三)筹划企业纳税评估与剖析

在纳税筹划之前,对筹划企业进行全面的纳税评估极为必要。纳税评估要了解的筹划企业的涉税信息包括以下几个方面:

(1)纳税企业内部控制制度。

(2)涉税会计处理。

(3)主要涉税税种。

(4)近3个年度纳税情况分析。

(5)纳税失误与涉税症结分析。

(6)税收违规处罚记录。

二、设计备选的纳税筹划方案

纳税筹划方案的设计是纳税筹划的核心,在掌握相关信息和确立目标之后,决策者可以着手设计纳税筹划的具体方案。关注角度不同,具体方案就可能存在差异,因此决策者需要将方案逐一列示,以备在后续过程中选择。

纳税筹划方案的设计一般按以下步骤进行:首先,对涉税问题进行认定,即涉税项目的性质、涉及的税种等;其次,对涉税问题进行分析,即涉税项目的发展态势、引起的后果、纳税筹划空间的大小、需解决的关键问题等;最后,设计多种备选方案,即针对涉税问题设计若干可选方案,包括涉及的经营活动、财务运作和会计处理等。

三、分析、评价并选择纳税筹划方案

纳税筹划方案是多种筹划技术的组合运用,同时需要考虑风险因素。方案列示以后,必须进行一系列的分析。

(一)合法性分析

纳税筹划的首要原则是不违法或合法,任何纳税筹划方案都必须在不违法的前提下进行,因此,对设计的方案首先要进行合法性分析,规避法律风险。

(二)可行性分析

纳税筹划的实施需要多方面的条件,企业必须对方案的可行性做出评估,包括实施时间、人员素质以及趋势预测等。

(三)目标分析

每种设计方案都会产生不同的纳税结果,这种纳税结果是否符合企业既定的目标,是选择筹划方案的基本依据。因此,必须对方案进行目标分析,同时优选出最佳方案。目标分析还包括评价纳税筹划的合理性、防止纳税筹划的片面性、评价纳税筹划对企业整体策略的影响。对列示的方案逐项分析之后,设计者可能会获取新的信息,这时需要对原有的纳税筹划方案进行调整,同时继续规范分析过程。对多种方案进行分析、比较和评估后,选择最佳方案。

四、实施纳税筹划方案

纳税筹划方案选定之后,经企业管理部门批准,即进入实施阶段。企业应当按照选定的纳税筹划方案,对自己的纳税人身份、组织形式、注册地点、所从事的产业和经济活动以及会计处理等做出相应的处理或改变,同时记录筹划方案的收益。

五、对纳税筹划方案进行监控、评估和改进

在纳税筹划方案的实施过程中,应及时监控出现的问题,如国家税收政策有所调整、相关人员操作不当、纳税筹划方案出现漏洞等。再运用信息反馈制度,对筹划方案的效果进行评价,考核其经济效益与最终结果是否实现了纳税筹划目标。在实施过程中,可能会因为执行偏差、环境改变或者原有方案的设计存在缺陷而导致实际结果与预期结果存在差异,这些差异要及时反馈给纳税筹划的决策者,以对方案进行改进。

案例解析

居民个人的综合所得(工资薪金所得、劳务报酬所得、稿酬所得、特许权使用费所得),以每一纳税年度的收入额减除费用60 000元以及专项扣除、专项附加扣除和依法确定的其他扣除后的余额,为应纳税所得额。

劳务报酬所得、稿酬所得、特许使用费所得以收入减除20%的费用后的余额为收入额。稿酬所得的收入额按70%计算。

综合所得个人所得税税率表如表1-2所示。

表1-2　　　　　　　　综合所得个人所得税率表

级数	全年应纳税所得额	税率(%)	速算扣除数
1	不超过36 000元的部分	3	0
2	超过36 000元至144 000元的部分	10	2 520

(续表)

级数	全年应纳税所得额	税率(%)	速算扣除数
3	超过144 000元至300 000元的部分	20	16 920
4	超过300 000元至420 000元的部分	25	31 920
5	超过420 000元至660 000元的部分	30	52 920
6	超过660 000元至960 000元的部分	35	85 920
7	超过960 000元的部分	45	181 920

综合所得中的劳务报酬所得以收入减除20%的费用后的余额为收入额,而综合所得中的工资、薪金所得以实际金额作为收入额,因此,在收入相等的情况下,个人应当尽量选择取得劳务报酬所得,而非工资、薪金所得。工资、薪金所得与劳务报酬所得最大的区别在于提供劳动的个人与接受其劳动的单位或个人签订了存在雇佣关系的劳动合同还是存在非雇佣关系的劳务合同。

方案一:李正与晨星足球专业报社签订劳动合同,可取得税前工资、薪金收入600 000元。由于李正本年没有其他收入,因此:

本年综合所得的应纳税所得额=本年工资、薪金所得的应纳税所得额

$$=600\ 000-60\ 000-40\ 000=500\ 000(元)$$

本年综合所得的应纳个人所得税税额$=500\ 000\times30\%-52\ 920=97\ 080(元)$

方案二:李正与晨星足球专业报社签订劳务合同,可取得税前劳务报酬收入600 000元。

由于李正本年没有其他收入,因此:

本年综合所得的应纳税所得额=本年劳务报酬所得的应纳税所得额

$$=600\ 000\times(1-20\%)-60\ 000-40\ 000$$
$$=380\ 000(元)$$

本年综合所得的应纳个人所得税税额$=380\ 000\times25\%-31\ 920=63\ 080(元)$

方案二比方案一少缴纳个人所得税34 000元(97 080-63 080),若以实现税负最小化为纳税筹划目标,则应当选择方案二。

根据自2019年1月1日起正式实施的新个人所得税法的规定,综合所得的年免征额6 000元(定额减除额)可以从居民个人的综合所得(工资、薪金所得,劳务报酬所得,稿酬所得,特许权使用费所得的合计额)中扣除,其中的劳务报酬所得、稿酬所得、特许权使用费所得本身又有各自的定率减除额(减除20%的费用,另外稿酬所得的收入额减除按70%计算)。因此根据自2019年1月1日起正式实施的新个人所得税法的规定,取得劳务报酬所得、稿酬所得、特许权使用费所得比取得同等金额的工资、薪金所得更为有利。

此外，签署劳动合同或者劳务合同，都需要事先和工作单位协商一致。签署劳动合同，工作单位有为个人缴纳五险一金的义务，而签署劳务合同，工作单位可通过为个人缴纳商业保险来代替。需要注意的是，对于属于增值税征收范围的劳务报酬所得，若达到起征点，还需要缴纳增值税；还有可能需要缴纳城市维护建设税、教育费附加。因此，纳税人应当综合测算，做出最终的决策。

章 节 测 试 题

班级 _____ 姓名 _____ 学号 _____ 总分 _____

一、单项选择题(每小题 1 分,共 15 分)

1. 下列各项中,属于纳税筹划的主体的是( )。
   A. 纳税人　　　B. 征税对象　　　C. 计税依据　　　D. 税务机关

2. ( )是指企业在不违反法律、法规的前提下,在纳税行为发生之前,自行或委托代理人,通过对纳税主体的经营活动或投资行为等涉税事项做出事先安排,以实现企业价值最大化的一系列谋划活动。
   A. 纳税筹划　　　B. 节税　　　C. 避税　　　D. 偷税

3. 下列各项中,不属于避税筹划特点的是( )。
   A. 违法性　　　　　　　　　　B. 不违法性
   C. 不顺应法律意图性　　　　　D. 受制约性

4. 下列各项中,符合政府政策导向的是( )。
   A. 纳税筹划　　　B. 节税筹划　　　C. 避税筹划　　　D. 偷税

5. 下列各项中,( )是指企业开展纳税筹划所支付的难以用货币加以计量的各种成本费用。
   A. 时间成本　　　B. 心理成本　　　C. 信誉风险成本　　　D. 无形成本

6. 下列各项中,不属于纳税人的筹划权的是( )。
   A. 避税筹划　　　B. 节税筹划　　　C. 税负转嫁筹划　　　D. 欠税筹划

7. 纳税人以暴力、威胁等方法拒不缴纳税款的行为属于( )。
   A. 偷税(逃避缴纳税款)　　　B. 抗税
   C. 骗税　　　　　　　　　　D. 逃税

8. 企业努力做到会计账目清楚,纳税申报正确,缴纳税款及时、足额,避免任何税收方面的处罚,是( )的主要形式。
   A. 节税筹划　　　　　　　　B. 避税筹划
   C. 涉税零风险筹划　　　　　D. 税负转嫁筹划

9. 纳税人采取伪造、变造、隐藏、擅自销毁账簿、记账凭证,在账簿上多列支出,不列、少列收入,或者采用虚假纳税申报的手段,不缴或者少缴应纳税款的行为,属于( )。
　　A. 偷税(逃避缴纳税款)　　　　　　B. 逃避追缴欠税
　　C. 抗税　　　　　　　　　　　　　D. 骗税

10. 下列各项中,属于纳税筹划的最高目标的是( )。
　　A. 实现税负最小化　　　　　　　　B. 实现税后利润最大化
　　C. 实现资金时间价值最大化　　　　D. 实现企业价值最大化

11. 下列各项中,属于财务管理的最终目标的是( )。
　　A. 实现企业价值最大化　　　　　　B. 实现税负最小化
　　C. 实现税后利润最大化　　　　　　D. 实现资金时间价值最大化

12. 下列关于纳税筹划的相关概念的表述中,错误的是( )。
　　A. 节税实际上是纳税筹划的委婉表述
　　B. 避税是纳税人使用一种在表面上遵守税收法律法规,但实质上与立法意图相悖的非违法形式来达到自己的目的的行为
　　C. 节税和避税都是税法允许甚至鼓励的行为
　　D. 偷税(逃避缴纳税款)具有违法性

13. 下列关于纳税筹划的说法中,正确的是( )。
　　A. 纳税筹划是税务代理机构可以从事的具有鉴证性能的业务
　　B. 纳税筹划只能在法律许可的范围
　　C. 纳税筹划可以在纳税行为发生前后进行
　　D. 纳税筹划的最终目的是减少应纳税额

14. 下列关于纳税筹划的说法中,错误的是( )。
　　A. 纳税筹划是纳税人的一项权利
　　B. 纳税筹划要在纳税行为发生之前进行
　　C. 纳税筹划的最终目标是少纳税款
　　D. 纳税筹划可以是企业经营管理中的一个环节

15. 下列各项中,税负转嫁筹划通常需要借助( )来实现。
　　A. 价格　　　B. 税率　　　C. 纳税人　　　D. 计税依据

二、多项选择题(每小题 2 分,共 10 分)

1. 下列各项中,属于纳税筹划的特点的有( )。
　　A. 不违法性　　B. 事先性　　C. 全面性　　D. 风险性

2. 下列各项中,属于广义的纳税筹划的有( )。
　　A. 节税筹划　　　　　　　　　　　B. 避税筹划

C. 税负转嫁筹划　　　　　　　　　D. 涉税零风险筹划
3. 下列各项中,属于纳税筹划的方法的有( )。
　　A. 降低计税依据　　　　　　　　　B. 降低适用税率
　　C. 增加可抵扣税额　　　　　　　　D. 推迟纳税时间
4. 下列各项中,利用税率差异的情况主要有( )。
　　A. 税法根据不同纳税人或者征税对象具体情况的不同制定不同的税率纳税
　　B. 减免税
　　C. 优惠税率
　　D. 累进税率
5. 偷税(逃避缴纳税款)、逃避追缴欠税、抗税、骗税与纳税筹划的区别在于( )。
　　A. 性质不同　　　　　　　　　　　B. 承担的责任不同
　　C. 使用的手段不同　　　　　　　　D. 政府的态度不同

三、判断题(每小题1分,共12分)

1. 纳税人实现少缴税款,只能通过合法地节税。　　　　　　　　　　　　( )
2. 纳税筹划会在一定程度上减少国家税收总量,最终缩小税基。　　　　　( )
3. 纳税筹划只对纳税人有利,对国家没有任何益处。　　　　　　　　　　( )
4. 纳税筹划与纳税人依法纳税是相矛盾的。　　　　　　　　　　　　　　( )
5. 纳税筹划有利于促进国家税收政策目标的实现。　　　　　　　　　　　( )
6. 纳税筹划是不违法、非事后补救行为。　　　　　　　　　　　　　　　( )
7. 纳税人有依法进行税款缴纳的义务,但也有依据法律,经过合理甚至巧妙地安排,以实现尽量少负担税款的权利。　　　　　　　　　　　　　　　　　　　　　　( )
8. 纳税筹划是对纳税人未来的纳税事项的规划和安排,所以不需要了解其纳税历史。
　　　　　　　　　　　　　　　　　　　　　　　　　　　　　　　　　　( )
9. 节税越多的方案往往风险也是最大的。　　　　　　　　　　　　　　　( )
10. 涉税零风险筹划虽然不能为企业带来直接经济利益的增加,但能够为企业创造一定的间接经济利益。　　　　　　　　　　　　　　　　　　　　　　　　　　( )
11. 避税筹划不违背法律本身但违背了立法的精神。　　　　　　　　　　　( )
12. 实现资金时间价值最大化是纳税筹划的最高目标。　　　　　　　　　　( )

四、思考题(每小题8分,共40分)

1. 简述纳税筹划的概念与特点。
2. 简述纳税筹划的主要形式。

3. 简述偷税(逃避缴纳税款)、逃避追缴欠税、抗税、骗税与纳税筹划的区别。
4. 简述纳税筹划的动因与目标。
5. 简述纳税筹划的基本方法。

五、案例分析题(本题 23 分)

2014 年 8 月 10 日,甲设备检测公司(以下简称"甲公司")成立。蔡某为甲公司的法定代表人,卢某、王某均为甲公司的会计人员,姜某、许某均为甲公司的其他员工。甲公司自成立以来,一直使用内部专门的检测凭证用于账目核对,但纳税申报时通过少记收入的方式(大约只记每天实际收入的 30%)偷逃税款。

2020 年 3 月 10 日,甲公司的主管税务机关第一稽查局对甲公司进行纳税检查,调取了甲公司未及时隐匿的周期为 7 天的内部检测凭证(2020 年 2 月 11 日至 17 日)。2020 年 3 月 12 日,蔡某、卢某、王某、姜某、许某开会研究对策,最终统一口径称这 7 天使用的内部检测凭证为甲公司在促销期间所用,因此金额较大。后来,为防止税务机关查明真相,逃避税务检查,蔡某又指使卢某、王某、姜某、许某将历年的内部检测凭证整理后集中销毁,被销毁的内部检测凭证金额高达 300 余万元。

要求:

1. 指出纳税筹划与偷税(逃避缴纳税款)、逃避追缴欠税、抗税、骗税的区别。
2. 指出本案例中当事人的行为触犯的法律,以及有可能受到的处罚。
3. 指出从本案例中可以吸取的教训。

第二章　增值税的纳税筹划

知识导航

```
                        ┌ 增值税纳税人身份选择的纳税筹划
        增值税纳税人的纳税筹划 ┤ 通过合并转换增值税纳税人身份的纳税筹划
                        └ 通过分立转换增值税纳税人身份的纳税筹划

                        ┌ 销售方式的纳税筹划
        增值税计税依据的纳税筹划 ┤ 结算方式的纳税筹划
                        └ 进项税额的纳税筹划

增值税的
纳税筹划                  ┌ 兼营的纳税筹划
        增值税税率的纳税筹划  ┤ 混合销售的纳税筹划
                        └ 增值税计税方式选择的纳税筹划

                           ┌ 充分利用减免税政策进行纳税筹划
        增值税税收优惠政策的纳税筹划 ┤
                           └ 巧用起征点进行纳税筹划

                        ┌ 选择出口方式
        增值税出口退税的纳税筹划 ┤ 选择生产经营地
                        └ 选择免税料件"免抵退税额"方法
```

学习目标

1. 掌握增值税纳税人的纳税筹划方法。
2. 掌握增值税计税依据的纳税筹划方法。
3. 掌握增值税税率的纳税筹划方法。
4. 掌握增值税税收优惠政策的纳税筹划方法。
5. 掌握增值税出口退税的纳税筹划方法。

案例导入

华丰商场是增值税一般纳税人,中秋节促销有以下三种方案可供选择:

方案一:商品八折销售,即原先价值为1 000元的商品,现在售价为800元。

方案二:买一赠一,即顾客只需花800元即可购买原价800元的商品,同时获赠价值200元的商品。价值200元的商品的购进价格为140元。赠送的200元的商品可以单独开具发票。

方案三:顾客赊购货物满1 000元,在10天内付款,华丰商场给予20%的折扣;顾客在30天内付款,华丰商场不给予折扣。假设顾客在10天内付款。

华丰商场的销售利润为30%,上述价格均为含增值税价格。此外,华丰商场每销售原价1 000元的商品,便有可以在企业所得税税前扣除的工资和其他费用50元(不含增值税)。假设华丰商场销售和购进商品的增值税税率均为13%,购进的商品均取得增值税专用发票,且不考虑城市维护建设税和教育费附加。假设华丰商场促销活动的顾客均为其他个人即自然人。

请问:该商场应选择哪种方案。

第一节 增值税纳税人的纳税筹划

一、增值税纳税人身份选择的纳税筹划

由于不同类别纳税人的税率和征收方法不同产生了进行纳税人筹划的空间。纳税人可以根据自己的具体情况在一般纳税人或小规模纳税人之间做出选择。一般纳税人与小规模纳税人的适用税率和计税方法是不同的。那么在销售收入相同的情况下究竟是一般纳税人比小规模纳税人多纳税还是小规模纳税人比一般纳税人多纳税呢?根据税法规定可以看出在销售额既定的情况下,小规模纳税人的应纳税额即已确定。一般纳税人的应纳税额还需依据其可抵扣的进项税额而定,可抵扣的进项税额越大,应纳税额越少,反之,可抵扣的进项税额越小,应纳税额越多,或者说,其增值率越高,应纳税额越多。在一般纳税人与小规模纳税人进行税负比较时,增值率就是一个关键因素。在一个特定的增值率下,增值税一般纳税人与小规模纳税人应纳税额相同,我们把这个特定的增值率称为"无差别平衡点增值率"。这种方法称为"无差别平衡点增值率判别法"。

假定纳税人增值率为X,不含税销售额为S,适用的销售增值税税率为T_1,不含税

购进额为 P，适用的购进增值税税率为 T_2，假设增值税征收率为 T_3。假定一般纳税人采用一般计税方法，具体计算公式如下：

$$增值率(X) = (不含税销售额 - 不含税购进额) \div 不含税销售额 = (S-P) \div S$$

$$\begin{aligned}一般纳税人采用一般计税方法的应纳增值税税额 &= 不含税销售额 \times 销售增值税税率 - 不含税购进金额 \times 购进增值税税率 \\ &= S \times T_1 - P \times T_2\end{aligned}$$

$$小规模纳税人应纳增值税税额 = 不含税销售额 \times 征收率 = S \times T_3$$

令两种纳税人的增值税税负相等，则：

$$S \times T_1 - P \times T_2 = S \times T_3$$

$$X = (S-P) \div S = 1 - (T_1 - T_3) \div T_2$$

令 $T_1 = 13\%$，$T_2 = 13\%$，$T_3 = 3\%$，得：

$$X = 1 - (T_1 - T_3) \div T_2 = 1 - (13\% - 3\%) \div 13\% = 23.08\%$$

同理，将增值税税率、增值税征收率的不同数值分别代入上述公式计算，可得出两类纳税人在增值税无差异平衡点的增值率，如表 2-1 所示。

表 2-1　　　　　　　　两类纳税人税负无差异平衡点的增值率

一般纳税人销售增值税税率（T_1）	一般纳税人购进增值税税率（T_2）	小规模纳税人增值税征收率（T_3）	不含税平衡点的增值率
13%	13%	3%	23.08%
13%	9%	3%	−11.11%
13%	6%	3%	−66.67%
9%	13%	3%	53.85%
9%	9%	3%	33.33%
9%	6%	3%	0
6%	13%	3%	76.92%
6%	9%	3%	66.67%
6%	6%	3%	50%

当实际增值率等于税负平衡点的增值率时，小规模纳税人与一般纳税人的税负相同；当实际增值率小于税负平衡点的增值率时，小规模纳税人税负重于一般纳税人；当实际增值率大于税负平衡点的增值率时，一般纳税人税负重于小规模纳税人。所以，在增值率较低的情况下，一般纳税人比小规模纳税人有优势，主要原因是前者可以抵扣进项税额，而

后者不能。但随着增值率的上升,一般纳税人的优势就越来越小,小规模纳税人更具有降低税负的优势。

【例 2-1】 大海公司为一家工业企业,年不含税应征增值税销售额为 490 万元,现为小规模纳税人,适用 3% 的增值税征收率。由于其能够按照国家统一的会计制度规定设置账簿,根据合法、有效凭证核算,能够提供准确的税务材料,因此可登记为一般纳税人,若登记为一般纳税人,则购销货均适用 13% 的增值税税率,其不含税购进金额为 340 万元。

要求:请对上述业务进行纳税筹划。

【筹划分析】 可采用无差异平衡点增值率判别法,实际操作中可以通过比较不同纳税人身份的税负大小来做出纳税人身份的选择。

【筹划方案】

若采用无差异平衡点增值率判别法,则:

增值率 $= (S-P) \div S = (490-340) \div 490 = 30.61\% > 23.08\%$

根据表 2-1 的结论,此时选择作为小规模纳税人可节税。具体验证如下:

方案一:选择作为一般纳税人。由于年应税销售额未超过规定标准的纳税人,会计核算健全,能够提供准确的税务资料的,可以向主管税务机关办理一般纳税人资格登记,因此,甲公司在满足"会计核算健全,能够提供准确的税务资料"条件的基础上,可以向主管税务机关办理一般纳税人资格登记,成为一般纳税人。

应纳增值税税额 $= 490 \times 13\% - 340 \times 13\% = 19.5$(万元)

方案二:选择作为小规模纳税人。

应纳增值税税额 $= 490 \times 3\% = 14.7$(万元)

方案二比方案一可少缴纳增值税 4.8 万元(19.5-14.7),因此应当选择方案二。

需要注意的是,税法规定"对符合一般纳税人条件但不申请办理一般纳税人认定手续的纳税人,应按销售额依照增值税税率计算应纳税额,不得抵扣进项税额,也不得使用增值税专用发票"。因此,纳税人只要具备了一般纳税人条件就必须办理一般纳税人认定手续。另外,企业产品的性质及客户的要求也对纳税人的身份选择起决定性作用。例如,一般纳税人的客户要求企业必须开具 13% 的增值税专用发票,拒收小规模纳税人开具的 3% 的专用发票。

尽管纳税人在选择一般纳税人或小规模纳税人身份时会受到上述条件限制,但仍可以采取合并、分立等方式进行纳税筹划。

二、通过合并转换增值税纳税人身份的纳税筹划

由于一般纳税人在一般计税方法下可以抵扣进项税额,而小规模纳税人不得抵扣进

项税额,因此小规模纳税人的税负可能会重于一般纳税人。若存在年应税销售额未达标准或者其他原因,小规模纳税人自身不具备转化为一般纳税人的条件,则可以考虑通过合并其他小规模纳税人转化为一般纳税人,从而享有一般纳税人可以抵扣进项税额的税收待遇。

此外,除国家税务总局另有规定外,纳税人一经登记为一般纳税人后,不得再转为小规模纳税人。如果企业的销售客户大多是小规模纳税人,则企业自身不适合作为一般纳税人。因此,通过合并变"小规模纳税人"为"一般纳税人",不能单纯考虑税负因素。

【例2-2】 飞翔制造厂为增值税小规模纳税人,年应税销售额为450万元,该公司年购货金额为390万元。红光制造厂为增值税小规模纳税人,年应税销售额为320万元,该公司年购货金额为270万元,以上金额均不含增值税,购货均取得税率为13%的增值税专用发票,两个企业都属于商业企业。此时,假设飞翔制造厂有机会合并红光制造厂,且是否合并红光制造厂对自身经营基本没有影响。

要求:请对上述业务进行纳税筹划。

【筹划分析】 一般纳税人采用一般计税方法时,应纳增值税=销项税额-进项税额。其中:

销项税额 = 不含税销售额×税率

进项税额 = 不含税购进项目金额×税率

小规模纳税人应纳增值税税额 = 不含税销售额×征收率

【筹划方案】

方案一:飞翔制造厂不合并红光制造厂,则:

飞翔制造厂应纳增值税税额=450×3%=13.5(万元)

红光制造厂应纳增值税税额=320×3%=9.6(万元)

飞翔制造厂与红光制造厂应纳增值税税额合计=13.5+9.6=23.1(万元)

方案二:飞翔制造厂合并红光制造厂,并登记成为一般纳税人,则:

合并后的集团公司应纳增值税税额=(450+320)×13%-(390+270)×13%
=14.3(万元)

方案二比方案一少缴纳增值税税额8.8万元(23.1-14.3),因此应选择方案二。

三、通过分立转换增值税纳税人身份的纳税筹划

企业如果具有较高的销项税额和较低的进项税额,会导致增值税税负增加。这种情况下,若作为小规模纳税人,征收率一般为3%,虽不能抵扣进项税额,但整体增值税税负

较低。因此未达到一般纳税人标准的此类企业可以继续选择作为小规模纳税人。而达到一般纳税人标准的此类企业通过办理一般纳税人资格登记具备一般纳税人资格,可以考虑分立出一个小规模纳税人,开展与其他小规模纳税人的业务,这样可以在一定程度上降低增值税税负。

【例 2-3】 甲公司为一家工业企业,属于增值税一般纳税人。年销售额为 2 800 万元,销售货物适用增值税税率为 13%;年购进金额为 480 万元,购进货物适用增值税税率为 13%,且能取得增值税专用发票,以上金额均不含增值税。销售过程中既有销售给一般纳税人的业务,也有销售给小规模纳税人的业务,其中销售给小规模纳税人业务的不含增值税销售额为 450 万元。

要求:请对上述业务进行纳税筹划。

【筹划分析】 增值税的一般纳税人可以领购、开具增值税专用发票,在一般计税方法下可以抵扣进项税额;小规模纳税人不能领购、自行开具增值税专用发票(部分行业的小规模纳税人可以自行开具增值税专用发票),能够自行开具增值税普通发票,或申请主管税务机关代开增值税专用发票,但不能抵扣进项税额。

【筹划方案】

方案一:继续维持增值税一般纳税人身份,则:

甲公司应纳增值税税额 $= 2\,800 \times 13\% - 480 \times 13\% = 301.6$(万元)

方案二:将开具增值税普通发票的业务分立出去,重新注册一个乙公司,并将乙公司的年不含增值税销售额控制在 450 万元或以下。此时,甲公司仍为一般纳税人,乙公司为小规模纳税人。

甲公司应纳增值税税额 $= (2\,800 - 450) \times 13\% - 480 \times (2\,800 - 450) \div 2\,800 \times 13\%$
$= 253.13$(万元)

乙公司应纳增值税税额 $= 450 \times 3\% = 13.5$(万元)

应纳增值税税额合计 $= 253.13 + 13.5 = 266.63$(万元)

方案二比方案一少缴纳增值税税额 34.97 万元(301.6 - 266.63),因此应当选择方案二。

如果企业的销售客户大多是一般纳税人,则企业自身不适合作为小规模纳税人。因此,通过分立增值税纳税人身份转化的纳税筹划要具体情况具体分析。

第二节 增值税计税依据的纳税筹划

作为增值税一般纳税人,企业应纳增值税额等于当期销项税额与当期进项税额之差,企业在进行购销业务的纳税筹划时,总体原则是尽可能地缩小销项税额,扩大进项税额。销项税额是纳税人销售货物、应税劳务或应税服务按照销售额乘以规定的税率计算出的税额,其纳税筹划应当从缩小销售额和降低税率两个方面进行。前者主要通过对不同的销售方式、结算方式和结算工具的选择来实现;后者,尽可能选择低税率,企业筹划的余地并不大。进项税额是购进货物、应税劳务或应税服务已纳的增值税额,其纳税筹划主要是通过对不同购进价格、不同供应商的选择来实现进项税额最大化。

一、销售方式的纳税筹划

在目前竞争激烈的市场经济环境中,许多企业为了维持或扩大自己所生产和销售商品的市场份额,往往采取多种多样的销售方式,以达到促销的目的,而且随着经济的发展,其形式也将越来越多。我国税法规定了几种不同的计缴增值税规定的销售方式,如图2-1所示。

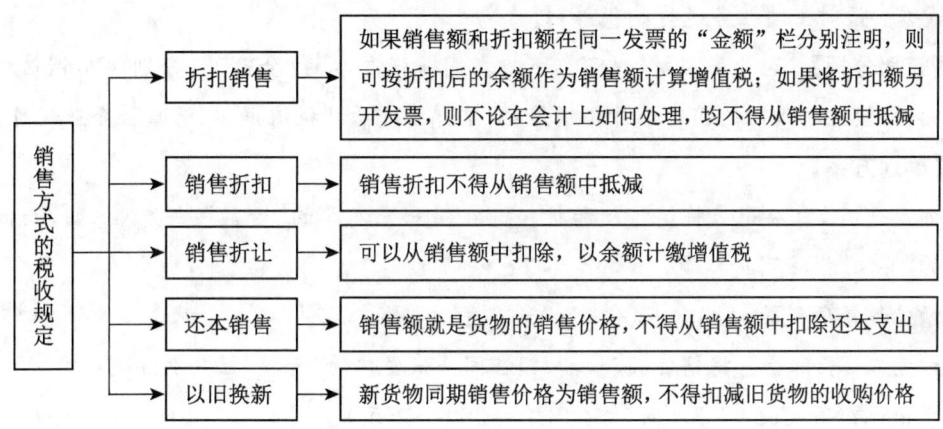

图 2-1 销售方式的税收规定

在商品或劳务的销售过程中,企业有必要对销售方式进行自主选择。因为,销售方式不同,往往适用的税收政策不同,即存在税收待遇差异的问题。

(一) 折扣销售的纳税筹划

折扣销售又称商业折扣,是指销货方在销售货物或应税劳务时,因购货方购货数量较大等原因而给予购货方的价格优惠,它是在实现销售时发生的。《国家税务总局关于折扣额抵减增值税应税销售额问题的通知》(国税函〔2010〕56号)规定,纳税人采取折扣方式销售货物,销售额和折扣额在同一张发票上分别注明是指销售额和折扣额在同一张发票上的"金额"栏分别注明的,可按折扣后的销售额征收增值税。未在同一张发票"金额"栏注明折扣额,而仅在发票的"备注"栏注明折扣额的,折扣额不得从销售额中减除。折扣销售的筹划思路与方法如图2-2所示。

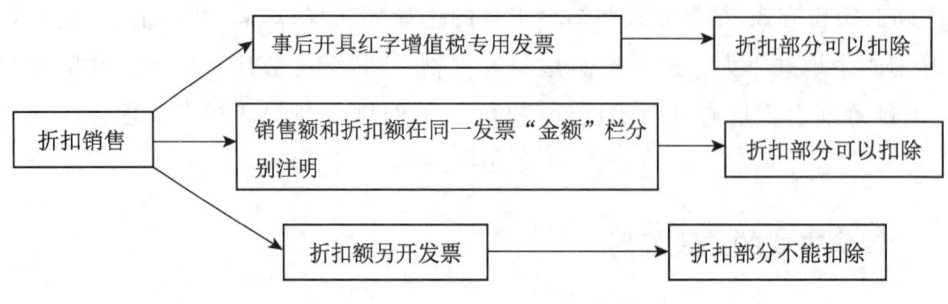

图2-2 折扣销售的筹划思路与方法

【例2-4】 长江公司为增值税一般纳税人,为促销商品,给予客户以下优惠:凡一次性购买其产品达到8万元以上的,给予八折优惠。本年7月长江公司一次性销售给某客户22万元的产品。以上价格均不含增值税。本产品适用的增值税税率为13%。

要求:请对上述业务进行纳税筹划。

【筹划分析】 企业采用折扣销售时,应在同一张发票的"金额"栏分别注明销售额和折扣额,以便按折扣后的销售额计征增值税,这样能降低计税依据,从而减轻企业税负。

【筹划方案】

方案一:长江公司未将销售额和折扣额在同一张发票的"金额"栏分别注明,而仅在发票的"备注"栏注明折扣额。

增值税销项税额 = 22 × 13% = 2.86(万元)

方案二:长江公司将销售额和折扣额在同一张发票的"金额"栏分别注明。

增值税销项税额 = 22 × 80% × 13% = 2.288(万元)

方案二比方案一少缴纳增值税0.572万元(2.86 − 2.288),因此应当选择方案二。

(二)销售折扣的纳税筹划

销售折扣又称现金折扣,是指销货方在销售货物或应税劳务后,为了鼓励购货方及早偿还货款而给予购货方的一种折扣。销售折扣通常用"2/10,1/20,n/30"表示,其含义为:购货方若10天内付款,则给予货款折扣2%;若20天内付款,则给予货款折扣1%;若30天内付款,则需全额付款。由于销售折扣发生在销货之后,是一种融资性质的理财费用,所以销售折扣不得从销售额中减除,而需按全额计征增值税。

由于销售折扣不得从销售额中减除,因此这种折扣方式加重了企业的税收负担。企业可以修改合同规定,变"销售折扣"为"折扣销售"并约定违约金,以便达到节税的目的,销售折扣的纳税筹划思路与方法如图2-3所示。

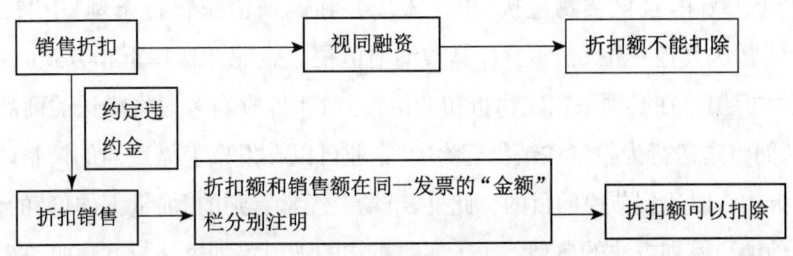

图 2-3 销售折扣的纳税筹划思路与方法

【例 2-5】 某商贸企业为增值税一般纳税人,该企业与客户签订购销合同金额为 100 000 元(不含增值税)。合同中约定的付款期为 40 天。如果对方可以在 20 天内付款,将给予对方 3% 的销售折扣,若对方在 40 天内付款,则不给予折扣。该货物的增值税税率为 13%。

要求:请对上述业务进行纳税筹划。

【筹划分析】 变"销售折扣"为"折扣销售"并约定违约金,争取少缴税或晚缴税。

【筹划方案】

方案一:采取销售折扣方式,折扣额不能从销售额中扣除,所以企业应按照 100 000 元的销售额计算增值税销项税额。

增值税销项税额 = 100 000 × 13% = 13 000(元)

方案二:变"销售折扣"为"折扣销售"。

企业主动压低该批货物的价格,将合同金额降低为 97 000 元,相当于给予对方 3% 折扣之后的金额,将以上折扣额与销售额开在同一张发票上。同时在合同中约定,对方企业超过 20 天付款加收 3 390 元违约金。这样,企业的收入并没有受到实质影响。

(1) 如果对方在 20 天之内付款,则:

应纳增值税税额 = 100 000 × (1 − 3%) × 13% = 12 610(元)

(2) 如果对方没有在 20 天之内付款,企业可向对方收取 3 390 元违约金,并以"全部价款+价外费用",按照 100 000 元计算增值税销项税额,也符合税法的要求。

应纳增值税税额 = [100 000 × (1 − 3%) + 3 390 ÷ (1 + 13%)] × 13%
= 13 000(元)

方案二比方案一少缴纳或晚缴纳增值税,若以实现税负最小化以及涉税资金时间价值最大化为纳税筹划目标,则应当选择方案二。

(三) 实物折扣的纳税筹划

纳税人采取折扣方式销售货物,如果销售额和折扣额在同一张发票的"金额"栏分别注明,可按折扣后的销售额征收增值税。折扣销售的税收优惠仅适用于价格折扣,而不适用于实物折扣。如果销售者将自产、委托加工或购买的货物用于实物折扣,则该实物款项不能从销售额中减除,且该实物应按《中华人民共和国增值税暂行条例》中"视同销售货物"中的"无偿赠送其他单位或个人"计算缴纳增值税。企业在选择折扣方式时,应当尽量不要选择实物折扣。在必须采用实物折扣的销售方式时,应当考虑将赠送的商品放入销售的商品中,从而将赠送行为隐藏在销售行为中,企业可以在发票上做适当的调整,变"实物折扣"为"价格折扣",以达到节税的目的。此外,市场上经常看到的"加量不加价"的促销方式,就是运用这种纳税筹划方法的典型例子。实物折扣的纳税筹划思路与方法如图2-4所示。

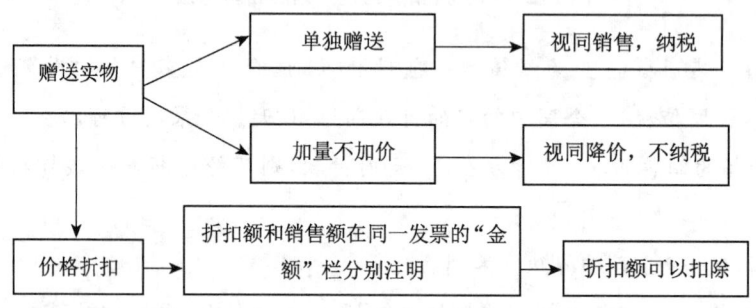

图2-4 实物折扣的纳税筹划思路与方法

【例2-6】 富强公司为增值税一般纳税人,本年12月为促销举办赠送活动,凡购买一件价值90万元A产品的购买方,能获赠价值10万元的B产品。A、B产品适用的增值税税率均为13%。富强公司采取实物折扣的方式,即将赠送的价值10万元的B产品单独开具发票。以上价格均不含增值税。

要求:请对上述业务进行纳税筹划。

【筹划分析】 实物折扣所赠送商品要视同销售缴纳增值税,企业可以在发票上做适当的调整,变"实物折扣"为"价格折扣",以达到节税的目的。

【筹划方案】

方案一:富强公司采取实物折扣的方式,即将赠送的价值10万元的B产品单独开具发票。

销售90万元A产品的增值税销项税额=90×13%=11.7(万元)

赠送10万元B产品视同销售,则:

赠送B产品的增值税销项税额=10×13%=1.3(万元)

增值税销项税额合计=11.7+1.3=13(万元)

方案二:变"实物折扣"为"价格折扣"。将实物折扣在开发票时变为价格折扣,即原价合计100万元(A产品90万元、B产品10万元)打九折,打折后的价格为90万元(A产品81万元、B产品9万元),且将原价100万元(A产品90万元、B产品10万元)和折扣额10万元(A产品9万元、B产品1万元)在同一张发票的"金额"栏中分别注明,则:

增值税销项税额=[(90-9)+(10-1)]×13%=11.7(万元)

方案二比方案一少缴纳增值税1.3万元(13－11.7),因此应当选择方案二。

(四)返还现金的纳税筹划

返还现金指企业在销售货物的同时,返还部分现金给购买方。返还现金相当于赠送现金给购买方。由于返还现金这部分金额不得在税前扣除,因此加重了企业所得税税负,而若变"返还现金"为"价格折扣(折扣销售)",则会达到节税效果。

【例2-7】 宏图超市为增值税一般纳税人,本年12月为促销举办"购货满100元(含增值税)返还现金20元"活动。本期销售额合计100万元(含增值税),共返还现金20万元。假设原价为100元(含增值税)的商品,成本为60元(含增值税)。另外,宏图超市每销售原价为100元(含增值税)的商品,便发生可在企业所得税税前扣除的工资和其他费用6元(不含增值税)。假设宏图超市销售和采购商品适用的增值税税率均为13%。城市维护建设税税率为7%,教育费附加征收率为3%。

要求:请对上述业务进行纳税筹划。

【筹划分析】 纳税人采取折扣方式销售货物,销售额和折扣额在同一张发票上分别注明是指销售额和折扣额在同一张发票上的"金额"栏分别注明的,可按折扣后的销售额征收增值税。未在同一张发票"金额"栏注明折扣额,而仅在发票的"备注"栏注明折扣额的,折扣额不得从销售额中减除。

【筹划方案】

方案一:采取返还现金的方式。

销售100万元商品应纳增值税＝100÷(1＋13%)×13%－60÷(1＋13%)×13%＝4.60(万元)

应纳税所得额＝100÷(1＋13%)－60÷(1＋13%)－6－4.60×(7%＋3%)＝28.94(万元)

应纳企业所得税税额＝28.94×25%＝7.24(万元)

税后利润＝100÷(1＋13%)－60÷(1＋13%)－20－6－4.60×(7%＋3%)－7.24＝1.70(万元)

方案二:变"返还现金"为"价格折扣(折扣销售)"。

原价为100元的商品,打折后价格为80元,且将销售额100元和折扣额20元在同一张发票上的"金额"栏分别注明。

销售商品应纳增值税税额＝(100－20)÷(1＋13%)×13%－60÷(1＋13%)×13%＝2.30(万元)

应纳税所得额＝(100－20)÷(1＋13%)－60÷(1＋13%)－6－2.30×(7%＋3%)＝11.47(万元)

应纳企业所得税税额＝11.47×25%＝2.87(万元)

税后利润＝(100－20)÷(1＋13%)－60÷(1＋13%)－6－2.30×(7%＋3%)－2.87＝8.60(万元)

方案二比方案一少缴纳增值税2.30万元(4.60－2.30),少缴纳企业所得税4.37万元(7.24－2.87),多获取税后利润6.90万元(8.60－1.70),因此应当选择方案二。

返还现金相当于返还的是税后利润,对企业财务十分不利,企业应尽量避免。

案例解析

对于折扣销售,应尽量在同一张发票的"金额"栏中分别注明销售额和折扣额,按折扣后的销售额计征增值税;对于买一赠一等组合销售行为,一方面,若本地税务机关认可组合销售方式赠送的商品不征增值税,则企业可以采取组合销售方式,反之,尽量避免采取组合销售方式。另一方面,若将赠送的商品单独开具发票,则不仅原商品按照其公允价值计算缴纳增值税,而且赠送的商品也按照其公允价值视同销售计算缴纳增值税;对于销售折扣,由于销售折扣不得从销售额中减除,所以这种折扣方式无疑加重了企业的税收负担。但可以修改合同规定,变"销售折扣"为"折扣销售",达到节税效果。

方案一:商品八折销售,即原价值为1 000元的商品,现在售价为800元。这实际上相当于折扣销售,折扣为20%。

应纳增值税税额＝800÷(1＋13%)×13%－700÷(1＋13%)×13%＝11.50(元)

应纳税所得额＝800÷(1＋13%)－700÷(1＋13%)－50＝38.50(元)

应纳企业所得税税额＝38.50×25%＝9.63(元)

应纳税额合计＝11.50＋9.63＝21.13(元)

税后利润＝800÷(1＋13%)－700÷(1＋13%)－50－9.63＝28.87(元)

方案二:买一赠一,即顾客只需花800元即可购买原价800元的商品,同时获赠价值200元的商品,且价值200元的商品的购进价格为140元(将赠送的200元的商品单独开具发票,则不仅原价800元的商品按照800元换算为不含税价款后的价格计算缴纳增值税,而且赠送的200元的商品也按照200元换算为不含税价款后的价格视同销售计算缴纳增值税)。

销售800元商品应纳增值税税额＝800÷(1＋13%)×13%－800×(1－30%)÷(1＋13%)×13%＝27.61(元)

赠送200元商品视同销售应纳增值税税额＝200÷(1＋13%)×13%－140÷(1＋13%)×13%＝6.90(元)

合计应纳增值税税额＝27.61＋6.90＝34.51(元)

应纳税所得额＝800÷(1＋13%)－800×(1－30%)÷(1＋13%)－140÷(1＋13%)－50－[200÷(1＋13%)×13%]＝15.49(元)

应纳企业所得税税额＝15.49×25%＝3.87(元)

应纳税额合计 = 34.51 + 3.87 = 38.38(元)

税后利润 = 800 ÷ (1 + 13%) − 800 × (1 − 30%) ÷ (1 + 13%) − 140 ÷ (1 + 13%) − 50 − [200 ÷ (1 + 13%) × 13%] − 3.87 = 11.62(元)

方案三：顾客赊购货物满1 000元，在10天内付款，华丰商场给予20%(即200元)的折扣；顾客在30天内付款，华丰商场不给予折扣。假设购买方在10天内付款，则

销售1 000元商品应纳增值税税额 = 1 000 ÷ (1 + 13%) × 13% − 700 ÷ (1 + 13%) × 13% = 34.51(元)

应纳税所得额 = 1 000 ÷ (1 + 13%) − 700 ÷ (1 + 13%) − 1 000 × 20% − 50 = 15.49(元)

应纳企业所得税税额 = 15.49 × 25% = 3.87(元)

应纳税额合计 = 34.51 + 3.87 = 38.38(元)

税后利润 = 1 000 ÷ (1 + 13%) − 700 ÷ (1 + 13%) − 1 000 × 20% − 50 − 3.87 = 11.62(元)

各方案税款金额计算，如表2-2所示。

表2-2　　　　　　　　各方案税款金额计算表　　　　　　　　单位：元

方案	增值税	企业所得税	税负合计	税后利润
一	11.5	9.63	21.13	28.87
二	34.51	3.87	38.38	11.62
三	34.51	3.87	38.38	11.62

假设购货方一般会按商场要求及时付款，着重考虑企业税后利润，同时兼顾各项税负及其他因素，则方案一最优，其次为方案二、方案三。

商场在选择折扣方式时不能盲目，应当全面权衡，综合筹划，选择最佳的折扣方式，以便降低税收成本，获得最大的经济效益。

二、结算方式的纳税筹划

《中华人民共和国增值税暂行条例》规定：纳税人销售货物或者应税劳务的纳税义务发生时间（产品销售实现的法定时间）按结算方式的不同而不同，如图2-5所示。

在增值税既定的情况下，可以通过改变结算方式来推迟销项税额的确定，加快进项税额的抵扣，从而获得资金的时间价值。纳税人可以合理选择结算方式，采取没有收到货款就不开发票的方式就能达到延期纳税的目的。例如，对发货后一时难以回笼的货款，作为委托代销商品处理，待收到货款时出具发票纳税；避免采用托收承付和委托收款结算方式销售货物，防止垫付税款；尽可能采用支票、银行本票和汇兑结算方式销售货物；在不能及时收到货款的情况下，采用赊销或分期收款结算方式，避免垫付税款。

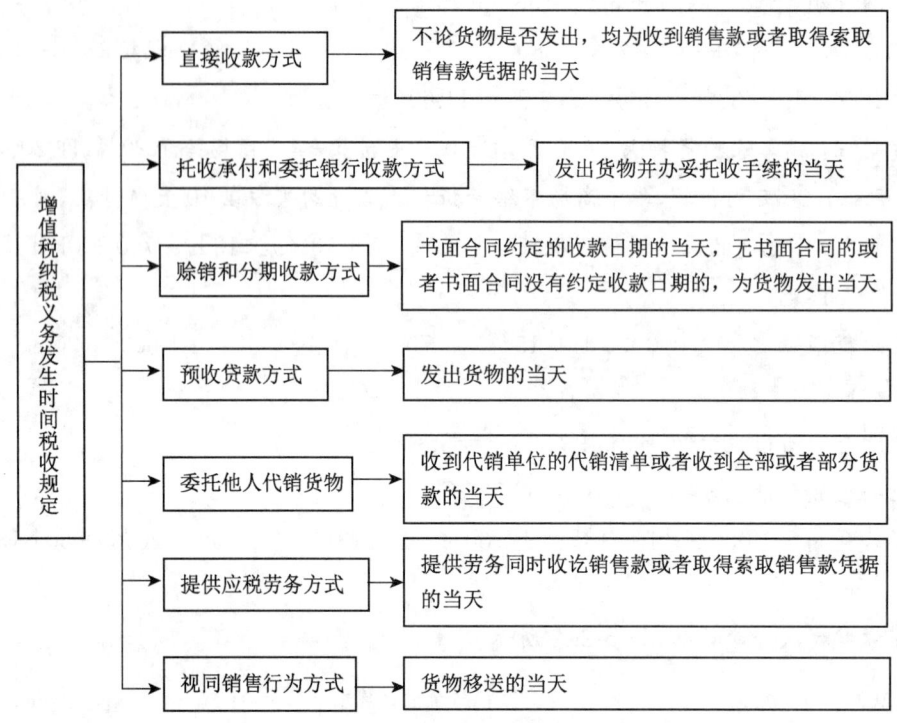

图 2-5 增值税纳税义务发生时间的税收规定

【例 2-8】 保吉服装厂为增值税一般纳税人,2018 年 10 月 19 日发生销售业务 3 笔,应收货款合计 2 200 万元。其中,第 1 笔 1 200 万元,货款两清;第 2 笔 600 万元,两年后一次性付清;第 3 笔 400 万元,一年后付 300 万元,余款 100 万元两年后结清。以上价格均为不含增值税价格。保吉服装厂销售产品适用增值税税率 13%。

要求:请对上述业务进行纳税筹划。

【筹划分析】 企业在产品销售过程中,在应收货款一时无法收回或部分无法收回的情况下,可选择赊销或分期收款结算方式,避免垫付税款。具体来说,应在合同中体现出赊销或分期收款的具体日期。

【筹划方案】

方案一:采取直接收款方式。具体来说,合同中未体现出购销或分期收款结算的具体日期,税务机关推断为直接收款方式。

2018 年 10 月的增值税销项税额 = 2 200 × 13% = 286(万元)

方案二:对第 2 笔和第 3 笔业务采取赊销和分期收款结算方式。具体来说,需要在合同中体现出赊销或分期收款结算的具体日期,即第 2 笔 600 万元于 2020 年 10 月 19 日付款;第 3 笔 400 万元于 2019 年 10 月 19 日付款 300 万元,2020 年 10 月 19 日付款 100 万元。

2018年10月的增值税销项税额＝1 200×13％＝156(万元)
2019年10月的增值税销项税额＝300×13％＝39(万元)
2020年10月的增值税销项税额＝(600＋100)×13％＝91(万元)

方案二比方案一2018年10月当期少缴纳增值税130万元(286－156)，因此应当选择方案二。

虽然这130万元的增值税在以后期间还要缴清，但延缓了纳税时间，充分利用了资金的时间价值。

三、进项税额的纳税筹划

(一) 一般纳税人从小规模纳税人处购买货物、劳务、服务、无形资产或者不动产的纳税筹划

一般纳税人从小规模纳税人处购买货物、劳务、服务、无形资产或者不动产应尽量取得增值税专用发票，可以抵扣进项税额，进而达到降低企业税负的目的。

【例2-9】 甲公司是增值税一般纳税人，本年12月从本市的小规模纳税人乙公司购买原材料一批，含税购进金额为20.6万元，小规模纳税人乙公司不能自行开具增值税专用发票，只能开具增值税普通发票一张，票面金额为20.6万元。

要求： 请对上述业务进行纳税筹划。

【筹划分析】 一般纳税人从小规模纳税人处购买货物、劳务、服务、无形资产或者不动产取得增值税普通发票的，不得抵扣进项税额；但是一般纳税人若要求小规模纳税人到税务机关代开增值税专用发票(或者要求部分税法规定的增值税小规模纳税人自行开具增值税专用发票)，则可按3％或者5％的税率计算进项税额予以抵扣。自2019年3月1日起，将小规模纳税人自行开具增值税专用发票试点范围由住宿业、鉴证咨询业、建筑业、工业、信息传输、软件和信息技术服务业，扩大至租赁和商务服务业、科学研究和技术服务业、居民服务、修理和其他服务业。上述8个行业小规模纳税人(以下称"试点纳税人")发生增值税应税行为，需要开具增值税专用发票的，可以自愿使用增值税发票管理系统自行开具。

【筹划方案】

方案一：甲公司从小规模纳税人乙公司取得增值税普通发票。这种情况下不得抵扣进项税额，因此甲公司可抵扣的进项税额为0。

方案二：甲公司要求小规模纳税人乙公司到主管税务机关代开增值税专用发票。

甲公司可抵扣的进项税额＝20.6÷(1＋3％)×3％＝0.6(万元)

方案二比方案一多抵扣进项税额0.6万元(0.6－0)，相当于少缴纳增值税0.6万元，因此应当选择方案二。

(二) 供应商纳税人身份选择的纳税筹划

由于增值税实行凭增值税发票抵扣制度,除特殊规定外只有一般纳税人才能使用增值税专用发票进行进项税额抵扣。一般情况下小规模纳税人不能开出增值税专用发票,但根据税法的规定,小规模纳税人可以到税务所申请代开小规模纳税人使用的专用发票,或者列入自开专票试点范围的满足条件的住宿业、鉴证咨询业和建筑业小规模纳税人可以自行开具专用发票。一般纳税人从小规模纳税人处认购的货物或接受的劳务可根据发票上的税额计提进项税额,抵扣率为3%,如果购货方取得的是小规模纳税人自己开具的普通发票,不能进行任何抵扣(农产品除外)。因此,企业在选择购货对象时,必然要考虑到以上税收规定的差异。增值税一般纳税人从小规模纳税人处采购的货物或接受的劳务、服务、无形资产或者不动产不能进行抵扣,或只能抵扣3%或5%,为了弥补因不能取得专用发票而产生的损失,必然要求小规模纳税人在价格上给予一定程度的优惠。究竟多大的折让幅度才能弥补损失呢?这里就存在一个价格折让临界点。

1. 一般纳税人对供应商纳税人身份的选择

一般纳税人在采购货物、劳务、服务、无形资产或者不动产时,可以选择不同增值税纳税人身份的供应商。概括起来,共有三种类型:一是从一般纳税人采购;二是从小规模纳税人采购,并可取得由主管税务机关代开的增值税专用发票或由部分行业小规模纳税人自行开具的增值税专用发票;三是从小规模纳税人采购,只能取得增值税普通发票。

假定购买方作为一般纳税人,其不含税销售额为 S,销售货物、劳务、服务、无形资产或者不动产的增值税税率为 T,从小规模纳税人购进货物的含税额与从一般纳税人购进货物的含税额的比率为 R,假定城市维护建设税税率为7%,教育费附加征收率为3%,企业所得税税率为25%。

(1) 从一般纳税人处购进货物、劳务、服务、无形资产或者不动产的含税购进金额为 P_1,购进货物、劳务、服务、无形资产或者不动产的增值税税率为 T_1(假设从一般纳税人购进货物、劳务、服务、无形资产或者不动产,能取得增值税专用发票),其他费用为 F,则:

税后利润(L_1) = (不含税销售额 − 不含税购进金额 − 其他费用 − 城建税和教育费附加)
$$\times (1 - 企业所得税税率)$$
$$= \{S - P_1 \div (1 + T_1) - F - [S \times T - P_1 \div (1 + T_1) \times T_1] \times (7\% + 3\%)\}$$
$$\times (1 - 25\%)$$

(2) 从小规模纳税人处购进货物、劳务、服务、无形资产或者不动产的含税购进金额为 P_2,购进货物、劳务、服务、无形资产或者不动产的增值税征收率为 T_2(假设从小规模纳税人处购进货物、劳务、服务、无形资产或者不动产,能取得由主管税务机关代开或自行开具的增值税专用发票),其他费用为 F,则:

税后利润(L_2) =（不含税销售额－不含税购进金额－其他费用－城建税和教育费附加）
　　　　　　　×（1－企业所得税税率）
　　　　　 = {$S - P_2 \div (1 + T_2) - F - [S \times T - P_2 \div (1 + T_2) \times T_2] \times (7\% + 3\%)$}
　　　　　　　×（1－25%）

令 $L_1 = L_2$，得：

$$R = P_2/P_1 = [(1+T_2)(1-10\%T_1)]/[(1+T_1)(1-10\%T_2)]$$

当 $T_1 = 13\%$，$T_2 = 3\%$ 时，代入上式：

$$R = P_2/P_1 = [(1+3\%)(1-10\%\times 13\%)]/[(1+13\%)(1-10\%\times 3\%)] = 90.24\%$$

（3）从小规模纳税人处不能取得增值税专用发票而取得普通发票，即 $T_2 = 0$，那么，当税后利润相等时，依据上述公式，从小规模纳税人购进货物的含税额与从一般纳税人购进货物的含税额的价格比为：

$$R = P_2/P_1 = (1-10\%T_1)/(1+T_1)$$

当 $T_1 = 13\%$，$T_2 = 0$ 时，代入上式：

$$R = P_2/P_1 = (1-10\%\times 13\%)/(1+13\%) = 87.35\%$$

同理，我们可以得出其他情况下的价格优惠临界点，如表 2-3 所示。

表 2-3　　　　　　价格优惠临界点（考虑城建税和教育费附加）

一般纳税人的抵扣率（T_1）	小规模纳税人的抵扣率（T_2）	临界点的含税价格比
13%	3%	90.24%
13%	0	87.35%
9%	3%	93.93%
9%	0	90.92%
6%	3%	96.88%
6%	0	93.77%

在一般纳税人选择从小规模纳税人处购进货物还是从一般纳税人处购进货物时，若实际含税价格比小于 R，则从小规模纳税人处采购，产生的税后利润较大；若实际含税价格比大于 R，则从一般纳税人处采购，产生的税后利润较大；若实际的含税价格比等于 R，税后利润是一样的，这时应当从其他角度考虑选择。从销售定价而言，小规模纳税人在确定货物的价格时，应当依据一般纳税人货物的含税价格，使其货物含税价格略低于或等于一般纳税人货物含税价格的 R 倍。

【例2-10】 宏伟家具生产厂为增值税一般纳税人,外购材料A作为加工产品的原材料。现有两个供应商甲与乙。方案一:从增值税一般纳税人甲公司购买,可以开具税率为13%的增值税专用发票,该批材料A报价50万元(含税价款);方案二:从小规模纳税人乙公司购买,可以出具由其所在主管税务局代开的征收率为3%的增值税专用发票,材料A报价46.5万元。已知城市维护建设税税率为7%,教育费附加征收率为3%。

要求:请对上述业务进行纳税筹划。

【筹划分析】 若购买方为增值税一般纳税人,一方面,从其他一般纳税人购进货物、劳务、服务、无形资产或者不动产可以按不含税价格13%、9%或6%等比例抵扣增值税进项税额,而从小规模纳税人购进货物、劳务、服务、无形资产或者不动产则无法抵扣增值税进项税额,或者即便能取得小规模纳税人通过主管税务机关代开或者部分行业的小规模纳税人自行开具的增值税专用发票,也只能抵扣货物不含税价格3%(特殊情况下为5%)的增值税进项税额。另一方面,一般情况下,从其他一般纳税人比从小规模纳税人购进货物、劳务、服务、无形资产或者不动产的价格要高。所以,一般纳税人在选择供应商时,需要综合考虑上述两方面内容。

【筹划方案】

由价格优惠临界点原理可知,增值税税率为13%,小规模纳税人抵扣率为3%时,价格优惠临界点为90.24%,或者说,价格优惠临界点的销售价格为451 200元(500 000×90.24%)。从题中乙的报价看,465 000元大于价格优惠临界点451 200元,因此,应从甲(一般纳税人)处采购。具体验证如下:

方案一:从企业利润核算的角度看,从甲处购进该批材料A的净成本为:

500 000÷(1+13%)−[500 000÷(1+13%)×13%×(7%+3%)]=442 477.88−5 752.21=436 725.67(元)

方案二:从乙处购进该批材料A的净成本为:

465 000÷(1+3%)−465 000÷(1+3%)×3%×(7%+3%)=451 456.31−1 354.37=450 101.94(元)

由此可以看出,方案二的成本大于方案一的成本,因此,应选择方案一。

以上是在"购买方以税后利润最大化为目标"的前提下进行讨论的。事实上,企业选择供应商时除了需要考虑税后利润大小以外,还应当考虑诸如现金净流量、信用关系、售后服务、购进运费等因素,以便做出全面、合理的决策。

2. 小规模纳税人对供应商纳税人身份的选择

小规模纳税人在采购货物、劳务、服务、无形资产或者不动产时,也可以选择不同纳税人身份的供应商。对于小规模纳税人来说,无论是从增值税一般纳税人购进货物、劳务、服务、无形资产或者不动产,还是从小规模纳税人购进货物、劳务、服务、无形资产或者不动产,都不能抵扣进项税额。所以,小规模纳税人在选择供应商时,主要考虑购进货物、劳务、服务、无形资产或者不动产含税价格的高低,选择价格最低的供应商就可以了。

(三)"初级农产品"计算抵扣的纳税筹划

根据《中华人民共和国增值税暂行条例》第15条的规定,农业生产者销售的自产农产品免征增值税,但其他生产者销售的农产品不能享受免税待遇。农产品是指种植业、养殖业、林业、牧业、水产业生产的各种植物、动物的初级产品。

自2019年4月1日起,纳税人购进农产品,原适用10%扣除率的,扣除率调整为9%。自2019年4月1日起,纳税人购进农产品,按下列规定抵扣进项税额。

(1) 除第(2)项规定外,纳税人购进农产品,取得一般纳税人开具的增值税专用发票或海关进口增值税专用缴款书的,以增值税专用发票或海关进口增值税专用缴款书上注明的增值税税额为进项税额;从按照简易计税方法依照3%征收率计算缴纳增值税的小规模纳税人取得增值税专用发票的,以增值税专用发票上注明的金额和9%的扣除率计算进项税额;取得(开具)农产品销售发票或收购发票的,以农产品销售发票或收购发票上注明的农产品买价和9%的扣除率计算进项税额(买价是指纳税人购进农产品在农产品收购发票或者销售发票上注明的价款和按照规定缴纳的烟叶税)。

(2) 自2019年4月1日起的营改增试点期间,纳税人购进用于生产或者委托加工13%税率货物的农产品,按照10%的扣除率计算进项税额。进项税额计算公式为:

$$进项税额 = 买价 \times 扣除率$$

需要注意的是,初级农产品就是没有经过任何加工的农业产品,初级农产品一旦经过加工,哪怕是最简单的加工,也失去了税法规定的初级农产品的特点,就不能按照扣除率计算进项税额。因此企业应该直接收购没有经过加工的农产品,从而减轻税负。

【例2-11】超然公司为增值税一般纳税人,主要生产制造木制家具,2020年11月从农民手中收购经农民加工过的薄板1 200万元,并于当月全部领用用于生产家具,假设农民加工这1 200万元薄板耗用原木的成本为800万元。超然公司当月销售家具,取得不含税销售收入3 600万元。销售家具适用的增值税税率为13%,其他可抵扣进项税额为120万元。

要求:请对上述业务进行纳税筹划。

【筹划分析】 企业应该直接收购没有经过加工的农产品,以充分享受优惠政策。

【筹划方案】

方案一:超然公司从农民手中收购经农民加工过的薄板。

应纳增值税税额 = 3 600 × 13% − 120 = 348(万元)

方案二:超然公司直接收购原木,然后雇用农民加工成薄板。自2019年4月1日起,纳税人购进用于生产销售或委托加工13%税率货物的农产品,可以按照10%的扣除率计算进项税额。

应纳增值税税额 = 3 600 × 13% − 800 × 10% − 120 = 268(万元)

方案二比方案一少缴纳增值税80万元(348−268),因此应当选择方案二。

企业直接收购原木,然后雇用农民加工成薄板,产生的人工成本应当不高于480万元(1 200 − 800 + 80),否则将得不偿失。

【例2-12】 田园果汁生产企业为增值税一般纳税人,以柑橘为原材料生产果汁,果汁的增值税税率为13%,生产所用原材料主要由本厂的种植园提供。该企业预计本年果汁销售收入5 000万元,种植园自产柑橘的成本为1 700万元,种植园购置原材料可抵扣的进项税额仅有15万元。另外,果汁企业外购其他原材料可抵扣的进项税额为100万元。

要求:请对上述业务进行纳税筹划。

【筹划分析】 农业生产者销售的自产农产品免征增值税,但以自产农产品为原材料加工后的产品并不属于农产品免税范围。企业要想享受销售自产农产品免税的政策,可以考虑把种植园和果汁企业分为两个独立法人,采取果汁企业购买种植园柑橘的经营模式。一方面,种植园可以享受销售自产农产品免征增值税的政策;另一方面,果汁企业还可以按采购柑橘金额乘以扣除率来计算抵扣进项税额。

【筹划方案】

方案一:将种植园和果汁企业作为一个独立法人。

本年应纳增值税税额 = 5 000 × 13% − 15 − 100 = 535(万元)

方案二:将种植园和果汁企业分为两个独立法人,种植园将自己生产的柑橘以2 000万元公允价格直接销售给果汁企业。

(1)本年种植园实现销售收入2 000万元,由于其自产自销未经加工的柑橘符合农业生产者自产自销农产品的条件,因而可以享受免税待遇,税负为零,相应的进项税额15万元也不予抵扣。

(2)果汁企业购进柑橘。自2019年4月1日起,纳税人购进用于生产销售或委托加工13%税率货物的农产品,按照10%的扣除率计算进项税额。

本年应纳增值税税额 = 5 000 × 13% − 2 000 × 10% − 100 = 350(万元)

方案二比方案一少缴纳增值税税额185万元(535−350),因此应当选择方案二。

将种植园和果汁企业分为两个独立法人,必然要多支出一部分开办费用及其他费用。但这笔费用与增值税的节税额相比要少得多,所以采用上述方式是非常划算的。

(四) 不得抵扣进项税额的纳税筹划

税法规定,进项税额不得从销项税额中抵扣的情形有:

(1) 用于简易计税方法计税项目、免征增值税项目、集体福利或者个人消费的购进货物、劳务、服务、无形资产和不动产。其中涉及的无形资产、不动产,仅指专用于上述项目的无形资产、不动产。纳税人的交际应酬消费属于个人消费。

(2) 非正常损失的购进货物,以及相关的劳务和交通运输服务。

(3) 非正常损失的在产品、产成品所耗用的购进货物(不包括固定资产)、劳务和交通运输服务。

(4) 非正常损失的不动产,以及该不动产所耗用的购进货物、设计服务和建筑服务。

(5) 非正常损失的不动产在建工程所耗用的购进货物、设计服务和建筑服务。纳税人新建、改建、扩建、修缮、装饰不动产,均属于不动产在建工程。

(6) 购进的贷款服务、餐饮服务、居民日常服务和娱乐服务。

(7) 财政部和国家税务总局规定的其他情形。

上述第(4)项、第(5)项所称货物,是指构成不动产实体的材料和设备,包括建筑装饰材料和给排水、采暖、卫生、通风、照明、通讯、煤气、消防、中央空调、电梯、电气、智能化楼宇设备及配套设施。

纳税人接受贷款服务向贷款方支付的与该笔贷款直接相关的投融资顾问费、手续费、咨询费等费用,其进项税额不得从销项税额中抵扣。

已抵扣进项税额的购进服务,发生上述规定情形(用于简易计税方法计税项目、免征增值税项目除外)的,应当将该进项税额从当期进项税额中扣减;无法确定该进项税额的,按照当期实际成本计算应扣减的进项税额。

已抵扣进项税额的无形资产或者不动产,发生上述规定情形的,按照下列公式计算不得抵扣的进项税额:

$$\text{不得抵扣的进项税额} = \text{无形资产或者不动产净值} \times \text{适用税率}$$

按照《中华人民共和国增值税暂行条例》第10条和上述不得抵扣且未抵扣进项税额的固定资产、无形资产、不动产,发生用途改变,用于允许抵扣进项税额的应税项目,可在用途改变的次月按照下列公式,依据合法有效的增值税扣税凭证,计算可以抵扣的进项税额:

$$\text{可以抵扣的进项税额} = \frac{\text{固定资产、无形资产、不动产净值}}{1 + \text{适用税率}} \times \text{适用税率}$$

上述可以抵扣的进项税额应取得合法有效的增值税扣税凭证。

自2020年3月1日起,增值税一般纳税人取得的2017年7月1日及以后开具的增值税专用发票、海关进口增值税专用缴款书、机动车销售统一发票、收费公路通行费增值税电子普通发票,取消认证确认、稽核比对、申报抵扣的期限。纳税人在进行增值税纳税申报时,应当通过本省(自治区、直辖市和计划单列市)增值税发票综合服务平台对上述扣税凭证信息进行用途确认。

增值税一般纳税人取得的2016年12月31日及以前开具的增值税专用发票、海关进口增值税专用缴款书、机动车销售统一发票,超过认证确认、稽核比对、申报抵扣期限,但符合规定条件的,仍可继续抵扣进项税额。

【例2-13】 鲲鹏公司为增值税一般纳税人,适用13%的增值税税率。本年5月鲲鹏公司购入一批原材料,不含增值税价格为220万元,取得的增值税专用发票注明的增值税税额为28.6万元,认证通过后已经作为进项税额抵扣。本年11月该批原材料由于仓库管理不善发生火灾导致损失,鲲鹏公司对其进行盘存清理,发现有不含增值税价格30万元的原材料经过一定处理后仍能使用,为回笼资金决定变价卖出。本年11月鲲鹏公司其他业务增值税销项税额为120万元,可抵扣进项税额为38万元。

要求:请对上述业务进行纳税筹划。

【筹划分析】 由于非正常损失存货的进项税额不能抵扣,因此在合理且精确地计算存货非正常损失额的基础上,尽量降低非正常损失存货的会计核算额具有重要意义。

【筹划方案】

方案一:会计核算上将220万元作为非正常损失。

进项税转出额 = $220 \times 13\% = 28.6$(万元)

30万元的原材料变价销售的销项税额 = $30 \times 13\% = 3.9$(万元)

应纳增值税税额 = $120 + 3.9 - (38 - 28.6) = 114.5$(万元)

方案二:会计核算上将190万元(220-30)作为非正常损失。

进项税转出额 = $190 \times 13\% = 24.7$(万元)

30万元的原材料变价销售的销项税额 = $30 \times 13\% = 3.9$(万元)

应纳增值税税额 = $120 + 3.9 - (38 - 24.7) = 110.6$(万元)

方案二比方案一少缴纳增值税税额3.9万元(114.5-110.6),因此应当选择方案二。

尽量降低非正常损失存货的会计核算额的前提在于,合理且精确地将报废的存货和仍能使用的存货分开,并在会计核算上按照数量、单价和金额正确体现。

(五)通过合并抵扣增值税进项税额的纳税筹划

增值税一般纳税人的进项税额可从本期的销项税额中抵扣,不足抵扣的部分可结转下期继续抵扣。增值税一般纳税人(原纳税人)在资产重组中将全部资产、负债、劳动力一并转让给其他增值税一般纳税人(新纳税人),并按程序办理注销税务登记的,其在办理注销税务登记前尚未抵扣的进项税额可以结转至新纳税人处继续抵扣。

【例2-14】 甲公司、乙公司均为增值税一般纳税人。乙公司期初有25万元的增值税留抵税额,本期预计销售额为68万元(不含增值税),预计本期没有新增采购项目,即本期没有新增进项税额。甲公司本期预计销售额为230万元(不含增值税),可抵扣的增值税进项税额为10万元。此时,假设甲公司有机会合并乙公司,且是否合并乙公司对自身经营基本没有影响。假设乙公司不符合向主管税务机关申请退还增量留抵税额的条件。甲公司、乙公司均适用13%的增值税税率。

要求:请对上述业务进行纳税筹划。

【筹划分析】 如果目标企业有大量的期初存货可以用于抵扣进项税额,则合并企业在合并当期的应纳增值税税额就会减少,从而达到节税目的。

【筹划方案】

方案一:甲公司不合并乙公司。

甲公司应纳增值税税额=230×13%-10=19.9(万元)

乙公司应纳增值税税额=68×13%-25=-16.16(万元)

即乙公司本期不缴纳增值税,16.16万元的增值税进项税额留待下期抵扣,则:

甲公司与乙公司应纳增值税税额合计=19.9+0=19.9(万元)

方案二:甲公司合并乙公司。

合并后的集团公司应纳增值税税额=(230+68)×13%-10-25=3.74(万元)

方案二比方案一本期少缴纳增值税税额16.16万元(19.9-3.74),因此,应当选择方案二。

企业是否选择合并应充分考虑合并成本、合并后的发展前景、职工安置等各方面的因素,不能单纯考虑税负因素。

第三节 增值税税率的纳税筹划

一、兼营的纳税筹划

根据《中华人民共和国增值税暂行条例》和营改增政策法规,纳税人销售货物、加工修理修配劳务、服务、无形资产或者不动产适用不同税率或者征收率的,应当分别核算适用不同税率或者征收率的销售额;未分别核算销售额的,按照以下方法适用税率或者征收率:①兼营不同税率的应税项目,从高适用税率;②兼营不同征收率的应税项目,从高适用征收率;③兼营不同税率和征收率的应税项目,从高适用税率。

为了避免从高适用税率或征收率而加重税收负担的情况,兼营不同税率或征收率的货物、应税劳务或应税服务的企业,一定要将各自的销售额分别核算。例如,某处于城乡结合部的商店,既销售各类日用百货,又销售农药、农具、农膜等农业生产用品。如果该商店将这两类商品的销售额分别核算,则日用百货的销售额按13%计税,农药、农具、农膜等农业生产用品的销售额按9%计税。如果不能分别核算,后者也会一并按13%的高税率计税。显然,分别核算两类商品的销售额对该商店来讲是至关重要的纳税筹划思路。

【例2-15】 江河公司是一个化肥生产企业,为增值税一般纳税人,该企业除了生产销售化肥,还将空置的仓库用于提供仓储服务。2020年江河公司取得的化肥销售收入为1 500万元,仓储服务收入为300万元。当年可抵扣的增值税进项税额为60万元。根据相关规定,销售化肥适用的税率为9%,仓储服务适用的税率为6%。假设上述收入均不含税。

要求:请对上述业务进行纳税筹划。

【筹划分析】 兼营销售不同税率货物或服务,要注意分别核算销售额。

【筹划方案】

方案一:如果江河公司在进行会计核算时未对这两类收入分别核算,则:

应纳增值税税额=(1 500+300)×9%-60=102(万元)

方案二:如果江河公司在进行会计核算时对这两类收入分别核算,则:

应纳增值税税额=1 500×9%+300×6%-60=93(万元)

可见,方案二比方案一少缴纳增值税9万元(102-93)。因此,当纳税人兼有不同税率或者征收率的销售货物、提供应税劳务或者应税服务时,要完善自己的财务核算,对不同收入分类核算,避免从高适用税率或征收率而增加不必要的税收负担。

需要注意的是,在增值税税率的筹划中,纳税人应准确理解和掌握低税率的适用范围。例如,适用9%低税率中的"农机",是指农机整机,农机零部件不属于"农机"范围,因而生产农机零部件的企业可以通过与农机整机生产企业合并、组合的形式,使产品符合低税率的标准,实现节税的目标。此外,纳税人还可以通过转变经营模式,将适用高税率的应税项目转变为适用低税率的应税项目,以减轻税负,获取税收利益。

【例2-16】 位于市区的长隆公司为增值税一般纳税人,主要从事货物运输服务,此外还将本公司闲置的车辆用于对外经营租赁。假设不含税收入为8 000万元,可抵扣的进项税额为500万元,其他税费仅考虑城市维护建设税和教育费附加,以下两种经营模式发生的费用相等。

方案一:长隆公司对外出租车辆取得不含税经营租赁业务收入8 000万元。

方案二:长隆公司在对外出租车辆的同时还为出租的车辆配备司机,并收取不含税收入8 000万元。

要求：请对上述业务进行纳税筹划。

【筹划分析】 同样的收入额，可以对经营模式进行一些恰当合理的变换，进而降低税率，达到节约税款的目的。

【筹划方案】

方案一：如果长隆公司对外出租车辆某月取得不含税经营租赁业务收入 8 000 万元，则：

租赁业务应纳增值税税额 = 8 000 × 13% − 500 = 540（万元）

应缴纳的城市维护建设税和教育费附加 = 540 × (3% + 7%) = 54（万元）

合计应纳税额 = 540 + 54 = 594（万元）

方案二：如果长隆公司在对外出租车辆的同时还为出租的车辆配备司机，并收取不含税收入 8 000 万元，则此项收入由原来的有形动产租赁服务转变为交通运输服务缴纳增值税，适用的税率由原来的 13% 降低为 9%，则：

应纳增值税税额 = 8 000 × 9% − 500 = 220（万元）

应纳城市维护建设税和教育费附加 = 220 × (3% + 7%) = 22（万元）

合计应纳税额 = 220 + 22 = 242（万元）

方案二比方案一少缴税款 352 万元（594−242）。

二、混合销售的纳税筹划

一项销售行为如果既涉及货物又涉及服务，则为混合销售。从事货物的生产、批发或者零售的单位和个体工商户的混合销售行为，按照销售货物缴纳增值税，其他单位和个体工商户的混合销售行为，按照销售服务缴纳增值税。上述从事货物的生产、批发或者零售的单位和个体工商户，包括以从事货物的生产、批发或者零售为主（指纳税人每年的货物销售额与服务销售额合计数中，货物的销售额超过 50%）并兼营销售服务的单位和个体工商户在内。

需要注意的是，纳税人销售活动板房、机器设备、钢结构件等自产货物的同时提供建筑、安装服务，不属于《营业税改征增值税试点实施办法》（财税〔2016〕36 号文件印发）第四十条规定的混合销售，应分别核算货物和建筑服务的销售额，它们分别适用不同的税率或者征收率。例如，一般纳税人销售自产机器设备的同时提供安装服务，应分别核算机器设备和安装服务的销售额，安装服务可以按照甲供工程选择适用简易计税方法计税。

【例 2-17】 甲公司下设两个非独立核算的业务经营部门，供电器材加工厂和工程安装施工队。供电器材加工厂主要生产和销售货物，工程安装施工队主要提供输电设备的安装服务。公司销售货物收入为 2 800 万元（不含税），销售货物的同时取得安装服务收入为 2 200 万元（不含税），购买生产用原材料 1 500 万元，可抵扣的进项税额为 195 万元。

公司为增值税一般纳税人,因为该公司货物销售额达到总销售额的50%,所以按照销售货物缴纳增值税。

增值税销项税额=(2 800+2 200)×13%=650(万元)

增值税应纳税额=650-195=455(万元)

税收负担率=455÷(2 800+2 200)×100%=9.1%

要求:请对上述业务进行纳税筹划。

【筹划分析】 混合销售中,合理筹划货物和服务的销售额,适用的税率越小,税额越少。

【筹划方案】

方案一:假设甲公司进行合理规划,避免以从事货物生产、批发或者零售为主,按照销售服务缴纳增值税。假设销售货物收入为2 200万元,安装服务收入为2 800万元。

增值税销项税额=(2 800+2 200)×6%=300(万元)

增值税进项税额=195(万元)

增值税应纳税额=300-195=105(万元)

税收负担率=105÷(2 800+2 200)×100%=2.1%

方案二:或者将工程安装施工队单独组建成一个乙公司,独立核算,自行缴纳税款。工程安装服务收入适用6%的增值税税率。筹划后纳税情况如下:

甲公司应纳增值税税额=2 800×13%-195=169(万元)

乙公司应纳增值税税额=2 200×6%=132(万元)

合计应纳税额=169+132=301(万元)

税收负担率=301÷(2 800+2 200)×100%=6.02%

方案一比筹划前少缴纳增值税税额350万元(455-105),方案二比筹划前少缴纳增值税154万元(455-301),从节约税款的角度应该选择方案一。但方案一增值税税收负担率下降幅度高。税收负担率下降幅度过大也会带来一定的税务风险,需要企业进行合理规划。

三、增值税计税方式选择的纳税筹划

对于一般纳税人的某些特定应税行为,可采用税款抵扣制,也可采用简易计税方法,依据征收率计算增值税。

(1)一般纳税人销售自产的下列货物,可选择按照简易计税办法依照3%的征收率缴纳增值税:①县级及县级以下小型水力发电单位生产的电力。②建筑用和生产建筑材料所用的砂、土、石料。③以自己采掘的砂、土、石料或其他矿物连续生产的砖、瓦、灰(不含黏土实心砖、瓦)。④用微生物、微生物代谢产物、动物毒素、人或动物的血液或组织制成的生物制品。⑤自来水。⑥商品混凝土(仅限于以水泥为原料生产的水泥混凝土)。

(2) 一般纳税人发生下列应税行为可以选择简易办法按照3%征收率计算缴纳增值税:①公共交通运输服务。②经认定的动漫企业为开发动漫产品提供的相关服务,以及在境内转让动漫版权(包括动漫品牌、形象或者内容的授权及再授权)。③电影放映服务、仓储服务、装卸搬运服务、收派服务和文化体育服务。④以纳入"营改增"试点之前取得的有形动产为标的物提供的经营租赁服务。⑤以纳入"营改增"试点之前签订的尚未执行完毕的有形动产租赁合同。⑥提供物业管理服务的纳税人,向服务方收取的自来水费,以扣除其对外支付的自来水费后的余额为销售额,按照简易计税方法依3%的征收率计算缴纳增值税。⑦以清包工方式提供的建筑服务。⑧为甲供工程提供的建筑服务。⑨为建筑工程老项目提供的建筑服务。

由于上述情形在增值税计税方式上具有一定的选择权及转变权,因此,企业应当测算不同计税方式的税负大小,以便选择最优的计税方式,或适时转变为最优的计税方式。

【例2-18】 清泉公司是2017年1月新成立的自来水公司,成立之初登记为增值税一般纳税人。2017年购进一台大型设备,增值税专用发票上注明价款600万元、增值税税额78万元,其他可抵扣进项税额为50万元。2017年生产销售自来水,取得收入2 000万元(不含增值税)。2018年及以后各年收入不变,可抵扣进项税额每年均为50万元。

要求:请对上述业务进行纳税筹划。

【筹划分析】 采用一般计税方法时,自来水适用低税率9%。同时,一般纳税人销售其自产的自来水可以选择按照简易计税方法依照3%的征收率计算缴纳增值税。一般纳税人一旦选择按照简易计税方法计算缴纳增值税,36个月内不得变更。

【筹划方案】

方案一:选择按简易计税方法依照3%的征收率计算缴纳增值税。

因为在36个月的简易计税方法期间进项税额不得抵扣,所以大型设备的进项税额不得抵扣,则:

2017年应纳增值税税额=2 000×3%=60(万元)

2018年应纳增值税税额=2 000×3%=60(万元)

2019年应纳增值税税额=2 000×3%=60(万元)

2020年应纳增值税税额=2 000×3%=60(万元)

4年应纳增值税税额合计=60+60+60+60=240(万元)

方案二:选择按一般计税方法计算缴纳增值税。

2017年应纳增值税税额=2 000×9%-78-50=52(万元)

2018年应纳增值税税额=2 000×9%-50=130(万元)

2019年应纳增值税税额＝2 000×9％－50＝130(万元)

2020年应纳增值税税额＝2 000×9％－50＝130(万元)

4年应纳增值税税额合计＝52＋130＋130＋130＝442(万元)

方案三：2017年选择按一般计税方法计算缴纳增值税，2018年转变为简易计税方法。

2017年应纳增值税税额＝2 000×9％－78－50＝52(万元)

2018年应纳增值税税额＝2 000×3％＝60(万元)

2019年应纳增值税税额＝2 000×3％＝60(万元)

2020年应纳增值税税额＝2 000×3％＝60(万元)

4年应纳增值税税额合计＝52＋60＋60＋60＝232(万元)

方案三比方案一少缴纳增值税8万元(240－232)，方案三比方案二少缴纳增值税210万元(442－232)，因此应当选择方案三。

由于一般纳税人选择简易计税方法后36个月内不得变更，因此，企业应当从长远且综合的角度进行测算，最终选择或转变为有整体利益的纳税方式。

第四节 增值税税收优惠政策的纳税筹划

增值税税收优惠政策起征点、减免税、优惠税率、税额计算、出口退(免)税等方面都有一些优惠政策。增值税优惠政策给企业进行纳税筹划提供了很多机会。纳税人应认真掌握、熟练运用这些政策，并结合本企业的实际，利用各种手段，减轻自己的税负。

一、充分利用减免税政策进行纳税筹划

利用减免税政策进行节税筹划，完全符合税法的立法精神和政府的意图，特别是适应产业结构调整的需要。例如，自2015年7月1日起，纳税人销售自产的资源综合利用产品和提供资源综合利用劳务，可享受增值税即征即退政策。具体综合利用的资源名称、综合利用产品和劳务名称、技术标准和相关条件、退税比例等按照《资源综合利用产品和劳务增值税优惠目录》的相关规定执行。因此，企业在确定自己的投资、经营决策时要考虑有增值税优惠措施的产业和项目，必要时根据实际情况采取合并或分散经营、挂靠免税项目等方式，达到节税、降低税收负担、实现企业利润最大化的目标。另外，要利用减免政策，企业就必须充分了解自己在增值税多环节纳税链条中所处的位置，并进行纳税筹划。

【例2-19】富强钢铁厂位于A市郊区，主要生产钢材，拥有固定资产16亿元。在生产钢材的过程中，每天产生近70吨废煤渣(炉底渣)，随之产生了较大的污染问题。废煤

渣的排放使周围乡村的水质受到很大影响,遭到附近居民抗议,造成恶劣影响。环保部门也因此对其进行累计罚款 30 万元。为维持正常的生产经营,树立良好的社会形象,该厂根据专家建议,拟订了两个方案。方案一:把废煤渣的排放处理全权一次性委托给工厂所在地的村委会,但须一次性支付给该村委会 150 万元;方案二:投资 150 万元兴建砖瓦厂,利用该厂排放的废煤渣生产砖瓦。

要求:请对上述业务进行纳税筹划。

【筹划分析】 税法规定,将废渣用于砖瓦、砌块、陶粒、墙板、管材、混凝土、砂浆、道路井盖、道路护栏、防火材料、耐火材料、保温材料、矿(岩)棉、微晶玻璃、U 型玻璃,产品原料 70% 以上来自废渣,则可享受的增值税退税比例为 70%。建材产品生产企业应充分利用环保税收优惠政策,对资源进行综合利用,充分利用废渣来生产《资源综合利用产品和劳务增值税优惠目录》中的相关产品,进而达到节税的目的。

【筹划方案】

方案一:把废煤渣的排放处理全权一次性委托给工厂所在地的村委会,但须一次性支付给该村委会 150 万元。

该方案只是单纯的解决问题,并没有和国家的税收政策结合起来进行纳税筹划,因此不会让企业获取税收利益。

方案二:投资 150 万元兴建砖瓦厂,利用钢铁厂排放的废煤渣生产砖瓦,且利用钢铁厂排放的废煤渣生产的砖瓦中废煤渣的比例不少于 70%。

这种情况下增值税税额可退 70%。该方案既关注治理污染又关注实现企业价值最大化。企业要想享受税收优惠,就必须努力生产出符合税收优惠政策条件的资源综合利用产品。

方案二比方案一更加节税,因此应当选择方案二。

通过创造条件来满足税收优惠政策的要求,从而享受相关的税收优惠,是纳税筹划的一个重要思路。

二、巧用起征点进行纳税筹划

对于小规模纳税人中的个人(包括个体工商户和其他个人)来说,其销售货物、劳务或者服务的销售额未达到增值税起征点的,免征增值税;超过起征点的,全额征税。

自 2021 年 4 月 1 日至 2022 年 12 月 31 日,小规模纳税人发生增值税应税销售行为,合计月销售额未超过 15 万元(以 1 个季度为 1 个纳税期的,季度销售额未超过 45 万元,下同)的,免征增值税。小规模纳税人发生增值税应税销售行为,合计月销售额超过 15 万元,但扣除本期发生的销售不动产的销售额后未超过 15 万元的,其销售货物、劳务、服务、无形资产取得的销售额免征增值税。适用增值税差额征税政策的小规模纳税人,以差额后的销售额确定是否可以免征增值税。按固定期限纳税的小规模纳税人可以选择以1个月或1个季度为纳税期限,一经选择,一个会计年度内不得变更。

企业可以充分利用这一规定进行纳税筹划,当其销售额接近起征点时,可以通过降低销售额的方式来避免缴纳增值税,但是,增值税小规模纳税人起征点的纳税筹划仅适用于增值税小规模纳税人月销售额略超15万元(以1个季度为1个纳税期的,季度销售额略超45万元)的情况,因此,其应用空间较小。

【例2-20】 大洋公司是一家商业企业,为增值税小规模纳税人,选择以1个月为纳税期限,2021年4月不含税销售额为150 100元,并预测每月的销售额大体相同,该公司有两套方案可供选择:一是按照实际销售额继续销售;二是将每月的不含税销售额控制在150 000元及以下。假设不考虑城市维护建设税和教育费附加。

要求:请对上述业务进行纳税筹划。

【筹划分析】 增值税小规模纳税人如果月销售额略超15万元(以1个季度为1个纳税期的,季度销售额略超45万元),则应减少销售额至15万元或者15万元以下(以1个季度为1个纳税期的,减少销售额至45万元或者45万元以下),以便规避增值税纳税义务。

【筹划方案】

方案一:将月不含税销售额仍定为150 100元。

超过150 000元,需要全缴纳增值税。

应纳增值税=150 100×3‰=4 503(元)

方案二:通过减价让利将月不含税销售额降至150 000元。

未超过150 000元,免征增值税。

方案一比方案二多缴纳增值税4 503元(4 503−0),多获取收入100元(150 100−150 000),因此,应当选择方案二。

第五节 增值税出口退税的纳税筹划

一、选择出口方式

对于有出口经营权的企业来说,出口方式有两种:一种是自营出口;另一种是通过外贸企业代理出口自产货物。以这两种方式出口货物都可以获得免税并退税,但获得退税的数额却不尽相同。

【例 2-21】 某中外合资企业采购国内原材料生产产品并全部用于出口,某年自营出口产品的价格为 100 万元,当年可抵扣的进项税额为 10 万元,增值税税率为 13%,无上期留抵税额。

要求:请对上述业务进行纳税筹划。

【筹划分析】 自营出口和通过外贸企业代理出口是出口的两种方式,通过计算不同方式下的税负大小进行合理筹划。

【筹划方案】

(1) 当该企业的出口退税率为 13% 时。

方案一:企业自营出口。

免抵退税额=出口货物离岸价×外汇人民币折合率×出口货物退税率-免抵退税额抵减额=100×13%=13(万元)

当期期末应纳税额=当期内销货物的销项税额-(进项税额-免抵退税不得免征和抵扣税额)=0-(10-0)=-10(万元)

当期期末应纳税额为负数,因此应纳税额为当期期末留抵税额。

若当期期末留抵税额≤当期免抵退税额,则当期应退税额=当期期末留抵税额。因此该企业的应收出口退税为 10 万元。

方案二:该合资企业通过关联企业——某外贸企业出口,合资企业将产品以同样的价格 100 万元(含税)出售给外贸企业,外贸企业再以同样的价格出口。应纳税额的计算如下:

合资企业应纳增值税税额为:

$100 \div (1+13\%) \times 13\% - 10 = 11.5 - 10 = 1.5$(万元)

外贸企业应收出口退税额为:

$100 \div (1+13\%) \times 13\% = 11.5$(万元)

两企业合计获得退税 10 万元(11.5-1.5)。

由此可以看出,在退税率与征税率相等的情况下,企业选择自营出口与委托外贸企业代理出口的税负相同。

(2) 当该企业的出口退税率为 12% 时。

方案一:企业自营出口。

免抵退税额=出口货物离岸价×外汇人民币牌价×出口货物退税率-免抵退税额抵减额=100×12%-0=12(万元)

免抵退税不得免征和抵扣税额=当期出口货物离岸价×外汇人民币牌价×(出口货

物征税率－出口货物退税率）－免抵退税不得免征和抵扣税额抵减额＝100×（13％－12％）－0＝1（万元）

当期期末应纳税额＝当期内销货物的销项税额－（进项税额－免抵退税不得免征和抵扣税额）＝0－（10－1）＝－9（万元）

当期期末应纳税额为负数，因此应纳税额为当期期末留抵税额。

若当期期末留抵税额≤当期免抵退税额，则当期应退税额＝当期期末留抵税额。因此，该企业的应收出口退税为9万元。

方案二：该合资企业通过关联企业——某外贸企业出口，合资企业将产品以同样的价格100万元（含税）出售给外贸企业，外贸企业再以同样的价格出口。应纳税额的计算如下：

合资企业应纳增值税税额为：

100÷（1＋13％）×13％－10＝11.5－10＝1.5（万元）

外贸企业应收出口退税额为：

100÷（1＋13％）×12％＝10.62（万元）

两企业合计获得退税9.12万元（10.62－1.5）。

由此可以看出，在退税率与征税率不等的情况下，企业选择自营出口与委托外贸企业代理出口的税负是不同的，即选择自营出口收到的出口退税数额小于委托外贸企业代理出口应获得的出口退税数额，选择外贸企业出口有利于减轻增值税税负。

二、选择生产经营地

2000年5月，国务院正式下发《中华人民共和国海关对于出口加工区监管的暂行办法》，国家决定在北京、深圳、天津等地设立15个出口加工区的试点。凡是进入出口加工区内的加工企业在购买国内生产设备和原材料时，这些设备和原材料均可以视同出口，享受有关出口退税政策。

因此，对于出口企业，要么在出口加工区建立关联企业，要么将出口加工业务从企业分离出去，要么将出口加工业务迁到出口加工区去。企业用来生产出口加工业务的机器、设备、办公用品都能够视同出口，享受退税的好处。

另外，充分利用出口加工区和保税区的税收优惠政策，获得递延纳税或提前退税的好处。在出口加工区或保税区设立关联企业，在进口料件时先由保税区企业进口，获得免税优惠，等"区外"企业实际使用时，即由"区内"转"区外"时再纳税。根据有关规定，保税区内所有进口料件免税，保税区内所有进口设备、原材料和办公用品也可免税，因此可获得递延纳税的好处。另外,"区外"企业可先将"产品"销售给"区内"企业,再由"区内"企业出口,根据有关税法的规定,进入出口加工区即视同出口,因此可获得提前退税的好处。

三、选择免税料件"免抵退税额"方法

实耗法与购进法都是企业计算当月免税进口料件"免抵退税额"的方法。采用恰当的方法可以产生递延纳税的效果。

【例2-22】 某生产型出口企业8月在海关办理进料加工贸易手册,备案进口材料1 000万元,出口额2 000万元。8月料件报关进口,同月实现出口1 200万元,取得国内进项税额94万元,9月实现出口800万元(均在当月收齐所有单证),取得国内进项税额18万元。8、9月份内销销售收入均为0,征税率为13%,退税率为10%。

要求:请对上述业务进行纳税筹划。

【筹划分析】 分别计算不同方法下的应纳税额,选择恰当的方法可以产生递延纳税的效果。

【筹划方案】

方案一:采用购进法。

8月的免抵退税计算如下:

免抵退税不得免征和抵扣税额=1 200×(13%−10%)−1 000×(13%−10%)=6(万元)

应纳税额(期末留抵税额)=0−(94−6)=−88(万元)

免抵退税额=1 200×10%−1 000×10%=20(万元)

因为期末留抵税额88万元>免抵退税额20万元,所以:

应退税额=免抵退税额=20(万元)

免抵税额=免抵退税额−应退税额=20−20=0(万元)

期末留抵税额=88−20=68(万元)

9月的免抵退税计算如下:

免抵退税不得免征和抵扣税额=800×(13%−10%)−0=24(万元)

应纳税额(期末留抵税额)=0−(18−24)−68=−62(万元)

免抵退税额=800×10%−0=80(万元)

因为期末留抵税额62万元<免抵退税额80万元,所以:

应退税额=期末留抵税额=62(万元)

免抵税额=免抵退税额−应退税额=80−62=18(万元)

期末留抵税额＝62－62＝0(万元)

方案二：采用实耗法。

8月的免抵退税计算如下：

出口耗用的进口料件＝1 200×1 000÷2 000＝600(万元)

免抵退税不得免征和抵扣税额＝1 200×(13%－10%)－600×(13%－10%)
$$=18(万元)$$

应纳税额(期末留抵税额)＝0－(94－18)＝－76(万元)

免抵退税额＝1 200×10%－600×10%＝60(万元)

因为期末留抵税额76万元＞免抵退税额60万元，所以：

应退税额＝期末留抵税额＝60(万元)

免抵税额＝免抵退税额－应退税额＝60－60＝0(万元)

期末留抵税额＝76－60＝16(万元)

9月的免抵退税计算如下：

出口耗用的进口料件＝800×1 000÷2 000＝400(万元)

免抵退税不得免征和抵扣税额＝800×(13%－10%)－400×(13%－10%)
$$=12(万元)$$

应纳税额(期末留抵税额)＝0－(18－12)－16＝－22(万元)

免抵退税额＝800×10%－400×10%＝40(万元)

因为期末留抵税额22万元＜免抵退税额40万元，所以：

应退税额＝期末留抵税额＝22(万元)

免抵税额＝免抵退税额－应退税额＝40－22＝18(万元)

期末留抵税额＝22－22＝0(万元)

由上文的计算及分析可见，从两个月静态总额的角度看，购进法和实耗法的计算结果并无差别，即免抵退税额都为100万元(20＋80＝60＋40)，实际应退税额都为82万元(20＋62＝60＋22)，免抵税额都为18万元(0＋18＝0＋18)；但从资金时间价值的角度考量，相对于购进法，本案例中出口企业采用实耗法可以在8月多取得出口退税款40万元(60－20)，有利于缓解该企业的资金压力。

章节测试题

班级 _____ 姓名 _____ 学号 _____ 总分 _____

一、单项选择题(每小题 1 分,总分 15 分)

1. 下列各项中,选择一般纳税人还是小规模纳税人主要取决于(　　)。
   A. 实际增值率大小　　　　　　B. 税率大小
   C. 征收率大小　　　　　　　　D. 税负无差异平衡点大小

2. 下列各项中,选择从一般纳税人处购进还是选择从小规模纳税人处购进货物关键要看(　　)。
   A. 增值税税率　　　　　　　　B. 征收率
   C. 实际含税价格比率的大小　　D. 含税价格比率平衡点

3. 当一般纳税人销售和购进的税率均为 13%,小规模纳税人征收率为 3% 时,两类纳税人不含税税负平衡点增值率为(　　)。
   A. 25.32%　　　B. 23.08%　　　C. 20.05%　　　D. 23.09%

4. 下列各项中,属于判断增值税一般纳税人与小规模纳税人税负高低的关键因素的是(　　)。
   A. 无差异平衡点　　　　　　　B. 纳税人身份
   C. 适用税率　　　　　　　　　D. 可抵扣的进项税额

5. 一个商业企业主营日用品销售,年销售额为 520 万元(不含税),进货金额为 180 万元(不含税),现作为一般纳税人,每年应缴增值税 44.2 万元。如将企业作为小规模纳税人纳税,可使企业每年节减增值税税额为(　　)万元。
   A. 4.6　　　　B. 28.6　　　　C. 5.4　　　　D. 12.8

6. 某果汁生产企业有一自属的柑橘种植园,采摘的柑橘再送到本企业的果汁加工厂进行果汁生产。按规定,只有企业的水费、电费和购入包装物等可以抵扣进项税额。全年允许抵扣的进项税额为 10 万元,全年果汁销售收入为 500 万元,则该企业应纳增值税税额=500×13%−10=55(万元)。若该企业将柑橘种植园和果汁加工厂分立为两个独立核算的企业,分立后,柑橘种植园为农业生产者,销售其自产的柑橘免征增值税,而果汁加工厂从柑橘种植园购入的柑橘可以抵扣 10% 的进项税额。若柑橘园销售给果汁加工厂的柑橘售价为 300 万元,则应纳增值税税额=500×13%－10－300×10%＝25(万元),分立后比分立前节减税额 30 万元。下列各项中,不属于该题运用的筹划方法的是( )。

 A. 利用税收优惠政策   B. 业务流程的安排

 C. 企业分立   D. 会计政策的选择

7. 下列公式中,无差异平衡点的增值率等于( )。

 A. $X=1-(T_1-T_3)\div T_2$

 B. $X=1+(T_1-T_3)\div T_2$

 C. $X=(T_1-T_3)\div T_2$

 D. $X=1-(T_1+T_3)\div T_2$

8. 甲公司采取折扣销售方式销售货物,折扣额单独开发票,增值税销售额是( )。

 A. 折扣额   B. 加上折扣额的销售额

 C. 扣除折扣额的销售额   D. 不扣除折扣额的销售额

9. 下列各项中,可通过计算( )的平衡点来决定适当的增值税纳税人身份。

 A. 毛利率   B. 退税率   C. 净利率   D. 增值率

10. 下列各项中,纳税人适用 13% 税率计税的是( )。

 A. 提供有形动产租赁服务   B. 提供交通运输业服务

 C. 提供包装设计服务   D. 提供仓储服务

11. 一般纳税人提供财政部和国家税务总局规定的特定应税行为,可以选择适用简易计税方法计税,一经选择( )内不得变更。

 A. 12 个月   B. 24 个月   C. 36 个月   D. 180 日

12. 下列公式中,无差异平衡点增值率判别法中的增值率等于( )。

 A. (不含税销售额－不含税购进金额)÷不含税购进金额

 B. (不含税销售额－不含税购进金额)÷不含税销售额

 C. (含税销售额－含税购进金额)÷含税购进金额

 D. (含税销售额－含税购进金额)÷含税销售额

13. 甲工业企业年不含税应征增值税销售额为 490 万元,现为小规模纳税人。其会计核算制度比较健全,符合作为一般纳税人的条件,不含税可抵扣购进金额为 200 万元,购销货适用 13% 的增值税税率,购进可取得增值税专用发票。单从增值税税负因素考虑,该企业应当选择的纳税人身份是( )。

 A. 一般纳税人   B. 小规模纳税人   C. 都一样   D. 不一定

14. 下列项目所包含的进项税额不得从销项税额中抵扣的是( )。

 A. 购买的用于生产的机器设备

B. 用于返修产品修理的易损零配件

C. 生产企业用于经营管理的办公用品

D. 生产企业外购用于个人消费的小汽车

15. 采取预收货款方式销售货物,增值税纳税义务的发生时间是(　　)。

　　A. 销售方收到第一笔货款的当天

　　B. 销售方收到剩余货款的当天

　　C. 销售方发出货物的当天

　　D. 销售方收到全部货款的当天

二、多项选择题(每小题 2 分,总分 20 分)

1. 下列各项中,会影响增值率的大小的有(　　)。

　　A. 销项税额　　　　B. 进项税额　　　　C. 销售收入　　　　D. 购买价格

2. 下列各项中,属于增值税销售方式的纳税筹划的有(　　)。

　　A. "实物折扣"变"价格折扣"

　　B. "销售折扣"变"折扣销售"

　　C. 主动压低货物的定价

　　D. 以实际含税价格比选择购货对象

3. 一般纳税人销售自产的下列货物,可选择按照简易计税办法依照3%的征收率缴纳增值税的有(　　)。

　　A. 县级及县级以下小型水力发电单位生产的电力

　　B. 建筑用和生产建筑材料所用的砂、土、石料

　　C. 自来水

　　D. 以水泥为原料生产的水泥混凝土

4. 一般情况下,应该尽量采用(　　)方式销售货物,以达到递延增值税税款的目的,减少不必要的损失。

　　A. 托收承付和委托银行收款　　　　B. 支票、银行本票和汇兑结算

　　C. 委托代销商品　　　　　　　　　D. 赊销或分期收款

5. 下列各项中,属于增值税纳税筹划方法的有(　　)。

　　A. 通过企业分立减轻增值税税负　　B. 通过企业合并减轻增值税税负

　　C. 通过分期收款递延纳税　　　　　D. 通过企业分立增加增值税税负

6. 下列关于购进价格的纳税筹划的表述中,正确的有(　　)。

　　A. 若实际含税价格比小于 R,应当选择小规模纳税人的货物

　　B. 若实际含税价格比小于 R,应当选择一般纳税人的货物

C. 若实际含税价格比大于 R,应当选择一般纳税人的货物

D. 若实际的含税价格比等于 R,就税收上而言两者均可,这时应当从其他角度考虑选择

7. 下列关于货物出口方式选择的纳税筹划的表述中,不正确的有( )。

   A. 采用"先征后退"办法税负较轻

   B. 采用"免、抵、退"办法税负较轻

   C. 当征税率=退税率时,自营(或委托)出口与通过关联外贸企业出口,企业所负担的增值税税负相同

   D. 当征税率＞退税率时,自营(或委托)出口与通过关联外贸企业出口,企业所负担的增值税税负存在差异

8. 下列关于小规模纳税人的基本标准的表述中,正确的有( )。

   A. 以从事货物生产或者提供应税劳务为主的纳税人,年应征增值税销售额(以下简称应税销售额)在50万元(含)以下的

   B. 以从事货物生产或者提供应税劳务为主的纳税人,年应征增值税销售额(以下简称应税销售额)在500万元(含)以下的

   C. 以货物批发或者零售为主的纳税人,年应税销售额在500万元(含)以下的

   D. 以货物批发或者零售为主的纳税人,年应税销售额在80万元(含)以下的

9. 某商场(增值税一般纳税人)与其供货企业达成协议,按销售量进行平销返利。本年5月向供货方购进商品取得税控增值税专用发票,注明销售额120万元、进项税额15.6万元,并通过主管税务机关认证。当月按平价全部销售,月末供货方向该商场支付返利5.65万元。下列关于该项业务的处理中,符合有关规定的有( )。

   A. 商场应按120万元计算销项税额

   B. 商场应按125.65万元计算销项税额

   C. 商场当月应抵扣的进项税额为15.6万元

   D. 商场当月应抵扣的进项税额为14.95万元

10. 下列应税服务中,试点纳税人应按有形动产租赁服务税目征税的有( )。

    A. 远洋运输企业的程租企业

    B. 航空运输企业的湿租企业

    C. 远洋运输企业的光租企业

    D. 航空运输企业的干租企业

三、判断题(每小题1分,总分5分)

1. 当实际增值率大于无差异平衡点增值率时,应当选择按小规模纳税人纳税。( )

2. 若实际含税价格比大于价格优惠临界点的价格比,则应选择从小规模纳税人处购进货物。   (   )
3. 一般纳税人和小规模纳税人身份可以视经营情况随时申请变更。   (   )
4. 采用折扣销售等方式,是否在同一张增值税专用发票上注明销售额和折扣额,不仅会影响流转环节的税负,而且会影响企业所得税税负。   (   )
5. 兼营行为的纳税筹划方法一般是分开核算,否则会从高适用税率。   (   )

四、思考题(每小题 5 分,共计 35 分)

1. 简述无差异平衡点增值率判别法。
2. 简述增值税一般纳税人对供应商身份选择的纳税筹划方法。
3. 简述增值税折扣销售纳税筹划的方法。
4. 简述增值税实物折扣纳税筹划的方法。
5. 简述增值税进项税额纳税筹划的方法。
6. 简述增值税税率纳税筹划的方法。
7. 简述增值税税收优惠政策纳税筹划的方法。

五、案例分析题(每小题 5 分,共计 25 分)

1. 甲乙两个企业均为增值税小规模纳税人,加工生产机械配件。甲企业年含税销售额为 40 万元,年可抵扣购进货物不含税金额为 35 万元;乙企业年不含税销售额为 43 万元,年可抵扣购进货物不含税金额为 37.5 万元,进项税额可取得增值税专用发票。由于两个企业年销售额均达不到一般纳税人标准,税务机关对这两个企业均按小规模纳税人简易方法征税,征收率为 3%。

    要求:请根据上述资料,采用无差别平衡点增值率进行纳税筹划。

2. 某批发企业、年应纳增值税销售额为 150 万元(不含税),其会计核算制度健全,符合一般纳税人条件,适用 13% 增值税税率,该企业准予从销项税额中抵扣的进项税额占销项税额的比重为 50%。

    要求:请根据上述资料,以纳税人构成为切入点,为该企业进行纳税筹划。

3. 某加油站为提高销售额,推出按购油金额的多少分别赠送毛巾、手套、电饭锅等赠品的活动,其某月油品销售收入为 100 万元,赠送的赠品按市场价计算价值为 2.5 万元,按购买价计算不含税成本为 2 万元。

    要求:请根据上述资料,分析该加油站这种促销行为的税收负担,并进行纳税筹划。

4. 比奇服饰店是销售服装饰品的增值税一般纳税人。临近换季,该服饰店推出了"买一赠一"的促销方式:顾客只要买一件价值 588 元的外套,便可获赠价值 59 元的丝巾一条;买一套价值1 688元的西服,可获赠价值170元的公文包一个。活动当月,该店销售外套700件,销售西服600套。

要求:请根据上述资料,试分析该店这种促销行为的税收负担,并进行纳税筹划。

5. 近年来,天然五彩棉花织品在市场上很受消费者欢迎,但是以五彩棉花为生产布料的卓美纺织实业公司的效益却不尽如人意。该公司2020年实现彩原坯布销售3 000万元。由于新品研究开发费用和市场开拓费用比较大,全年不利润比较低。经了解,为保证产品质量,该公司内部设有农场和纺纱织布分厂。纺纱织布分厂的原料棉花主要由农场提供,不足部分向当地供销社定点采购。2020年该公司自产棉花的生产成本为350万元,通过供销社定点采购棉花金额为450万元,取得增值税专用发票注明进项税额为40.5万元,其他辅助材料可抵扣进项税额为45万元。

要求:根据上述资料,试分析该公司当年增值税纳税情况,分析有无纳税筹划空间,如果有,请提出可行的纳税筹划方案。

第三章　消费税的纳税筹划

知识导航

```
                                              ┌─ 消费税纳税人身份与非消费税纳税人身份选择的
                    ┌─ 消费税纳税人的纳税筹划 ─┤    纳税筹划
                    │                         └─ 通过企业合并或兼并方式递延纳税
                    │
                    │                         ┌─ 通过设立独立核算销售公司降低计税依据的纳税筹划
                    │                         │─ 自产自用应税消费品计税依据的纳税筹划
                    │  消费税计税依据          │─ 非货币性交换中几种特殊行为计税依据的纳税筹划
 消费税的          ─┤  的纳税筹划            ─┤─ 包装物计税依据(押金)的纳税筹划
 纳税筹划           │                         │─ 进口应税消费品的纳税筹划
                    │                         └─ 以外汇结算应税消费品计税依据的纳税筹划
                    │
                    │                         ┌─ 兼营和成套销售适用税率的纳税筹划
                    │─ 消费税税率的纳税筹划  ─┤
                    │                         └─ 消费税差别税率的纳税筹划
                    │
                    │                              ┌─ 纳税时机的纳税筹划
                    │─ 消费税纳税时机或方式的纳税筹划┤
                    │                              └─ 出口货物退关或退货的纳税筹划
                    │
                    │                             ┌─ 委托加工与自行加工选择的纳税筹划
                    └─ 消费税其他情况的纳税筹划 ─┤
                                                  └─ 已纳税额扣除的纳税筹划
```

学习目标

1. 在了解消费税税法基本内容的基础上，熟悉消费税纳税筹划的基本思路。
2. 掌握消费税纳税人的纳税筹划方法。
3. 掌握消费税计税依据的纳税筹划方法。
4. 掌握消费税税率的纳税筹划方法。
5. 掌握消费税纳税时机或方式的纳税筹划方法。
6. 熟悉消费税其他情况的纳税筹划方法。

> **案例导入**
>
> 启明公司是一家中高档手表生产企业,为增值税一般纳税人。本年生产并销售一款中高档手表,销售手表相关的成本费用为4 500元,每只手表可抵扣进项税额900元。城市维护建设税税率为7%,教育费附加征收率为3%。该公司有以下两种方案可供选择。
>
> 方案一:将每只手表的出厂价格(不含增值税)定为10 010元。
>
> 方案二:将每只手表的出厂价格(不含增值税)定为9 990元。
>
> 要求:该公司应选择哪种方案。

第一节 消费税纳税人的纳税筹划

一、消费税纳税人身份与非消费税纳税人身份选择的纳税筹划

消费税的征收范围比较窄,应税消费品仅限于15个税目,如果企业想从源头上节税,不妨在投资决策的时候就避开应当缴纳消费税的消费品,而选择其他符合国家产业政策甚至国家给予税收优惠的产品。在市场前景看好的情况下,企业选择这类项目投资,也可以达到减轻消费税税收负担的目的。

作为价内税的消费税,企业在计算应税所得时,消费税可以作为扣除项目。因此,消费税的多少会进一步影响所得税,进而影响企业的税后利润和所有者权益。而作为价外税的增值税,则不会因增值税税负差异而造成企业税后利润差异。

【例3-1】 本年南星公司选择生产经营范围时,有以下两种方案可供选择。方案一:生产高档手表,预计本年能取得销售收入620万元,耗用成本370万元,可抵扣的进项税额为65万元。方案二:生产高档摄像机,预计本年能取得销售收入570万元,耗用成本340万元,可抵扣的进项税额为52万元。城市维护建设税税率为7%,教育费附加征收率为3%。

要求:请对上述业务进行纳税筹划。

【筹划分析】 消费税共有15个税目:烟、酒、高档化妆品、贵重首饰及珠宝玉石、鞭炮及焰火、高尔夫球及球具、高档手表、游艇、木制一次性筷子、实木地板、成品油、摩托车、小汽车、电池、涂料。

【筹划方案】

方案一:生产高档手表,预计本年能取得销售收入620万元,耗用成本370万元,可抵扣的进项税额为65万元。

应纳增值税税额 = 620 × 13% − 65 = 15.6(万元)

应纳消费税税额 = 620 × 20% = 124(万元)

应纳城市维护建设税和教育费附加 = (15.6 + 124) × (7% + 3%) = 13.96(万元)

税后利润 = (620 − 370 − 124 − 13.96) × (1 − 25%) = 84.03(万元)

方案二：生产高档摄像机，预计本年能取得销售收入570万元，耗用成本340万元，可抵扣的进项税额为52万元。

应纳增值税税额 = 570 × 13% − 52 = 22.1(万元)

应纳消费税税额 = 0

应纳城市维护建设税和教育费附加 = 22.1 × (7% + 3%) = 2.21(万元)

税后利润 = (570 − 340 − 2.21) × (1 − 25%) = 170.84(万元)

方案二比方案一少缴纳消费税124万元(124−0)，少缴纳城市维护建设税和教育费附加11.75万元(13.96−2.21)，多获取税后利润86.81万元(170.84−84.03)，因此应当选择方案二。

二、通过企业合并或兼并方式递延纳税

消费税是针对特定的纳税人和特定的环节征税，可以通过企业的合并递延纳税。

(1) 合并会使原来企业间的购销环节转变为企业内部的原材料继续加工环节，从而递延部分消费税税款。如果两个合并企业之间存在着原材料供应的关系，则在合并前，这笔原材料的转让关系为购销关系，应该按照正常的购销价格缴纳消费税款。而在合并后，企业之间的原材料供应关系转变为企业内部的原材料继续加工关系，因此这一环节不用缴纳消费税，而是递延到销售环节再征收。

(2) 如果后一环节的消费税税率较前一环节的低，则可直接减轻企业的消费税税负。这是因为前一环节应该征收的税款延迟到后面环节再征收，如果后面环节的税率较低，则合并前企业间的销售额，在合并后适用了较低的税率而减轻税负。

【例3-2】 甲公司和乙公司为某地区的两家大型酒厂，都是独立核算的法人企业，均为增值税一般纳税人。甲公司主要经营粮食类白酒，以当地生产的大米和玉米为原料进行酿造。乙公司以甲公司生产的粮食酒为原料，生产系列药酒。甲公司每年要向乙公司提供价值1.2亿元、合计2 200万千克的粮食白酒。假定药酒的销售额为2亿元，销售数量为2 500万千克。此时，假设甲公司有机会合并乙公司，并且是否合并乙公司对自身经营基本没有影响。药酒的比例税率为10%；粮食白酒的比例税率为20%，定额税率为每500克0.5元。

要求：请对上述业务进行纳税筹划。

【筹划分析】 纳税人生产的应税消费品于纳税人销售时纳税。纳税人自产自用的应税消费品，用于连续生产应税消费品的，不纳税；用于其他方面的，于移送使用时纳税。对

外购或委托加工已税酒生产的酒,其外购酒已纳税款或委托方代收代缴税款不再予以抵扣。

【筹划方案】

方案一:甲公司不合并乙公司。

甲公司应纳消费税=12 000×20%+2 200×2×0.5=4 600(万元)

乙公司应纳消费税=20 000×10%=2 000(万元)

应纳消费税合计=4 600+2 000=6 600(万元)

方案二:甲公司合并乙公司。

合并后应纳消费税=20 000×10%=2 000(万元)

方案二比方案一少缴纳消费税4 600万元(6 600-2 000),因此应当选择方案二。

案例解析

消费税的税目征收范围注释中,高档手表是指销售价格(不含增值税)每只在10 000元(含)以上的各类手表,适用的消费税税率为20%,若销售价格(收入)刚刚达到或超过10 000元,则应降低价格(收入)使其在10 000元以下,避免成为消费税纳税人。

方案一:将每只手表的出厂价格仍定为10 010元,税法认定其为高档手表。

每只手表应纳增值税税额=10 010×13%-900=401.3(元)

每只手表应纳消费税税额=10 010×20%=2 002(元)

每只手表应纳城市维护建设税和教育费附加=(401.3+2 002)×(7%+3%)
$$=240.33(元)$$

每只手表的税后利润=(10 010-4 500-2 002-240.33)×(1-25%)
$$=2 450.75(元)$$

方案二:将每只手表的出厂价格降至9 990元,税法不认定其为高档手表。

每只手表应纳增值税税额=9 990×13%-900=398.7(元)

每只手表应纳消费税税额=0

每只手表应纳城市维护建设税和教育费附加=398.7×(7%+3%)=39.87(元)

每只手表的税后利润=(9 990-4 500-0-39.87)×(1-25%)=4 087.6(元)

方案二比方案一每只手表少缴纳消费税2 002元(2 002-0),少缴纳城市维护建设税和教育费附加200.46元(240.33-39.87),多获取税后利润1 636.85元(4 087.6-2 450.75),因此应当选择方案二。

此外,我们可以通过计算来确定手表的定价范围:如果每只手表的定价为9 999.99元,则不缴消费税。现假设企业将每只手表定价为X元,每只手表的成本为C,每只手表可抵扣进项税额为D。

$$\{X-C-X\times 20\%-[(X\times 13\%-D)+X\times 20\%]\times(7\%+3\%)\}\times(1-25\%)>$$
$$[9\,999.99-C-(9\,999.99\times 13\%-D)\times(7\%+3\%)]\times(1-25\%)$$

得出 $X > 12\,868.31$

也就是说,要么定价低于 10 000 元,以规避缴纳消费税;要么定价高于 12 868.31 元,使得增加的收入可以弥补多缴纳的税款。

第二节 消费税计税依据的纳税筹划

一、通过设立独立核算销售公司降低计税依据的纳税筹划

由于消费税的课征只选择单一环节,而消费品的流通还存在着批发、零售等若干个流转环节,这在客观上为企业选择一定的方式进行纳税筹划提供了可能。企业可以采用分设独立核算的经销部、销售公司的办法,降低生产环节的销售价格向它们供货,经销部、销售公司再以正常价格对外销售。由于消费税主要在产制环节缴纳,企业的税收负担会减轻许多。

【例 3-3】 宝丽化妆品厂为增值税一般纳税人,主要生产高档化妆品,销售给批发商的价格为每套 300 元(不含增值税),销售给零售商及消费者的价格为每套 400 元(不含增值税)。本年预计零售商及消费者到该厂直接购买化妆品约 10 000 套,化妆品消费税税率为 15%。

要求:请对上述业务进行纳税筹划。

【筹划分析】 消费税属于价内税,单一环节征收,即消费税纳税行为发生在生产领域(包括生产、委托加工和进口环节),而在以后的流通领域或终极消费领域(包括批发、零售等环节),由于价款中已包含消费税,不必再缴纳消费税(卷烟、金银首饰除外)。

【筹划方案】

方案一:该厂将化妆品直接销售给零售商及消费者。

应纳消费税税额 = 400 × 10 000 × 15% = 600 000(元)

方案二:化妆品厂将生产的化妆品先以 300 元的不含税价格销售给其独立核算的销售公司,然后销售公司再以 400 元的正常售价对外销售,则销售公司的销售不属于生产环节,不需缴纳消费税。该批化妆品由化妆品厂缴纳消费税。

应纳消费税税额 = 300 × 10 000 × 15% = 450 000(元)

方案二比方案一少缴纳消费税 150 000 元(600 000 − 450 000)。由于降低价格减少的收入和利润转移到销售公司实现,宝丽化妆品厂从总体上看收入并没有降低,但减少了

消费税支出,利润增加了,对所得税的缴纳也有一定的影响。

二、自产自用应税消费品计税依据的纳税筹划

(1) 用于连续生产应税消费品不纳税的筹划。纳税人自产自用的应税消费品用于连续生产应税消费品的,不缴纳消费税。那么,当两个或两个以上纳税人生产某项最终消费品的不同环节产品时,可以考虑组成一个企业,减轻自己的消费税负担;一个企业内部可以将自用产品负担的间接费用少留一部分,更多地分配给其他产品,从而降低组成计税价格,使自用产品负担的消费税相应地减少。

(2) 用于其他方面纳税时不同计价方式的筹划。用于其他方面,是指纳税人将自产自用的应税消费品用于生产非应税消费品、在建工程、管理部门、非生产机构、提供劳务、馈赠、赞助、集资、广告、样品、职工福利、奖励等方面。纳税人自产自用的应税消费品用于其他方面的,于移送使用时缴纳消费税,但有不同的计价方式。

纳税人自产自用的应税消费品,按照纳税人生产的同类消费品的销售价格计算纳税;没有同类消费品销售价格的,按照组成计税价格计算纳税。

实行从价定率办法计算消费税的组成计税价格和应纳消费税税额的计算公式为:

$$组成计税价格 = (成本 + 利润) \div (1 - 消费税比例税率)$$

$$应纳消费税税额 = 组成计税价格 \times 消费税比例税率$$

实行复合计税办法计算消费税的组成计税价格和应纳消费税税额的计算公式为:

$$组成计税价格 = (成本 + 利润 + 自产自用数量 \times 消费税定额税率) \div (1 - 消费税比例税率)$$

$$应纳消费税税额 = 组成计税价格 \times 消费税比例税率 + 自产自用数量 \times 消费税定额税率$$

虽然税法对不同计价方式的选择有着严格的界定,但企业可以灵活应对,选择税负最轻的纳税方式。对于自产自用的应税消费品用于其他方面而需要纳税的情况,若无市场同类商品售价,则成本的高低直接影响组成计税价格的高低,从而影响消费税税额的高低。企业通过降低成本可以达到降低组成计税价格的目的,从而减轻消费税税负。

【例3-4】 春柳公司是一家化妆品生产企业,为增值税一般纳税人。中秋节将至,春柳公司将自产的特制高档化妆品(假设此种高档化妆品不对外销售,且无市场同类产品价格)作为福利发放给职工。此批高档化妆品的成本是10万元(若采用成本控制,可以将成本降至8万元),成本利润率为10%,消费税税率为15%。

要求:请对上述业务进行纳税筹划。

【筹划分析】 对于自产自用的应税消费品用于其他方面而需要纳税的情况,若无市场同类商品售价,则应尽量压低成本,或者选择合适的成本分配方法,将成本合理地、较多

地分摊到不需要计缴消费税的产品上,进而降低组成计税价格,降低税费。

【筹划方案】

方案一:成本不变时,其组成计税价格和应纳消费税额计算如下。

组成计税价格 $=10\times(1+10\%)\div(1-15\%)=12.94$(万元)

应纳消费税税额 $=12.94\times15\%=1.941$(万元)

方案二:假设将成本降低为 8 万元,其组成计税价格和应纳消费税额计算如下。

组成计税价格 $=8\times(1+10\%)\div(1-15\%)=10.35$(元)

应纳消费税税额 $=10.35\times15\%=1.5525$(万元)

方案二比方案一少纳消费税税额 0.3885 万元(1.941−1.5525),若以实现税负最小化为纳税筹划目标,则应当选择方案二。

三、非货币性交换中几种特殊行为计税依据的纳税筹划

税法规定,纳税人自产的应税消费品用于换取生产资料和消费资料、投资入股或抵偿债务等方面,应当把纳税人同类应税消费品的最高销售价格作为计税依据。在实际操作中,当纳税人用应税消费品换取货物或者投资入股时,一般是按照双方的协议价或评估价确定的,而协议价往往是市场的平均价。如果把同类应税消费品的最高销售价作为计税依据,显然会加重纳税人的负担。由此,企业可以采取先销售后入股(换货、抵债)的方式,从而达到减轻税负的目的。

【例 3-5】 潜江公司是一家摩托车生产企业,为增值税一般纳税人,本年 9 月对外销售同型号的摩托车时共有三种价格:以 4 000 元的单价销售 80 辆,以 4 500 元的单价销售 16 辆,以 4 800 元的单价销售 8 辆。该企业当月以 32 辆同型号的摩托车对乙公司进行投资。双方按当月的加权平均销售价格确定摩托车的价格,摩托车消费税税率为 10%。

要求:请对上述业务进行纳税筹划。

【筹划分析】 纳税人自产的应税消费品用于换取生产资料和消费资料、投资入股或抵偿债务等方面,应当把纳税人同类应税消费品的最高销售价格作为计税依据。

【筹划方案】

方案一:潜江公司直接以 32 辆摩托车对乙公司进行投资。

应纳消费税税额 $=4\,800\times32\times10\%=15\,360$(元)

方案二:潜江公司先将这 32 辆摩托车按照当月的加权平均价销售后,再以收到的现金对乙公司进行投资。

应纳消费税税额 $=(4\,000\times80+4\,500\times16+4\,800\times8)\div(80+16+8)\times32\times10\%$
$=13\,243.08$(元)

方案二比方案一少缴纳消费税 2 116.92 元(15 360－13 243.08),若以实现税负最小化为纳税筹划目标,则应当选择方案二。

四、包装物计税依据(押金)的纳税筹划

应税消费品连同包装物销售的,无论包装物是否单独计价以及在会计上如何核算,均应并入应税消费品的销售额中缴纳消费税。如果包装物不作价随同产品销售,而是收取押金,则此项押金不应并入应税消费品的销售额中纳税。但对因逾期未收回的包装物不再退还的或者已收取的时间超过 12 个月的押金,应并入应税消费品的销售额中,按照应税消费品的适用税率缴纳消费税。对既作价连同应税消费品销售又另外收取押金的包装物的押金,凡纳税人在规定的期限内没有退还的,均应并入应税消费品的销售额中,按照应税消费品的适用税率缴纳消费税。

企业要想在包装物上节省消费税,关键是不将包装物作价随同产品出售,而应当采取收取"包装物押金"的形式,这样"包装物押金"就不并入销售额计算消费税。即使经过 1 年以后,需要将押金并入应税销售额,按照应税消费品的适用税率征收消费税,也是企业获得了该笔消费税款 1 年的免费使用权。此外,需要注意酒类产品的包装物押金问题。我国税法规定,啤酒、黄酒以外的酒类产品的包装物押金,无论以后是否归还,均应并入销售额征收消费税。

【例 3-6】 卡西集团是一家手表生产企业,为增值税一般纳税人,本年 7 月卡西公司销售高档手表 10 000 只,每只价值 20 000 元,另外包装物价值 1 000 元。以上价格均为不含增值税的价格。高档手表的消费税税率为 20%。

要求:请对上述业务进行纳税筹划。

【筹划分析】 企业可以考虑在情况允许时,不将包装物作价随同产品出售,而是采用收取包装物押金的方式,不管未来包装物是否收回,都会少缴或晚缴税金。

【筹划方案】

方案一:采取连同包装物一并销售的方式。由于包装物作价随同产品销售,因此包装物于本年 7 月应并入应税消费品的销售额中征收增值税和消费税。

增值税销项税额 = 10 000 × 20 000 × 13% + 10 000 × 1 000 × 13%
= 27 300 000(元)

应纳消费税税额 = 10 000 × 20 000 × 20% + 10 000 × 1 000 × 20%
= 42 000 000(元)

方案二:采取收取包装物押金的方式。甲公司对每只高档手表的包装物单独收取押金 1 130 元,约定归还期为 1 年,则本年 7 月此项押金不并入应税消费品的销售额中征税。这又分为两种情况。

(1) 包装物12个月内收回,则此项押金不并入应税消费品的销售额中征税。

增值税销项税额 = 10 000 × 20 000 × 13% = 26 000 000(元)

应纳消费税税额 = 10 000 × 20 000 × 20% = 40 000 000(元)

这样,卡西公司可减少增值税销项税额1 300 000元(27 300 000 − 26 000 000),可减少消费税2 000 000元(42 000 000 − 40 000 000)。

(2) 包装物12个月内未收回,则本年7月卡西公司销售高档手表时:

增值税销项税额 = 10 000 × 20 000 × 13% = 26 000 000(元)

应纳消费税税额 = 10 000 × 20 000 × 20% = 40 000 000(元)

12个月内包装物未收回,此项押金需于下一年7月补税,则下一年7月:

需补缴增值税税额 = 10 000 × 1 130 ÷ (1 + 13%) × 13% = 1 300 000(元)

需补缴消费税税额 = 10 000 × 1 130 ÷ (1 + 13%) × 20% = 2 000 000(元)

这样,卡西公司将金额为1 300 000元的增值税和2 000 000元的消费税的纳税期限延缓了1年,充分利用了资金的时间价值。

方案二比方案一可以少缴或晚缴税金,若以实现税负最小化以及涉税资金时间价值最大化为纳税筹划目标,则应当选择方案二。

五、进口应税消费品的纳税筹划

纳税人进口应税消费品,按照组成计税价格和规定的税率计算应纳税额。实行从价定率办法计算消费税的组成计税价格和应纳消费税税额的计算公式为:

组成计税价格 = (关税完税价格 + 关税) ÷ (1 − 消费税比例税率)

应纳消费税税额 = 组成计税价格 × 消费税比例税率

正常情况下,进口货物采用以成交价格为基础的完税价格。进口货物的完税价格包括货物的货价、货物运抵我国输入地点起卸前的运输费及相关费用、保险费。对于价格不符合成交条件或成交价格不能确定的进口货物,由海关估价确定。

进口货物的关税完税价格越低,进口关税及进口环节的增值税和消费税越低。企业可以通过与中国境内关联方之间进行转让定价来降低关税完税价格,从而降低进口环节相关税负。

【例3-7】 甲公司是一家国外的汽车生产企业,乙公司为甲公司在中国的销售公司。乙公司先以每辆120万元的关税完税价格从甲公司进口汽车10辆,然后再以每辆200万元的价格(不含增值税)将其全部销售给中国的丙公司,关税税率为15%,消费税税率为25%。假设不考虑乙公司国内销售环节的城市维护建设税和教育费附加。

要求：请对上述业务进行纳税筹划。

【筹划分析】 降低进口货物的关税完税价格，进而降低相关税负。

【筹划方案】

方案一：乙公司先以每辆120万元的关税完税价格从甲公司进口汽车10辆，然后再以每辆200万元的价格（不含增值税）将其全部销售给中国的丙公司。

乙公司进口环节应纳关税税额 = $120 \times 10 \times 15\%$ = 180（万元）

乙公司进口环节应纳消费税税额 = $(120 \times 10 + 180) \div (1 - 25\%) \times 25\%$
$\qquad\qquad$ = 460（万元）

乙公司进口环节应纳增值税税额 = $(120 \times 10 + 180) \div (1 - 25\%) \times 13\%$
$\qquad\qquad$ = 239.2（万元）

乙公司销售给丙公司汽车应纳增值税税额 = $200 \times 10 \times 13\% - 239.2$ = 20.8（万元）

乙公司税负合计 = 180 + 460 + 239.2 + 20.8 = 900（万元）

方案二：乙公司先以每辆90万元的关税完税价格从甲公司进口汽车10辆，然后再以每辆200万元的价格（不含增值税）将其全部销售给中国的丙公司。

乙公司进口环节应纳关税税额 = $90 \times 10 \times 15\%$ = 135（万元）

乙公司进口环节应纳消费税税额 = $(90 \times 10 + 135) \div (1 - 25\%) \times 25\%$
$\qquad\qquad$ = 345（万元）

乙公司进口环节应纳增值税税额 = $(90 \times 10 + 135) \div (1 - 25\%) \times 13\%$
$\qquad\qquad$ = 179.4（万元）

乙公司销售给丙公司汽车应纳增值税税额 = $200 \times 10 \times 13\% - 179.4$ = 80.6（万元）

乙公司税负合计 = 135 + 345 + 179.4 + 80.6 = 740（万元）

方案二比方案一少缴纳关税45万元（180 - 135），少缴纳消费税115万元（460 - 345），少缴税合计160万元（900 - 740），因此应当选择方案二。

六、以外汇结算应税消费品计税依据的纳税筹划

纳税人销售的应税消费品，以人民币以外的货币结算销售额的，其销售额的人民币折合率可以选择销售额发生的当天或者当月1日的人民币汇率中间价。纳税人应在事先确定采用何种折合率，确定后一年内不得变更。一般来说，外汇市场波动越大，通过选择折合率进行纳税筹划的必要性越大，越是以较低的人民币汇率计算应纳税额，越有利于纳税筹划。

汇率的折算方法一经确定，一年内不得随意变动。因此，在选择汇率折算方法的时候，需要纳税人对未来的经济形势及汇率走势做出恰当的判断。同时，这一限制也对这一纳税筹划方法的效果产生很大约束，当然，纳税筹划更体现为一种意识，在某一方面节税效果不是很明显，但是对于一个涉及众多税种，经营多样化的大型企业来讲，纳税筹划的

效果是不能小视的。

【例3-8】 塑达集团某年2月15日取得化妆品销售收入400万美元，2月1日国家外汇牌价为1美元：6.458元人民币，2月15日的外汇牌价为1美元：6.46元人民币，汇率呈现上涨趋势。

要求：请对上述业务进行纳税筹划。

【筹划分析】 当汇率呈现上涨趋势时，可选择当月1日汇率，当汇率呈现下降趋势时，可选择结算当日汇率，进而降低销售额，减轻税负。

【筹划方案】

方案一：如果采用当月1日的汇率，折合人民币2 583.2万元，则

应缴消费税税额＝2 583.2×15％＝387.48(万元)

方案二：如果采用结算当日的汇率，折合人民币2 584万元，则

应缴消费税税额＝2 584×15％＝387.6(万元)

两种方案相比，方案二比方案一计算多缴消费税人民币0.12万元(387.6－387.48)，因此应当选择方案一。

第三节 消费税税率的纳税筹划

一、兼营和成套销售适用税率的纳税筹划

(一) 兼营多种不同税率应税消费品的纳税筹划

兼营多种不同税率应税消费品的企业，应当分别核算不同应税消费品的销售额和销售数量。未分别核算的，或者将不同税率的应税消费品组成成套消费品销售的，一律从高适用税率。企业从降低税收负担的角度考虑，应严格将不同税负产品的销售额和销售数量分别核算，否则全部产品统一使用高税率。

企业应从两方面加强管理：一是加强对销售人员的业务培训，使其了解分别核算对企业的意义；二是设计出标准的合同范本，分别列示所销售的不同产品的数量和金额，要求销售人员遵照执行。

【例3-9】 凤杰酒厂本月生产并销售粮食白酒150吨，实现销售收入75万元，同时销售糠麸白酒50吨，实现销售收入10万元。按照规定，粮食白酒应在缴纳20％从价税的基础上再缴纳每500克0.5元的从量税，糠麸白酒则按照销售价格的10％缴纳消费税。

要求：请对上述业务进行纳税筹划。

【筹划分析】 兼营多种不同税率应税消费品的企业,应当分别核算不同应税消费品的销售额和销售数量。

【筹划方案】

方案一:如果该企业没有将两种产品分别核算,那么其应从高适用税率,即将全部产品按照粮食白酒纳税,则:

该月应缴纳消费税税额=(75+10)×20%+(150+50)×1 000×2×0.5÷10 000
=37(万元)

方案二:如果该企业将所销售的白酒和糠麸白酒的销售数量和销售额分别核算,则:

该月应缴纳消费税税额=75×20%+150×1 000×2×0.5÷10 000+10×10%
=31(万元)

可见,方案二比方案一减少了6万元(37-31)的税收负担。

(二) 应税消费品的"成套"销售应慎重

企业在会计核算的过程中应当尽量做到账目清楚,即分别核算不同税率的应税消费品,以避免从高适用税率征税。在涉及成套消费品的问题上,要考虑是否有必要组成成套的消费品,避免给企业造成不必要的税收负担。对于有必要组成成套消费品的情况,可以采用变"先包装后销售"为"先销售后包装"方式,这样可以大大降低消费税税负,同时保持增值税税负不变。具体的操作方法为:将各种产品先按品种和类别分别销售给零售商,再由零售商包装为成套消费品对外销售,这样做只是在生产流程中换了一个包装地点,在出厂销售环节对不同品种和类别的产品分别开具发票,在账务处理环节对不同的产品分别核算销售收入。

【例3-10】 金禧公司是一家酒类生产企业,为增值税一般纳税人。为进一步扩大销售,金禧公司采取多样化生产策略,生产粮食白酒与药酒并组成礼品套装进行销售。本年5月,该公司对外销售700套套装酒,单价100元/套,其中粮食白酒、药酒各1瓶,均为500克装(若单独销售,粮食白酒30元/瓶,药酒70元/瓶)。假设此包装属于简易包装,包装费忽略不计。粮食白酒的消费税比例税率为20%,消费税定额税率为每500克0.5元;药酒的消费税比例税率为10%,无消费税定额税率。

要求:请对上述业务进行纳税筹划。

【筹划分析】 对纳税人兼营不同税率的应税消费品,应当分别核算其销售额或销售数量。未分别核算销售额或销售数量,或者将不同税率的应税消费品组成成套消费品销售的,从高适用税率征收。

【筹划方案】

方案一:采取"先包装后销售"的方式。根据将不同税率的应税消费品组成成套消费品销售的,从高适用税率征收的规定,药酒不仅要按20%的高税率从价计税,而且要按每

500 克 0.5 元的定额税率从量计税。

应纳消费税税额 = (30+70)×700×20%+700×1×2×0.5 = 14 700(元)

方案二：采取"先销售后包装"的方式。即先将粮食白酒和药酒按品种分别销售给零售商，在此销售环节对粮食白酒和药酒分别开具发票，在账务处理环节对粮食白酒和药酒分别核算销售收入，然后由零售商包装为成套消费品对外销售。在这种情况下，药酒不仅按10%这个较低的比例税率从价计税，而且不必按每500克0.5元的定额税率从量计税。

应纳消费税税额 = 30×700×20%+700×1×0.5+70×700×10% = 9 450(元)

方案二比方案一少缴纳消费税5 250元(14 700−9 450)，因此应当选择方案二。

如果当地税务机关对有关操作环节要求比较严格，可以采取分设机构的操作方法，即另外设立一个独立核算且专门从事包装业务的子公司，先按品种和类别将产品分别销售给该子公司，该子公司组成成套消费品后销售给零售商，最后由零售商对外销售。

二、消费税差别税率的纳税筹划

消费税的部分税目设置了子目，不同的子目适用的税率不同，而同一税目的不同子目具有很多共性，企业可以创造条件，利用子目的转换，在不同税率之间进行选择，做到税收负担最低。而企业的财务目标是追求企业税后利润最大化，因此应根据税收政策的变化，策划新产品的价格定位。在临界点，税收负担变化较大，会出现税收负担的增加大于计税依据增加的情况。企业如果巧妙利用临界点的规定适当降低产品价格，反而能够增加税后利润。

【例3-11】 冰点啤酒厂为增值税一般纳税人，本年6月生产销售某品牌啤酒，每吨出厂价格为3 010元(不含增值税)，与此相关的成本费用为2 500元，准予抵扣的进项税额为300元。城市维护建设税税率为7%，教育费附加征收率为3%。

要求：请对上述业务进行纳税筹划。

【筹划分析】 每吨啤酒出厂不含增值税价格(含包装物及包装物押金)在3 000元(含3 000元)以上的，消费税单位税额为250元/吨；每吨啤酒出厂价格在3 000元(不含3 000元，不含增值税)以下的，消费税单位税额为220元/吨。娱乐业、饮食业自制啤酒，消费税单位税额为250元/吨。当每吨啤酒的销售价格稍微高于临界点时，将每吨啤酒的销售价格从临界点之上适当地降至临界点之下，不仅可以降低消费税税负，多获取税后利润，而且可以增加产品在价格上的竞争力，使销售数量得以提升。

【筹划方案】

方案一：将每吨啤酒的出厂价格定为3 010元。

销售每吨啤酒应纳增值税税额 = 3 010×13%−300 = 91.3(元)

销售每吨啤酒应纳消费税税额＝250(元)

应纳城市维护建设税和教育费附加＝(91.3＋250)×(7%＋3%)＝34.13(元)

销售每吨啤酒的税后利润＝(3 010－2 500－250－34.13)×(1－25%)
　　　　　　　　　　＝169.40(元)

方案二：将每吨啤酒的出厂价格降至2 990元。

销售每吨啤酒应纳增值税税额＝2 990×13%－300＝88.7(元)

销售每吨啤酒应纳消费税税额＝220(元)

应纳城市维护建设税和教育费附加＝(88.7＋220)×(7%＋3%)＝30.87(元)

销售每吨啤酒的税后利润＝(2 990－2 500－220－30.87)×(1－25%)
　　　　　　　　　　＝179.35(元)

方案二比方案一销售每吨啤酒少缴纳增值税2.6元(91.3－88.7)，少缴纳消费税30元(250－220)，少缴纳城市维护建设税和教育费附加3.26元(34.13－30.87)，多获取税后利润9.95元(179.35－169.4)，因此应当选择方案二。

第四节 消费税纳税时机或方式的纳税筹划

一、纳税时机的纳税筹划

纳税人采取赊销和分期收款结算方式的，纳税义务发生时间为销售合同规定的收款日期的当天，书面合同没有约定收款日期或者无书面合同的，纳税义务发生时间为发出应税消费品的当天；纳税人采取预收货款结算方式的，纳税义务发生时间为发出应税消费品的当天；纳税人采取托收承付和委托银行收款方式的，纳税义务发生时间为发出应税消费品并办妥托收手续的当天；纳税人采取其他结算方式的，纳税义务发生时间为收讫销售款或者取得索取销售款的凭据的当天。纳税人以1个月或者1个季度为一个纳税期的，自期满之日起15日内申报纳税。

纳税人可以充分利用消费税纳税义务发生时间和纳税期限的有关规定，合理延迟纳税义务发生时间，充分利用资金的时间价值。

【例3-12】 美珀公司是一家化妆品生产企业，为增值税一般纳税人，现向客户甲赊销一批高档化妆品。该批化妆品不含增值税价格为2 000万元。合同中约定的收款日期为本年9月30日。高档化妆品的消费税税率为15%，美珀公司的消费税纳税期限为1个月，同期银行贷款利率为6%。假设只考虑消费税。

要求：请对上述业务进行纳税筹划。

【筹划分析】 合理延迟纳税义务发生时间。

【筹划方案】

方案一：合同中该笔款项的收款时间仍确定为本年9月30日，则美珀公司本年9月发生纳税义务，须于本年10月15日之前缴纳税款。假设美珀公司本年10月10日缴纳税款，则：

本年10月10日的消费税应纳税额＝2 000×15％＝300（万元）

方案二：经与客户协商，将合同中该笔款项的收款时间确定为本年10月1日，则美珀公司本年10月发生纳税义务，须于本年11月15日之前缴纳税款。假设本年11月10日缴纳税款，则：

折现到本年10月10日的消费税纳税额＝300÷（1＋6％÷12）＝298.51（万元）

方案二比方案一消费税纳税额现值少1.49万元（300－298.51），因此应当选择方案二。

通过在合同中将赊销收款日期延迟一天，使纳税义务发生时间延迟一个月，从而充分利用资金的时间价值，这相当于从银行获取一笔一个月的无息贷款。若同时考虑增值税、城市维护建设税和教育费附加，节税效果更加明显。

二、出口货物退关或退货的纳税筹划

出口的应税消费品办理退税后，发生退关或者国外退货，进口时予以免税的，报关出口者必须及时向其机构所在地或者居住地主管税务机关申报补缴已退的消费税税款。纳税人直接出口的应税消费品办理免税后，发生退关或者国外退货，进口时予以免税的，经机构所在地或者居住地主管税务机关批准，可暂不办理补税，待其转为国内销售时，再申报补缴消费税。

出口的应税消费品，免征消费税；如果已经征收了消费税，就要办理出口退税。在发生货物退关或退货时，企业应适当调节办理补税的时间，可以在一定时期内占用消费税税款，相当于获得了一笔无息贷款。这里需要解决好两个问题：一是要获取所在地主管税务机关的批准，可以暂不办理补税；二是尽量延长转为国内销售时缴纳税款的时间。

【例3-13】 2020年1月，某公司一批出口应税消费品办理免税手续后发生退货，所退货物将于本年3月销售给国内一商场，该批货物的总价值为500万元，消费税税率为20％，两个月的市场利率为3％。城市维护建设税税率为7％，教育费附加征收率为3％，该企业有两种方案可供选择。

方案一：2020年1月退货时申报补缴消费税。

方案二：2020年3月转为国内销售时补缴消费税。

要求：请对上述业务进行纳税筹划。

【筹划分析】 企业可以在发生退货时经机构所在地或者居住地主管税务机关批准,暂不办理补税,待到转为国内销售时,再申报补缴消费税,这样可以延期纳税,充分利用资金的时间价值。

【筹划方案】

方案一:

应纳消费税及其附加 = 500×20% ×(1+7%+3%) = 110(万元)

方案二:

应纳消费税及其附加 = 500×20% ×(1+7%+3%) = 110(万元)

相比方案一,该公司选择方案二将获得 3.3 万元(110×3%)延期两个月纳税的利息收益。因此,若以实现涉税资金时间价值最大化为纳税筹划目标,该公司应当选择方案二。

第五节 消费税其他情况的纳税筹划

一、委托加工与自行加工选择的纳税筹划

委托加工的应税消费品与自行加工的应税消费品的税基不同,自行加工时,计税的税基为产品销售价格。委托加工时,受托方(个体工商户除外)代收代缴税款,按照受托方的同类消费品的销售价格计算纳税;没有同类消费品销售价格的,按照组成计税价格计算纳税。

实行从价定率办法计算纳税的组成计税价格的计算公式为:

组成计税价格 =(材料成本+加工费)÷(1-比例税率)

实行复合计税办法计算纳税的组成计税价格的计算公式为:

组成计税价格 =(材料成本+加工费+委托加工数量×定额税率)÷(1-比例税率)

在一般情况下,委托方收回委托加工的应税消费品后,要以高于成本的价格售出以求盈利。不论委托加工费大于或小于自行加工成本,委托方将收回的应税消费品,以不高于受托方的计税价格出售的,为直接出售,不再缴纳消费税;以高于受托方的计税价格出售的,不属于直接出售,需按照规定申报缴纳消费税,在计税时准予扣除受托方已代收代缴的消费税。

以白酒生产企业为例,由于白酒类产品不在消费税的扣税范围的规定中,所以应尽量避免采用委托加工成酒类半成品、待收回后继续加工的方式;若必须采取委托加工成

酒类半成品后继续加工的方式,可以考虑通过合并上游企业来降低消费税税负。

【例3-14】 甲公司是一家酒类生产企业,为增值税一般纳税人。本年8月10日,甲公司接到一笔生产500吨白酒的业务,议定单价为20 000元/吨,则销售价格合计1 000万元。要求在本年10月10日前交货。由于交货时间比较紧迫,甲公司有四种生产方案可供选择。方案一:委托乙公司加工成酒精,然后由甲公司生产成A品牌白酒销售。甲公司以价值为250万元的原料委托乙公司加工成酒精,双方协议加工费为150万元,加工成300吨酒精运回甲公司以后,再由甲公司加工成500吨A品牌白酒销售,每吨售价2万元,甲公司加工的成本以及应该分摊的相关费用合计70万元。方案二:委托乙公司加工成高纯度白酒,然后由甲公司生产成A品牌白酒销售。甲公司以价值为250万元的原料委托乙公司加工成高纯度白酒,双方协议加工费为180万元,加成400吨高纯度白酒运回甲公司以后,再由甲公司加工成500吨A品牌白酒销售,每吨售价2万元,甲公司加工的成本以及应该分摊的相关费用合计40万元。方案三:利用委托加工环节直接加工成最终产品(A品牌白酒),收回后直接销售(全部委托加工方式)。甲公司将酿酒原料交给乙公司,由乙公司完成所有的制作程序,甲公司从乙公司收回的产品就是指定的A品牌白酒,协议加工费为220万元。产品运回后以原价直接销售。方案四:由甲公司自己完成A品牌白酒的生产制作过程。由甲公司自己生产A品牌白酒,发生的生产成本恰好等于委托乙公司的加工费,即220万元。以上价格均为不含增值税价格。假设不考虑城市维护建设税和教育费附加,且受托方均无同类消费品的销售价格。

要求:请对上述业务进行纳税筹划。

【筹划分析】 为了避免重复征税,原来的白酒消费税政策规定外购或者委托加工所缴纳的消费税,用于连续生产应税消费品的,可以按规定抵扣。这个规定类似于增值税的抵扣原理,所以无论生产环节多少,消费税的税收负担不会增加。但为了调整白酒产业,税法规定,自2001年5月1日起,一方面,对外购或委托加工已税酒和酒精生产的酒,其外购酒及酒精已纳税款或委托方代收代缴税款不再予以抵扣;另一方面,从量征收消费税(酒精除外)。以上两个方面造成消费税负担增加,而且生产环节越多,税收负担增加的幅度越大。因此,像白酒这样的应税消费品的生产应当注意尽量避免委托加工成半成品后收回继续加工成白酒的生产方式。但自2014年12月1日起,由于取消对酒精征收消费税,委托加工酒精收回后继续加工白酒的委托加工酒精环节,不需要再缴纳消费税了。这样,企业就不用避免委托加工成酒精后收回继续加工成白酒的生产方式,但仍需避免委托加工成酒类半成品(如高度白酒)后收回继续加工成白酒(如低度白酒)的生产方式。

【筹划方案】

方案一:委托乙公司加工成酒精,然后由甲公司生产成A品牌白酒销售,即甲公司以价值为250万元的原料委托乙公司加工成酒精,双方协议加工费为150万元,加工成

300吨酒精运回甲公司后,再由甲公司加工成500吨A品牌白酒销售,每吨售价2万元,公司加工的成本以及应该分摊的相关费用合计70万元。

(1) 甲公司向乙公司支付加工费。自2014年12月1日起,酒精不再缴纳消费税,因此在委托加工酒精这一环节不需要由乙方针对酒精代收代缴消费税。

(2) 甲公司销售白酒后:

甲公司应纳消费税税额 = 1 000 × 20% + 500 × 1 000 × 2 × 0.5 ÷ 10 000
　　　　　　　　　　 = 250(万元)

(3) 甲公司的税后利润为:

甲公司税后利润 = (1 000 − 250 − 150 − 70 − 250) × (1 − 25%) = 210(万元)

方案二:委托乙公司加工成高纯度白酒,然后由甲公司生产成A品牌白酒销售。甲公司以价值为250万元的原料委托乙公司加工成高纯度白酒,双方协议加工费为180万元,加工成400吨高纯度白酒运回甲公司后,再由甲公司加工成500吨A品牌白酒销售,每吨售价2万元,公司加工的成本以及应该分摊的相关费用合计40万元。

(1) 当甲公司收回委托加工的产品时,向受托方乙公司支付由其代收代缴的消费税。

消费税组成计税价格 = (250 + 180 + 400 × 1 000 × 2 × 0.5 ÷ 10 000) ÷ (1 − 20%)
　　　　　　　　　 = 587.5(万元)

甲公司向乙公司支付由乙公司代收代缴的消费税税额 = 587.5 × 20% + 400 × 1 000 × 2 × 0.5 ÷ 10 000 = 157.5(万元)

(2) 甲公司销售白酒后:

甲公司应纳消费税税额 = 1 000 × 20% + 500 × 1 000 × 2 × 0.5 ÷ 10 000
　　　　　　　　　　 = 250(万元)

(3) 在委托加工高纯度白酒的方式下,甲公司向乙公司支付由乙公司代收代缴的消费税157.5万元,甲公司缴纳消费税250万元,则

甲公司税后利润 = (1 000 − 250 − 180 − 40 − 157.5 − 250) × (1 − 25%)
　　　　　　　 = 91.88(万元)

方案三:利用委托加工环节直接加工成最终产品(A品牌白酒),收回后直接销售(全部委托加工方式)。甲公司将酿酒原料交给乙公司,由乙公司完成所有的制作程序,甲公司从乙公司收回的产品就是指定的A品牌白酒,协议加工费为220万元。产品运回后以原价直接销售。

(1) 当甲公司收回委托加工的产品时,向受托方乙公司支付由其代收代缴的消费税。

消费税组成计税价格 = (250 + 220 + 500 × 1 000 × 2 × 0.5 ÷ 10 000) ÷ (1 − 20%)
　　　　　　　　　 = 650(万元)

甲公司向乙公司支付由乙公司代收代缴的消费税税额＝650×20%＋500×1 000×2×0.5÷10 000＝180(万元)

(2) 委托方将收回的应税消费品以不高于受托方的计税价格出售的,为直接出售,不再缴纳消费税;委托方以高于受托方的计税价格出售的,不属于直接出售,需按照规定申报缴纳消费税,在计税时准予扣除受托方已代收代缴的消费税。1 000万元＞650万元,因此属于委托方以高于受托方的计税价格出售的情况,不属于直接出售,需按照规定申报缴纳消费税,在计税时准予扣除受托方已代收代缴的消费税。

甲公司应纳消费税税额＝1 000×20%＋500×1 000×2×0.5÷10 000－180
＝70(万元)

(3) 在全部委托加工的方式下,甲公司向乙公司支付由乙公司代收代缴的消费税180万元,甲公司缴纳消费税70万元,则:

甲公司税后利润＝(1 000－250－220－180－70)×(1－25%)＝210(万元)

方案四:由甲公司自己完成A品牌白酒的生产制作过程。甲公司自己生产A品牌白酒,发生的生产成本恰好等于委托乙公司的加工费,即220万元。

甲公司应纳消费税税额＝1 000×20%＋500×1 000×2×0.5÷10 000
＝250(万元)

甲公司税后利润＝(1 000－250－220－250)×(1－25%)＝210(万元)

以上四种方案的税负及税后利润的比较如表3-1所示。

表3-1　　　　　甲公司各种白酒生产方式的税负及税后利润比较　　　　单位:万元

方案	甲公司向乙公司支付由乙公司代收代缴的消费税	甲公司应纳消费税	消费税合计	税后利润
方案一	0	250	250	210
方案二	157.5	250	407.5	91.88
方案三	180	70	250	210
方案四	0	250	250	210

由表3-1可知,此业务的操作方式中方案一、方案三和方案四较好,方案二最差。

二、已纳税额扣除的纳税筹划

用外购已纳消费税的消费品继续加工生产应税消费品的,在计算征收消费税时,准予按当期生产领用数量扣除外购应税消费品已缴纳的消费税税款。相对应地,委托加工应税消费品收回后,用于连续生产应税消费品的,其已纳税款准予从生产的应税消费品应纳消费税额中扣除。此种情况下,还需注意国家对扣除范围的具体界定,如外购或委托加工收回卷烟、白酒、小汽车等的已纳税额不在扣除范围之内。

纳税人决定外购应税消费品用于连续生产时,应选择生产厂家,而不应是商家。因为允许扣除已纳消费税的外购消费品仅限于直接从生产企业购进的,一般不包括从商品流通企业购进的应税消费品。另一方面,同品种的消费品在同时期,商家的价格往往高于生产厂家。由此可见,生产厂家是纳税人外购应税消费品的首选渠道,除非厂家的价格扣除已纳消费税款后的余额比商家的价格还高。

章节测试题

班级 _____ 姓名 _____ 学号 _____ 总分 _____

一、单项选择题(每小题 1 分,共 9 分)

1. 下列各项中,属于消费税中按纳税人进行纳税筹划的方法是(　　)
   A. 选择非应税消费品项目投资
   B. 充分把握增值税价外税的属性
   C. 设立独立核算的销售公司降低税负
   D. 先销售后换货

2. 下列外购商品中已缴纳的消费税,可以从本企业应纳消费税税额中扣除的是(　　)。
   A. 从工业企业购进已税溶剂油生产的应税成品油
   B. 从工业企业购进已税白酒为原料生产的药酒
   C. 从工业企业购进已税高尔夫球杆握把为原料生产的高尔夫球杆
   D. 从工业企业购进已税白酒为原料生产的勾兑白酒

3. 根据现行消费税政策,下列各项中不属于应税消费品的是(　　)。
   A. 高尔夫球及球具
   B. 高档化妆品
   C. 护肤护发品
   D. 木制一次性木筷

4. 下列各项中,属于兼营销售的纳税筹划方法的是(　　)。
   A. 低成本　　　　　　　　　　B. 转让定价
   C. 税负转嫁　　　　　　　　　D. 分开核算

5. 通过设立独立核算的销售公司能够降低消费税的计税依据,主要是因为(　　)。
   A. 消费税纳税环节的单一性
   B. 消费税征税对象的选择性
   C. 消费税计税方法的多样性
   D. 消费税税收调节的特殊性

6. 消费税税率的筹划,主要是巧妙运用(　　)。

A. 比例税率 B. 定额税率
C. 复合税率 D. 差别税率

7. 某化妆品厂下设一非独立核算门市部,每年该厂向门市部移送化妆品1万套,每套单价500元,门市部销售单价550元(以上均为不含税价)。如化妆品厂将该门市部分立,使其具备独立纳税人身份,则每年可节约消费税( )万元。(化妆品消费税税率为15%)

   A. 21.42 B. 7.5
   C. 11.54 D. 12.72

8. 甲葡萄酒生产企业为增值税一般纳税人,生产葡萄酒适用10%的消费税税率。本年7月销售葡萄酒100万元,当月用200吨葡萄酒换取生产资料。葡萄酒销售最高价为每吨220元,最低价为每吨180元,平均价为每吨200元。当月应纳增值税和消费税分别为( )。

   A. 增值税13.52万元,消费税10.44万元
   B. 增值税13.52万元,消费税10.4万元
   C. 增值税13.57万元,消费税10.44万元
   D. 增值税13.57万元,消费税10.4万

9. 应征收消费税的委托加工消费品的组成计税价格不包括( )。

   A. 材料成本 B. 加工费
   C. 增值税 D. 消费税

二、多项选择题(每小题2分,共计16分)

1. 下列各项中,主要针对消费税兼营和成套销售进行纳税筹划的有( )。

   A. 先销售后包装
   B. 分别核算应税消费品和非应税消费品的销售额和销售数量
   C. 成套销售应慎重
   D. 降低生产成本

2. 纳税人采取的如下方式中,按现行消费税政策规定,可以减轻纳税人消费税负担的有( )。

   A. 分设独立核算的销售公司,适当降低销售给销售公司的价格
   B. 将原成套销售消费品,改为生产销售环节化整为零,零售环节成套销售
   C. 将随同黄酒销售的包装物(不单独作价)改为不作价而收取押金
   D. 将啤酒的销售价格从3 000元/吨降至2 990元/吨

3. 下列各项中,属于规避消费税税收负担的策略有( )。

A. 缩小税基策略

B. 适用低税率策略

C. 延缓纳税期限策略

D. 合理归属所得年度策略

4. 充分利用消费税已纳税额扣除能够降低企业的消费税负担,这些标准有(   )。

A. 必须属于扣除的范围

B. 一般要从生产性企业购进

C. 必须取得增值税专用发票

D. 所购消费品必须实际投入生产使用

5. 下列各项中,主要是通过缩小消费税计税依据进行纳税筹划的有(   )。

A. 先销售后包装

B. 先销售后换货

C. 设立独立核算的销售公司,降低出厂价格

D. 通过汇率选择降低计税销售额

6. 下列关于以外汇结算应税消费品计税依据的纳税筹划的说法中,不正确的有(   )。

A. 应当选择当月1日的外汇牌价

B. 应当选择销售发生当天的外汇牌价

C. 汇率折算方法可随意变动

D. 外汇市场波动越大,越有必要对汇率选择进行筹划

7. 下列各项中,属于消费税纳税筹划的基本途径的有(   )。

A. 合理确定销售额

B. 合理选择税率

C. 外购应税品已纳税款的扣除

D. 委托加工与自行加工的选择

8. 下列关于消费税已纳税额扣除的纳税筹划的表述中,正确的有(   )。

A. 一般来说,从生产厂家直接购进要比从商家购进成本低、税负轻

B. 为进行税额扣除,购买者应正确选择购货渠道和发票种类

C. 作为小规模纳税人,应尽量从对方获得普通发票,以获得更多消费税抵扣

D. 在进行消费税抵扣时,应提供增值税专用发票

三、判断题(每小题1分,共计5分)

1. 通过企业合并或兼并方式之所以能实现消费税的递延纳税,主要是因为不同消费品的税率不同。   (   )

2. 出厂之后再将不同税率的消费品组成成套消费品销售,就不必再按较高税率缴纳消费税。 （ ）

3. 非货币性交换的消费税筹划方法一般是按最高销售价格销售后再入股(换货、抵债)。 （ ）

4. 酒类产品的包装物押金没有筹划的余地。 （ ）

5. 企业如果想在包装物上节约消费税,应将包装物作价随同产品出售,而不是采用收取押金的方式,因为押金须并入销售额计算消费税税额,尤其是当包装物价值较大时。 （ ）

四、思考题(每小题 6 分,共计 30 分)

1. 简述消费税纳税人的纳税筹划方法。
2. 简述消费税计税依据的纳税筹划方法。
3. 简述消费税税率的纳税筹划方法。
4. 简述消费税纳税时机或方式的纳税筹划方法。
5. 简述消费税非货币性交换中的纳税筹划方法。

五、案例分析题(每小题 5 分,共计 40 分)

1. 三府电池生产公司本年 6 月销售 1 500 箱电池,每箱电池 1 000 元(含包装物的价格 150 元)。以上价格均不含增值税,电池适用的消费税税率为 4%。
   要求:请对其进行纳税筹划。

2. 某汽车生产企业本年 6 月以小汽车 50 辆对外投资,当期该小汽车的销售价格分别为 9.5 万元、10 万元、10.5 万元。以上价格均不含增值税,该小汽车适用的消费税税率为 10%。
   要求:请对其进行纳税筹划。

3. 某日用化妆品厂,将生产的高档化妆品小工艺品等组成成套消费品销售。每套消费品由下列产品组成:高档化妆品包括一瓶香水(1 000 元)、一瓶指甲油(200 元)、一支口红(300 元)、化妆工具及小工艺品(100 元)、塑料包装盒(50 元)。上述价格均不含税,共销售 1 万套。高档化妆品消费税税率为 15%。
   (1) 高档化妆品厂将产品成套销售的方法从税收角度考虑是否合适。
   (2) 请对其进行纳税筹划。

4. 某小汽车生产企业,当月分三批对外销售同型号的小汽车,以 20 万元的单价销售 150 辆,以 22 万元的单价销售 200 辆,以 24 万元的单价销售 50 辆。汽车厂当月以 5 辆同型号的小汽车与一汽车配件企业换取其生产的汽车玻璃,双方约定按当月的加权平均销售价格确定小汽车的价格。小汽车的消费税税率为8%。

要求：

(1) 请计算汽车厂的这一业务应纳消费税税额。

(2) 请对其进行纳税筹划。

5. 某集团公司下属酒厂专营一知名品牌粮食白酒的生产，产品主要销售给全国各地的批发商。另有部分白酒是本市的一些零售户、酒店、个体消费者自行到工厂直接购买。按去年的销售状况测算，今年其销售量大约为10 000箱（每箱有12瓶，每瓶为500克），每箱售价为500元，粮食白酒的适用消费税税率为20%，从量定额为0.5元/500克。

要求：根据上述资料，请对其进行纳税筹划。

6. 某地区有甲和乙两家大型酒厂，均为独立核算的法人企业。甲企业主要经营粮食类白酒，以当地生产的大米和玉米为原料进行酿造，适用20%的消费税税率。乙企业以甲生产的粮食类白酒为原料，生产系列药酒，适用10%的消费税税率。甲企业每年要向乙企业提供价值3 000万元的粮食白酒。2019年6月，乙企业由于缺少资金和人才，无法经营下去，准备破产。乙企业资产账面价值为5 200万元，资产评估价值为6 000万元，其中房屋建筑物等不动产账面价值为2 600万元，评估价值为3 100万元；机器设备账面原值为1 500万元，评估价值为1 800万元，其他资产为1 100万元。乙企业负债是6 000万元，其中2 000万元为欠甲企业的货款。甲企业有两个方案可供选择：

方案一：甲企业以现金4 900万元购买乙企业的不动产和机器设备，乙企业宣告破产。假设乙企业破产财产扣除各项费用后，甲企业可收回货款1 800万元，损失200万元。

方案二：采取另一种兼并方式，甲企业以承担债权债务的方式并购乙企业，即由甲企业承担乙企业的全部债务，不需支付另外的其他费用。由于乙企业生产的药酒市场前景很好，甲企业并购后可以继续利用乙企业的设备生产药酒。假设甲企业需要投入200万元对乙企业的设备进行改造。

要求：根据上述资料，请对甲企业进行纳税筹划。

7. 2020年5月，蓝海摩托车厂向A公司销售1 000辆摩托车，每辆价值为2 000元（不含增值税）；每辆摩托车包装出售，包装物价值为200元/辆（不含增值税），摩托车消费税税率为10%。现有两种收取包装物价款的方式：

方案一：包装物随同摩托车一并销售。

方案二：采用收取包装物押金的形式进行销售。

要求：根据上述资料，请对蓝海摩托车厂进行纳税筹划。

8. 某实木地板厂现有一批木材原料需加工成实木地板销售,可选择的加工方式有:

方案一:部分委托加工。A 厂委托 B 厂将一批价值 300 万元的木材原料加工成素板半成品,协议规定加工费为 185 万元(假设 B 厂没有同类消费品)。A 厂将加工后的素板半成品收回后继续加工成实木地板,加工成本、费用共计 145.5 万元,该批实木地板售价(不含增值税)为 1 000 万元。(假设实木地板的消费税税率为 3%)

方案二:A 厂自行加工。A 厂将购入的价值 300 万元的木材原料加工成实木地板,加工费共计 330.5 万元,售价仍为 1 000 万元。

要求:根据上述资料,分析哪种加工方式税负低、利润大。

第四章 企业所得税的纳税筹划

> **知识导航**

企业所得税的纳税筹划
- 企业所得税纳税人的纳税筹划
  - 企业所得税纳税人身份选择的纳税筹划
  - 企业设立时组织形式选择的纳税筹划
  - 子公司与分公司选择的纳税筹划
- 企业所得税计税依据的纳税筹划
  - 收入的纳税筹划
  - 扣除项目的纳税筹划
  - 亏损弥补的纳税筹划
- 企业所得税税率的纳税筹划
  - 利用小型微利企业低税率的纳税筹划
  - 创造条件成为国家重点扶持的高新技术企业的纳税筹划
- 企业所得税税收优惠政策的纳税筹划
  - 投资产业的纳税筹划
  - 投资项目的纳税筹划
  - 投资地区的纳税筹划
  - 运用免税收入优惠政策的纳税筹划
  - 加计扣除的纳税筹划

学习目标

1. 在了解企业所得税税法基本内容的基础上，熟悉企业所得税纳税筹划的基本思路。
2. 掌握企业所得税纳税人的纳税筹划方法。
3. 掌握企业所得税计税依据的纳税筹划方法。
4. 掌握企业所得税税率的纳税筹划方法。
5. 掌握企业所得税税收优惠政策的纳税筹划方法。

> **案例导入**

法国一家玩具生产公司将玩具销售给中国，预计每年可获得销售收入 1 300 万元，相关成本费用为 300 万元。该公司有以下三种方案可供选择。

方案一：在中国境内设立实际管理机构。

方案二：在中国境内不设立实际管理机构，但设立营业机构，销售收入由营业机构取得。

方案三：在中国境内既不设立实际管理机构，也不设立营业机构。假设不考虑增值税及附加税费。

请问：该公司应选择哪种方案。

第一节 企业所得税纳税人的纳税筹划

一、企业所得税纳税人身份选择的纳税筹划

企业所得税的纳税人分为居民企业和非居民企业两类，分别承担不同的纳税义务。居民企业负有无限纳税义务，应当就其来源于中国境内、境外的所得缴纳企业所得税。非居民企业负有有限纳税义务，具体分为两种情况：

（1）在中国境内设立机构、场所的，应当就其所设机构、场所取得的来源于中国境内的所得，以及发生在中国境外但与其所设机构、场所有实际联系的所得，缴纳企业所得税。

（2）在中国境内未设立机构、场所的，或者虽设立机构、场所但取得的所得与其所设机构、场所没有实际联系的，应当就其来源于中国境内的所得缴纳企业所得税。

此外，居民企业和非居民企业适用的企业所得税税率有时也会有差异。所以，外资企业应当进行必要的纳税筹划，尽可能作为非居民企业承担有限纳税义务，适用较低的企业所得税税率，从而达到合法节约税款支出的目的。

二、企业设立时组织形式选择的纳税筹划

企业的组织形式一般分为三类：个人独资企业、合伙企业和公司制企业。我国对个人独资企业、合伙企业征收个人所得税。而公司制企业需要缴纳企业所得税，如果向个人投资者分配股息、红利，还要代扣其个人所得税。

一般来说，企业成立之时，应该结合行业和企业经营等情况确定其组织形式。因为不同的企业组织形式会面对不同的税收政策，相应的税负也不同，筹划的一般思路如下：

（1）从总体税负角度考虑，独资企业、合伙企业一般要低于公司制企业，因为前者不存在重复征税问题，而后者一般涉及双重征税问题。

（2）在独资企业、合伙企业与公司制企业的决策中，要充分考虑税基、税率和税收优惠政策等多种因素，最终税负的高低是多种因素起作用的结果，不能只考虑一种因素。

（3）在独资企业、合伙企业与公司制企业的决策中，还要充分考虑可能出现的各种风险。

【例 4-1】 孙先生欲成立一家企业。现有两种方案可供选择。方案一：成立个人独资企业，每年预计利润总额（即应纳税所得额）为 600 000 元，且将利润全部分配。方案二：成立一人有限责任公司，每年预计利润总额为 600 000 元，假定没有企业所得税纳税调整项目，税后利润提取法定盈余公积后全部分配给股东孙先生。本年孙先生除了获取上述所得，还至少获取一种综合所得，即至少获取工资、薪金所得，劳务报酬所得，稿酬所得，特许权使用费所得中的一种。

要求：请对上述业务进行纳税筹划。

【筹划分析】 具有法人资格的企业（股份有限公司、有限责任公司）需要缴纳 25% 的企业所得税，个人股东从股份有限公司和有限责任公司分配的税后利润需要按照"利息、股息、红利所得"缴纳 20% 的个人所得税。不具有法人资格的企业（个体工商户、个人独资企业、合伙企业）不需要缴纳企业所得税，个人通过在中国境内注册登记的个体工商户、个人独资企业、合伙企业从事生产、经营活动取得的所得按照"经营所得"缴纳个人所得税。

取得经营所得的个人，没有综合所得的，计算其每一纳税年度的应纳税所得额时，应当减除费用 6 万元、专项扣除、专项附加扣除以及依法确定的其他扣除。专项附加扣除在办理汇算清缴时减除。经营所得个人所得税税率表如表 4-1 所示。

表 4-1　　　　　　　　　　经营所得适用税率表

级数	全年应纳税所得额	税率（%）	速算扣除数（元）
1	不超过 30 000 元的部分	5	0
2	超过 30 000 元至 90 000 元的部分	10	1 500
3	超过 90 000 元至 300 000 元的部分	20	10 500
4	超过 300 000 元至 500 000 元的部分	30	40 500
5	超过 500 000 元的部分	35	65 500

自 2021 年 1 月 1 日至 2022 年 12 月 31 日，对小型微利企业年应纳税所得额不超过 100 万元的部分，减按 12.5% 计入应纳税所得额，按 20% 的税率缴纳企业所得税；对年应纳税所得额超过 100 万元但不超过 300 万元的部分，减按 50% 计入应纳税所得额，按 20% 的税率缴纳企业所得税。上述小型微利企业是指从事国家非限制和禁止行业，且同时符合年度应纳税所得额不超过 300 万元、从业人数不超过 300 人、资产总额不超过 5 000 万元 3 个条件的企业。

【筹划方案】

方案一：成立个人独资企业，每年预计利润总额（应纳税所得额）为 600 000 元，且将利润全部分配。则投资者孙先生要按照"经营所得"缴纳个人所得税。

孙先生应纳个人所得税税额 = 600 000 × 35% − 65 500 = 144 500（元）

应纳税额合计 = 144 500（元）

方案二：成立一人有限责任公司，每年预计利润总额为 600 000 元，没有企业所得税纳税调整项目，则应纳税所得额 = 利润总额，符合小型微利企业条件，税后利润提取法定盈余公积后全部分配给股东孙先生。

有限责任公司应纳企业所得税税额 = 600 000 × 12.5% × 20% = 15 000（元）

有限责任公司税后利润 = 600 000 − 15 000 = 585 000（元）

有限责任公司提取法定盈余公积 = 585 000 × 10% = 58 500（元）

有限责任公司向股东孙先生分配的利润合计 = 585 000 − 58 500 = 526 500（元）

孙先生"利息、股息、红利所得"应纳个人所得税税额 = 526 500 × 20% = 105 300（元）

应纳税额合计 = 15 000 + 105 300 = 120 300（元）

方案二比方案一少缴税合计 24 200 元（144 500 − 120 300），因此应当选择方案二。

三、子公司与分公司选择的纳税筹划

企业在投资设置分支机构时，子公司与分公司这两种不同的组织形式各有利弊。子公司具有独立的法人资格，设立手续复杂，其成本、损失和所得全部独立核算，独立缴纳企业所得税和其他各项税收，也可以享受当地的税收优惠政策；分公司不具有独立的法人资格，设立手续简单，可以不独立核算，不独立缴纳所得税，由总公司汇总缴税，不可以享受税收优惠政策。

企业采取何种组织形式需要考虑的因素主要包括分支机构盈亏、分支机构是否享受优惠税率等。

(1) 预计适用优惠税率的分支机构盈利，选择子公司形式，单独纳税。

(2) 预计适用非优惠税率的分支机构盈利，选择分公司形式，汇总到总公司纳税，以弥补总公司或其他分公司的亏损；即使下属公司均盈利，此时汇总纳税虽无节税效应，也可降低企业的办税成本、提高管理效率。

(3) 预计适用非优惠税率的分支机构亏损，选择分公司形式，汇总纳税可以用其他分公司或总公司的利润弥补亏损。

(4) 预计适用优惠税率的分支机构亏损，这种情况就要考虑分支机构扭亏的能力。若短期内可以扭亏宜采用子公司形式，否则宜采用分公司形式，这与企业经营策略有紧密关联，不过总体来说，如果下属公司所在地税率较低，则宜设立子公司，以便享受当地的低税率。

【例 4-2】 甲公司为我国居民企业，预计本年及以后各年均将获取利润总额 2 000 万元。本年年初，准备在上海设立分支机构乙公司。预计乙公司在设立之后 3 年会亏损，第 1 年亏损 300 万元，第 2 年亏损 150 万元，第 3 年亏损 50 万元，自第 4 年开始盈利，盈利额为 400 万元。假设甲公司与乙公司均没有企业所得税纳税调整事项，即利润总额等于应纳税所得额。

要求：请对上述业务进行纳税筹划。

【筹划分析】 企业某一纳税年度发生的亏损可以用下一年度的所得弥补，下一年度的所得不足以弥补的，可以逐年延续弥补，但最长不得超过 5 年。企业所得税的纳税人是具有法人资格的企业或组织。分公司（不具有法人资格）与总公司汇总缴纳企业所得税，子公司（具有法人资格）单独缴纳企业所得税。

【筹划方案】

方案一：将乙公司设立为子公司，母子公司间的盈亏不可互抵，乙公司的亏损只能在以后年度实现的利润中抵扣。则前 3 年甲公司和乙公司应纳企业所得税总额为：

应纳企业所得税税额 = 2 000 × 25% × 3 = 1 500（万元）

方案二：将乙公司设立为分公司，总分公司间的盈亏可以互抵，则前 3 年甲公司和乙公司应纳企业所得税税额为：

第 1 年应纳企业所得税税额 = (2 000 − 300) × 25% = 425（万元）

第 2 年应纳企业所得税税额 = (2 000 − 150) × 25% = 462.5（万元）

第 3 年应纳企业所得税税额 = (2 000 − 50) × 25% = 487.5（万元）

前 3 年应纳企业所得税总额 = 425 + 462.5 + 487.5 = 1 375（万元）

通过分析，应选择方案二，建立分公司的形式，企业整体税负才相对较低。

第二节 企业所得税计税依据的纳税筹划

企业所得税的计税依据是应纳税所得额，按照《企业所得税法》的规定，应纳税所得额为企业每一个纳税年度的收入总额，减除不征税收入、免税收入、各项扣除以及允许弥补的以前年度亏损后的余额，其计算公式为：

应纳税所得额 = 收入总额 − 不征税收入 − 免税收入 − 各项扣除 − 以前年度亏损

一、收入的纳税筹划

(一) 收入确认金额的纳税筹划

收入总额是指企业以货币形式和非货币形式从各种来源取得的收入,包括纳税人来源于中国境内、境外的生产经营收入和其他收入。

收入确认金额即收入计量,是在收入确认的基础上解决金额多少的问题。商品销售收入的金额一般应根据企业与购货方签订的合同或协议的金额确定,无合同或协议的,应按购销双方都同意或都能接受的价格确定;提供劳务的总收入,一般应按照企业与接受劳务方签订的合同或协议的金额确定,如果根据实际情况需要增加或减少交易总金额,企业应及时调整合同总收入;让渡资产使用权中的金融企业利息收入应根据合同或协议规定的存、贷款利息确定;使用费收入应按企业与其资产使用者签订的合同或协议确定。

收入确认金额的纳税筹划,原则就是在保证收入总体不受大影响的前提下,合理运用各种收入抵免因素,尽可能减少本期需要确认的收入金额。收入计量中存在各项抵免因素,如商业折扣、销售折让、销售退回以及出口商品销售中的外国运费、装卸费、保险费、佣金等,应在实际发生时冲减销售收入;销售中的现金折扣应在实际发生时计入当期财务费用,也就等于抵减了销售收入。这些抵免因素都减少了应纳税所得额,也就相应地减少了企业所得税。

【例 4-3】 甲商场为增值税一般纳税人,10 月向乙公司赊购一批商品,取得增值税专用发票,发票上注明价款 60 000 元,增值税额 7 800 元。乙公司为提前收回货款,与甲公司约定现金折扣条件为"2/30,n/60",现金折扣只限价款,不包括税金。甲公司与此采购业务相关的收入为 80 000 元。以上价格均不含增值税,该商品适用的增值税税率为 13%,城市维护建设税税率为 7%,教育费附加征收率为 3%。

要求:请对上述业务进行纳税筹划。

【筹划分析】 由于现金折扣发生在销货之后,是一种融资性质的理财费用,所以折扣额不得从销售额中扣除,而需按全额计征增值税。销售商品涉及现金折扣的,应当按扣除现金折扣前的金额确定销售商品收入金额,现金折扣在实际发生时冲减财务费用。

【筹划方案】

方案一:不享受现金折扣。

应纳增值税税额 = 80 000 × 13% − 60 000 × 13% = 2 600(元)

应纳城建税及教育费附加金额 = 2 600 × (7% + 3%) = 260(元)

应纳企业所得税税额 = (80 000 − 60 000 − 260) × 25% = 4 935(元)

净利润 = 80 000 − 60 000 − 260 − 4 935 = 14 805(元)

方案二:享受现金折扣。

应纳增值税税额=80 000×13%-60 000×13%=2 600(元)
应纳城建税及教育费附加金额=2 600×(7%+3%)=260(元)
应纳企业所得税税额=[80 000-(60 000-60 000×2%)-260]×25%=5 235(元)
净利润=80 000-(60 000-60 000×2%)-260-5 235=15 705(元)

方案二比方案一多缴纳企业所得税300元(5 235-4 935),但多获取净利润900元(15 705-14 805),因此应选择方案二。当然,在实际运用中,还要考虑企业是否有能力提前偿还货款,如果没有能力需要借款偿还,则需要进一步考虑现金折扣的折扣率与借款利率的差异,如果折扣率大于借款利率,仍选择享受现金折扣,否则不应享受。

(二)收入确认时点的纳税筹划

推迟应税收入的实现时间可以延迟纳税,延迟缴纳的税款相当于使用国家的一笔无息贷款。纳税人通过对销售结算方式的选择,控制收入确认的时间,可以合理归属所得年度,达到减税或延缓纳税的目的,进而降低税负。

【例4-4】 飞远企业为增值税一般纳税人,2020年10月发生六笔销售业务,共计应收货款3 500万元。其中,有五笔货款共计2 500万元,本月15日内货款两清;另一笔1 000万元的款项,双方可以协商半年后付500万元,一年后再付500万元。以上金额均含增值税。假定该企业当月可抵扣的增值税进项税额为250万元,毛利率为15%,企业所得税税率为25%。

要求:请对上述业务进行纳税筹划。

【筹划分析】 销售商品结算方式不同,收入的确认时点也不同。以分期收款方式销售货物的,按照合同约定的收款日期确认收入的实现。

【筹划方案】

方案一:企业对所有的货款均采取直接收款方式销售。

当月应缴纳的增值税税额=3 500÷(1+13%)×13%-250=152.65(万元)

当月应缴纳的企业所得税税额=3 500÷(1+13%)×15%×25%=116.15(万元)

方案二:企业对未能及时收取的货款采取分期收款方式。

当月应缴纳的增值税税额=2 500÷(1+13%)×13%-250=37.61(万元)

当月应缴纳的企业所得税税额=2 500÷(1+13%)×15%×25%=82.96(万元)

由于收入确认时点不同,方案二比方案一少垫付增值税115.04万元,少垫付企业所得税33.19万元。因此,纳税人在不能及时收到货款的情况下,采取分期收款方式结算资金,可实现递延纳税。

二、扣除项目的纳税筹划

企业所得税的计税依据是在收入总额中减除准予扣除的项目后的余额,体现了所得的纯收益性。在纳税年度收入总额一定的情况下，尽可能增大成本、费用、损失等扣除项目，通过事前筹划，合法地促使扣除金额最大化，以减少计税所得。成本、费用筹划，一方面要增大扣除的金额，另一方面要合理地安排扣除归属期。

(一) 期间费用的筹划

企业生产经营中的期间费用包括销售费用、管理费用、财务费用，这些费用直接影响着企业的应纳税所得额。结合会计核算的费用项目划分需要，一般将费用项目分为三类：税法有扣除标准的费用项目、税法没有扣除标准的费用项目、税法给予优惠的费用项目。

1. 有扣除标准的费用项目

税法有扣除标准的费用项目包括职工福利费、职工教育经费、工会经费、业务招待费、广告费和业务宣传费、公益性捐赠支出、利息支出等。这类费用的筹划思路一般为：

(1) 原则上遵照税法的规定进行会计核算扣除，避免因纳税调整而增加企业税负。

(2) 合理区分不同费用项目的核算范围，使税法允许扣除的费用标准得以充分抵扣。

(3) 注意费用的合理转化，将有扣除标准的费用通过会计处理转化为没有扣除标准的费用，加大扣除项目总额。

【例 4-5】 飞天集团本年预计取得销售收入 1 亿元，本年业务招待费预计为 50 万元—200 万元。

要求：请对上述业务进行纳税筹划。

【筹划分析】 企业发生的与生产经营活动有关的业务招待费支出，按照发生额的 60% 扣除，但最高不得超过当年销售收入的 5‰。

【筹划方案】 假定企业年销售收入为 X，年业务招待费为 Y，则：

$$Y \times 60\% = X \times 5‰$$

可以推算出：

$$Y = X \times 0.833‰ = 10\,000 \times 0.833‰ = 83.3(万元)$$

也就是说，业务招待费支出的最佳状态是 83.3 万元，此时企业才能充分利用上述政策；当业务招待费大于 83.3 万元时，企业要承受更高的税负；当业务招待费小于 83.3 万元时，企业未能充分利用业务招待费的扣除政策，如表 4-2 所示。

表 4-2　　　　　　　　　四种方案下各项目的比较　　　　　　　　　单位：万元

项目	方案			
	方案一	方案二	方案三	方案四
业务招待费	50	83.3	100	200
业务招待费的 60%	50×60%=30	83.3×60%=50	100×60%=60	200×60%=120
销售收入的 5‰	50	50	50	50

(续表)

项目	方案			
	方案一	方案二	方案三	方案四
税法扣除金额	30	50	50	50
纳税调整增加额	20	33.3	50	150
企业所得税增加额	20×25%=5	33.3×25%=8.33	50×25%=12.5	150×25%=37.5
企业所得税增加额/业务招待费	10%	10%	12.5%	18.75%

方案一：如果企业实际发生的业务招待费为50万元＜83.3万元，即小于销售收入的0.833%，则可税前扣除的业务招待费为30万元，纳税调增20万元，增加缴纳的企业所得税为5万元，即实际消费50万元要支付的代价为55万元(50+5)。将实际消费换算成100万元，则要付出110万元的代价。

方案二：如果企业实际发生的业务招待费为83.3万元，即等于销售收入的0.833%，则可税前扣除的业务招待费为50万元，纳税调增33.3万元，增加缴纳的企业所得税为8.33万元，即实际消费83.3万元要支付的代价为91.63万元(83.3+8.33)。将实际消费换算成100万元，则要付出110万元的代价。

方案三：如果企业实际发生的业务招待费为100万元＞83.3万元，即大于销售收入的0.833%，则可税前扣除的业务招待费为50万元，纳税调增50万元，增加缴纳的企业所得税为12.5万元，即实际消费100万元要支付的代价为112.5万元(100+12.5)。

方案四：如果企业实际发生的业务招待费为200万元＞83.3万元，即大于销售收入的0.833%，则可税前扣除的业务招待费为50万元，纳税调增150万元，增加缴纳的企业所得税为37.5万元，即实际消费200万元要支付的代价为237.5万元(200+37.5)。将实际消费换算成100万元，则要付出118.75万元的代价。

因此，当销售收入为1亿元时，业务招待费支出的最佳水平是83.3万元，其次是低于83.3万元。若高于83.3万元，则超过83.3万元的部分要承受更高的税负，因此应该选择方案二。

【例4-6】 昌海公司2020年会计利润总额为1 000万元，该企业为提高产品知名度，树立良好的社会形象，决定向当地贫困地区(非目标脱贫地区)捐赠300万元，企业所得税税率为25%，假定没有其他企业所得税纳税调整项目。

要求：请对上述业务进行纳税筹划。

【筹划分析】 企业直接向受赠人的捐赠不允许在企业所得税税前扣除。企业通过公益性社会组织或者县级(含县级)以上人民政府及其组成部门和直属机构，用于慈善活动、公益事业的捐赠支出,在年度利润总额12%以内的部分,准予在计算应纳税所得额时扣除;超过年度利润总额12%的部分,准予结转以后三年内在计算应纳税所得额时扣除。

【筹划方案】

方案一:直接捐赠300万元。此时,300万元捐赠额不能在企业所得税税前扣除,需要进行纳税调整。

应纳企业所得税税额=(1 000+300)×25%=325(万元)

方案二:通过公益性社会组织或者县级(含县级)以上人民政府及其组成部门和直属机构捐赠300万元给贫困地区。

本年可税前扣除的公益性捐赠支出金额=1 000×12%=120(万元)

调增应纳税所得额=300-120=180(万元)

应纳企业所得税税额=(1 000+180)×25%=295(万元)

方案二比方案一少缴纳企业所得税30万元(325-295),因此应当选择方案二。

税法对于不同对象、不同途径、不同形式的捐赠规定了不同的处理方法,为企业进行纳税筹划提供了空间。所以,企业应在符合税法规定的情况下,充分利用捐赠政策,分析不同捐赠方式的税收负担,做出符合企业税收利益的最佳选择。

2. 没有扣除标准的费用项目

税法没有扣除标准的费用项目包括劳动保护费、办公费、差旅费、董事会费、咨询费、诉讼费、租赁及物业费、车辆使用费、长期待摊费用摊销、房产税、车船税、土地使用税、印花税等。这类费用的筹划思路一般为:

(1)正确设置费用项目,合理加大费用开支。

(2)选择合理的费用分摊方法。对无形资产、长期待摊费用等涉及资产、费用的摊销金额扣除项目时,要视纳税人不同时期的盈亏情况综合考虑:在盈利年度,应选择使费用尽快得到分摊的方法,使其抵税作用尽早发挥,延迟纳税;在亏损年度,应选择使费用尽可能摊入亏损并能全部得到税前弥补,最大限度利用费用分摊的抵税效应;在享受税收优惠的年度,应选择能使减免税年度摊销额最小、正常年度摊销额最大的摊销方法。

3. 给予优惠的费用项目

税法给予优惠的费用项目包括研发费用等,应充分利用税收优惠政策。此部分的筹划应用将在税收优惠部分具体阐述。

(二) 存货计价方法选择的纳税筹划

采用不同的存货计价方法,在一定的纳税年度所计算出来的存货成本是不同的,而存货成本的不同会影响企业的应纳税所得额,进而影响企业所得税税负。存货计价方法的选择应以最充分或最快地发挥成本费用的抵税效应为标准。在不同期间,企业应选择不同的存货计价方法,以达到降低企业所得税税负的目的。

(1) 免税期间。由于减免税期间成本费用的抵税效应会部分或全部地被减免税优惠抵消,因此,企业应选择在减免税期间成本费用少而在非减免税期间成本费用多的存货计价方法。

(2) 非减免税且盈利期间。由于存货成本能从应纳税所得额中扣除,因此,为了使得存货成本的抵税效应能够完全发挥,应选择前期存货成本较大、后期存货成本较小的计价方法。具体来说,在通货膨胀时期,可选择加权平均法;在通货紧缩时期,可选择先进先出法。

(3) 亏损期间。存货计价方法的选择应与企业的亏损弥补情况相结合,使不能得到或不能完全得到税前弥补的亏损年度的成本费用降低,保证成本费用的抵税效应得到最大限度的发挥。

【例 4-7】 伟和企业 2020 年先后购进 5 批货物,并在该年度销售了 10 000 件产品,市场不含税售价为 50 元/件。除了原材料支出外,其他相关支出为 10 元/件。假定企业所得税税率为 25%,存货期初无库存,无纳税调整事项。伟和企业 2020 年进货情况如表 4-3 所示。

表 4-3   2020 年伟和企业进货情况统计表   单位:元

日期	数量(件)	单价	金额
2月10日	6 000	20	120 000
5月12日	5 000	21	105 000
8月2日	2 000	19	38 000
10月7日	1 000	20	20 000
11月5日	3 000	22	66 000
合计	17 000	—	349 000

要求:请对上述业务进行存货计价的纳税筹划。

【筹划分析】 不同的存货计价方法对企业所得税的影响是不一样的,常见的计价方法有先进先出法、一次加权平均法、移动加权平均法、个别计价法。针对此案例分别对先进先出法和一次加权平均法进行纳税筹划分析。

【筹划方案】

方案一:采用先进先出法。

原材料成本 $= 6\,000 \times 20 + 4\,000 \times 21 = 204\,000$(元)

其他开支 $= 10\,000 \times 10 = 100\,000$(元)

销售收入 $= 10\,000 \times 50 = 500\,000$(元)

利润总额 $= 500\,000 - (204\,000 + 100\,000) = 196\,000$(元)

应纳企业所得税税额 $= 196\,000 \times 25\% = 49\,000$(元)

方案二:采用一次加权平均法。

单价=349 000÷17 000=20.53(元/件)

原材料成本=10 000×20.53=205 300(元)

其他开支=10 000×10=100 000(元)

销售收入=10 000×50=500 000(元)

利润总额=500 000-(205 300+100 000)=194 700(元)

应纳企业所得税税额=194 700×25%=48 675(元)

企业选用一次加权平均法核算发出的原材料成本,可节约企业所得税 325 元(49 000-48 675)。因此,用加权平均法作为原材料等存货的计价方法,可以增加当期产品销售成本,有利于盈利期企业降低企业所得税税负。需要指出的是,当企业处于免税期和初创的亏损期时,加大产品成本扣除并不利于以后期间企业所得税税负的降低。

(三) 固定资产的纳税筹划

1. 固定资产折旧计提方法的纳税筹划

固定资产折旧是影响企业应纳税所得额的重要因素。固定资产的纳税筹划,主要是针对折旧的筹划。而固定资产折旧金额的大小,主要取决于四大因素:应计提折旧总额、折旧年限、折旧方法以及净残值。计提折旧时应充分考虑这四种因素的影响,选择相应的折旧方法。

固定资产的折旧计提方法分为一般折旧法和加速折旧法,一般折旧方法主要有年限平均法和工作量法,加速折旧方法有年数总和法和双倍余额递减法。对于固定资产折旧计提方法的纳税筹划思路一般为:

(1) 在具备采取固定资产加速折旧条件的情况下,企业应当尽量选择固定资产的加速折旧,具体方法的选择可以根据企业实际情况在法律允许的方法中任选一种。一般来说,在税率不变的情况下,选择加速折旧法可以使企业获得延期纳税的好处,初期较大的折旧额会使企业初期缴纳所得税降低,相当于获得了一笔无息贷款。采用加速折旧法计提折旧的节税效果较采用直线法明显,尤其是采用双倍余额递减法节税在通货膨胀的环境下更为有效。

(2) 如果企业当前适用的税率较低或者正处于免税期,该企业就不宜选择加速折旧,而应当在税率较高的期间扣除较多折旧,在税率较低期间扣除较少折旧。

【例 4-8】 甲机械制造厂新购进一台大型机器设备,原值为 400 000 元,预计残值率为 3%,经税务机关核定,该设备的折旧年限为 5 年。假设在提取折旧之前,该厂每年的税前利润均为 1 077 600 元,无纳税调整事项,企业所得税税率为 25%。

要求:请比较各种不同折旧方法的异同,并提出纳税筹划方案。

【筹划分析】《企业所得税法》规定,可以采取缩短折旧年限或者采取加速折旧方法的固定资产,包括由于技术进步,产品更新换代较快的固定资产;常年处于强震动、高腐蚀状态的固定资产。

企业采取缩短折旧年限方法的,对其购置的新固定资产,最低折旧年限不得低于《中华人民共和国企业所得税法实施条例》第60条规定的折旧年限的60%;若为购置已使用过的固定资产,其最低折旧年限不得低于《中华人民共和国企业所得税法实施条例》规定的最低折旧年限减去已使用年限后剩余年限的60%。最低折旧年限一经确定,一般不得变更。

【筹划方案】

方案一:年限平均法。

预计净残值 = 400 000 × 3% = 12 000(元)

每年折旧额 = (400 000 − 12 000) ÷ 5 = 77 600(元)

方案二:缩短折旧年限。

该设备最短的折旧年限为正常折旧年限的60%,即3年。

预计净残值 = 400 000 × 3% = 12 000(元)

每年折旧额 = (400 000 − 12 000) ÷ 3 ≈ 129 333(元)

方案三:双倍余额递减法。

年折旧率 = (2 ÷ 5) × 100% = 40%

采用双倍余额递减法,每年提取折旧额如表4-4所示。

表4-4　　　　　　　双倍余额递减法下每年提取折旧额　　　　　　单位:元

年份	年折旧额	账面净值
第1年	160 000(400 000×40%)	240 000
第2年	96 000(240 000×40%)	144 000
第3年	57 600(144 000×40%)	86 400
第4年	37 200[(86 400−400 000×3%)÷2]	49 200
第5年	37 200	12 000

方案四:年数总和法。

采用年数总和法,每年提取折旧额如表4-5所示。

表4-5　　　　　　　年数总和法下每年提取折旧额　　　　　　单位:元

年份	年折旧额	账面净值
第1年	129 333(388 000×5÷15)	270 667
第2年	103 467(388 000×4÷15)	167 200
第3年	77 600(388 000×3÷15)	86 400
第4年	51 733(388 000×2÷15)	49 200
第5年	25 867(388 000×1÷15)	12 000

采用不同折旧方法计算出的折旧额和所得额如表 4-6 所示。

表 4-6　　　　　　　　　　不同折旧方法的比较　　　　　　　　　　单位：元

年份	年限平均法			缩短折旧年限法			双倍余额递减法			年数总和法		
	折旧额	税前利润	所得税额	折旧额	税前利润	所得税额	折旧额	税前利润	所得税额	折旧额	税前利润	所得税额
1	77 600	1 000 000	250 000	129 333	948 276	237 066.75	160 000	917 600	229 400	129 333	948 267	237 066.75
2	77 600	1 000 000	250 000	129 333	948 276	237 066.75	96 000	981 600	245 400	103 467	974 133	243 533.25
3	77 600	1 000 000	250 000	129 333	948 276	237 066.75	57 600	1 020 000	255 000	77 600	1 000 000	250 000
4	77 600	1 000 000	250 000	0	1 077 600	269 400	37 200	1 040 400	260 100	51 733	1 025 867	256 466.75
5	77 600	1 000 000	250 000	0	1 077 600	269 400	37 200	1 040 400	260 100	25 867	1 051 733	262 933.25
合计	388 000	5 000 000	1 250 000	388 000	5 000 000	1 250 000	388 000	5 000 000	1 250 000	388 000	5 000 000	1 250 000

根据上述分析，前两年，采用双倍余额递减法提取折旧所获得的税收利益最大，其次是年数总和法和缩短折旧年限，最次的是直线法。如果不考虑贴现问题，无论采用哪种折旧提取方法，对于某一特定固定资产而言，该厂所提取的折旧总额是相同的，同一固定资产所抵扣的应税所得额并由此所抵扣的所得税额也是相同的，所不同的只是该厂在固定资产使用年限内每年所抵扣的应税所得额是不同的，由此导致每年所抵扣的所得税额也是不同的。

当然，如果该厂前两年享受免税政策，以后年度按照 25% 的税率缴纳企业所得税。那么最优的方法是年限平均法，其次是年数总和法，再次为双倍余额递减法，最次为缩短折旧年限。企业在选择时要综合考虑多方面因素。

2. 固定资产修理费用的纳税筹划

固定资产的修理费用是企业生产经营过程中经常发生的费用，根据修理程度的不同，企业所得税法规定了不同的扣除政策。根据《企业所得税法》的规定，固定资产的大修理支出应当作为长期待摊费用，按照固定资产尚可使用年限分期摊销扣除。固定资产的大修理支出有两个标准：①修理支出达到取得固定资产时的计税基础 50% 以上。②修理后固定资产的使用年限延长 2 年以上。

如果企业处于正常生产经营状况下，在当期直接扣除修理支出对企业更有利。如果企业的固定资产修理支出达到了大修理支出的标准，可以通过采取多次修理的方式来获得当期扣除修理费用的税收待遇。

【例 4-9】 昌辉公司 2020 年 10 月起对一条生产线进行大修理，12 月完工，该生产线原价及计税基础均为 8 000 万元，使用年限为 8 年，已使用 6 年。发生修理费用 4 100 万元，其中，购买大修理用的零件等费用为 2 300 万元，更换一台设备价值 1 000 万元，发生人工费用等其他费用 800 万元。修理后生产线的使用寿命可延长 3 年,假定当年实现利润 6 000 万元,不考虑其他纳税调整事项。

要求:请计算该公司应当如何进行摊销,并提出纳税筹划方案。

【筹划分析】 固定资产的大修理支出应当作为长期待摊费用,按照固定资产尚可使用年限分期摊销扣除。

【筹划方案】

方案一:设备在当年更换。

大修理支出占固定资产计税基础的比率 =(4 100÷8 000)×100% =51.25%

修理支出超过了取得固定资产时计税基础的 50%;且修理后固定资产的使用寿命延长 2 年以上,属于大修理支出。按照企业的会计政策,修理费用在 5 年内摊销,则:

当年税前可摊销金额 =4 100÷5 =820(万元)

当年应纳企业所得税税额 =(6 000 -820)×25% =1 295(万元)

方案二:设备不在此次更换,而在 2021 年度更换且不影响生产经营。则修理支出降为 3 100 万元(4 100 -1 000)。

大修理支出占固定资产计税基础的比率 =(3 100÷8 000)×100% =38.75%

修理支出未超过取得固定资产时计税基础的 50%,不符合税法规定的大修理支出条件。所以,该项修理支出 3 100 万元可在当期税前扣除。

当年应纳企业所得税税额 =(6 000 -3 100)×25% =725(万元)

2020 年,方案二比方案一少缴纳企业所得税 570 万元(1 295 -725),应该选择方案二。

(四)无形资产摊销的纳税筹划

根据规定,企业取得无形资产的途径和摊销方法不同,企业每期的摊销就会有差别,从而影响当期的应纳税所得额。筹划思路如下:

1. 自主研发比外购的无形资产对所得税的节税更有利

首先,自主研发分为研究阶段和开发阶段,根据会计准则,研究阶段的费用支出可以完全费用化,并享受 100% 的加计扣除,可以计入当期损益;开发阶段的费用支出资本化,相关摊销也可按 200% 摊销。在这个过程中,企业一定程度上可以自主选择费用支出的资本化时点,而且是否形成无形资产,现实经济生活中也是由企业自己确定的,这为合理筹划留下了可能。

2. 无形资产保有期间,其摊销金额的大小,直接影响着企业当期应纳税所得额

摊销额的决定性因素,包括无形资产的计税基础、摊销年限及摊销方法。税法对无形资产的摊销期限赋予了一定的选择空间。正常经营的企业,无形资产的摊销年限越短,无形资产成本的回收速度越快,这样可以避免企业未来的不确定性风险,还可以使企业后期

的成本费用提前扣除，获得延期纳税的筹划利益。

三、亏损弥补的纳税筹划

亏损弥补政策是我国企业所得税中的一项重要优惠措施，是国家为了扶持纳税人发展，从政策上帮助纳税人渡过难关的一项优惠措施。企业要充分利用亏损弥补政策，以取得最大的节税利益。

(1) 加强亏损年度后的经营管理。企业出现亏损后，就必须重点抓生产经营及投资业务，降低亏损年度后5年内投资和经营的风险性，以相对安全的投资为主，确保亏损在规定的5年内得到全额弥补。

(2) 延长高新技术企业和中小型科技公司资格。如果以前年度亏损比较大，预计5年内不能将亏损弥补完，应该尽量创造条件，取得高新技术资格和科技型中小企业资格，可以将取得资格之前5个年度发生亏损的弥补时间延长至10年。

(3) 利用企业合并、汇总纳税等政策消化亏损。汇总纳税的成员企业发生亏损的，可直接并入集团总公司的所得额，抵减总公司当期的应纳税所得额。企业合并满足特殊性税务处理条件的，被合并企业不再具有独立纳税人资格的，其被合并前尚未弥补的亏损，可由合并企业用以后年度盈利进行弥补。需要注意的是，符合特殊性税务处理条件的企业合并，在被合并方剩余亏损弥补期内，可由合并企业弥补的被合并企业亏损的限额等于被合并企业净资产公允价值乘以截至合并业务发生当年年末国家发行的最长期限的国债利率。所以，如果企业处于高盈利的扩张发展期，可兼并同行的亏损企业，既可以实现业务扩张，又可以减少企业所得税应纳税所得额。

(4) 选择非免税投资收益的分回时间进行亏损弥补期的筹划。企业发生亏损后，可与被投资方协商股息、红利的分配时间，尽可能在亏损后5年内分回，这样可以使亏损在5年内得到弥补，实现节税利益。

【例4-10】甲公司2015年至2019年的应纳税所得额分别为：-300万元、80万元、40万元、30万元、50万元。假设2020年甲公司实现应纳税所得额60万元，同时，甲公司还有一个销售意向，打算于2021年1月1日实现销售，预计销售利润为40万元，此外，2021年还可获取利润30万元。甲公司不符合小型微利企业资产规模的条件，且没有其他企业所得税纳税调整项目。

要求：请对上述业务进行纳税筹划。

【筹划分析】企业纳税年度发生的亏损，准予向以后年度结转，用以后年度的所得弥补，但结转年限最长不得超过5年。弥补亏损期限，是指纳税人某一纳税年度发生亏损，准予用以后年度的应纳税所得弥补，一年弥补不足的，可以逐年连续弥补，弥补期最长不得超过5年，5年内不论是盈利还是亏损，都作为实际弥补年限计算。

【筹划方案】

方案一：将销售利润为40万元的业务在2021年1月实现并确认收入和利润。

$-300+80+40+30+50+60=-40$（万元）

也就是说，2020年实现的应纳税所得额60万元全部用于弥补亏损后，还有40万元的未弥补亏损。由于2021年已超过5年期亏损弥补时限，因此，该40万元的未弥补亏损在2021年不能继续弥补，则：

2021年应纳企业所得税税额 $=(40+30)\times 25\%=70\times 25\%=17.5$（万元）

方案二：在2020年12月31日前，通过合理的手段使销售利润为40万元的业务得以实现，进而确认收入和利润。则2020年的应纳税所得额为100万元。

$-300+80+40+30+50+(60+40)=0$

也就是说，5年内300万元的亏损全部被盈利弥补完，由于该笔销售利润为40万元的业务在2020年确认，因此，2021年不必针对该笔业务缴纳企业所得税，则：

2021年应纳企业所得税税额 $=30\times 25\%=7.5$（万元）

方案二比方案一2021年少缴纳企业所得税10万元（17.5－7.5），因此应当选择方案二。

弥补以前年度亏损的年限是5年，若存在5年内亏损未弥补完的情况，则会加重企业所得税税负。因此，企业应尽量将弥补时限以外的所得在弥补期限内实现。具体可以通过与购货方议定合适的结算方式，或通过促销方式来增加亏损弥补期应确认的收入，最大限度地使亏损在弥补期内被弥补完，避免不必要的损失。

第三节 企业所得税税率的纳税筹划

企业所得税税率高低直接影响企业所得税应纳税额。我国现行企业所得税税率主要有：①基本税率25%。适用于居民企业和在中国境内设立机构、场所且取得的所得与其所设机构、场所有实际联系的非居民企业。②符合条件的小型微利企业，减按20%的税率征收企业所得税。③国家重点扶持的高新技术企业，减按15%的税率征收企业所得税。④在中国境内未设立机构、场所，或者虽设立机构、场所但取得的所得与其所设机构、场所没有实际联系的非居民企业，应当就其来源于中国境内的所得缴纳企业所得税，适用税率为20%，但实际征税时减按10%征收。

企业在进行税率纳税筹划时，可以创造条件设立高新技术企业，享受15%的低税率。而对于经营规模较小、盈利水平一般的企业，可通过增加成本、费用支出或实际资产损失，将企业所得税应纳税所得额控制在一定范围之内，满足小型微利企业的条件，适用20%

的优惠税率。目前,使用地域性税收洼地的优惠政策、寻找税收奖励天堂是使用频率较高的纳税筹划方法。

而对于非居民企业,能选择不在中国设立机构、场所的,就不设立;即使设立机构、场所,取得来源于中国境内的所得尽量不与该机构、场所发生联系,这样可以享受10%的预提所得税税率优惠。

一、利用小型微利企业低税率的纳税筹划

小型微利企业是指从事国家非限制和禁止行业,且同时符合年度应纳税所得额不超过300万元、从业人数不超过300人、资产总额不超过5 000万元等3个条件的企业。

对于符合条件的小型微利企业,如果连续几年的应纳税所得额在100万元上下波动较大时,可以通过调整各年度的应纳税所得额,使其尽量均衡实现,以充分利用小型微利企业的税收优惠政策,降低企业所得税税负。

若企业年应纳税所得额超过100万元,可将大企业分立为两个或者两个以上的小企业,以享受年应纳税所得额不超过100万元的企业所得税税收优惠政策。

【例4-11】 长城公司资产总额为2 000万元,从业人数为100人。预计2021年、2022年实现的应纳税所得额分别为120万元、70万元。

要求:请对上述业务进行纳税筹划。

【筹划分析】 自2021年1月1日至2022年12月31日,小型微利企业无论是采取查账征收方式还是核定征收方式缴纳企业所得税,对年应纳税所得额不超过100万元的部分,减按12.5%计入应纳税所得额,按20%的税率缴纳企业所得税;对年应纳税所得额超过100万元但不超过300万元的部分,减按50%计入应纳税所得额,按20%的税率缴纳企业所得税。

【筹划方案】

方案一:2021年、2022年实现的应纳税所得额分别为120万元、70万元。

2021年应纳企业所得税税额$=100\times12.5\%\times20\%+(120-100)\times50\%\times20\%=4.5$(万元)

2022年应纳企业所得税税额$=70\times12.5\%\times20\%=1.75$(万元)

2021年和2022年应纳企业所得税合计$=4.5+1.75=6.25$(万元)

方案二:通过努力将2021年超过100万的20万元应纳税所得额延迟至2022年实现,这样2021年、2022年实现的应纳税所得额分别为100万元、90万元。

2021年应纳企业所得税税额$=100\times12.5\%\times20\%=2.5$(万元)

2022年应纳企业所得税税额$=90\times12.5\%\times20\%=2.25$(万元)

2021年和2022年应纳企业所得税合计$=2.5+2.25=4.75$(万元)

方案二比方案一少缴纳企业所得税1.5万元(6.25－4.75),因此应当选择方案二。

实务中,绝对平均各年度的应纳税所得额较难实现,企业可以相对均衡实现各年度的应纳税所得额,以降低企业所得税税负。

【例4-12】 天驰公司为一家商业企业,共有两个相对独立的门市部,预计本年利润总额为180万元,且没有企业所得税纳税调整项目,即利润总额正好等于应纳税所得额。这两个门市部的利润总额以及相应的应纳税所得额都为90万元,从业人数均少于300人,资产总额均低于3 000万元。

要求:请对上述业务进行纳税筹划。

【筹划分析】 参照[例4-11]的筹划分析。

【筹划方案】

方案一:维持原状。

应纳企业所得税税额=100×12.5%×20%＋(180－100)×50%×20%
=10.5(万元)

方案二:将天驰公司按照门市部分立为两个独立的公司A和B。

A公司应纳企业所得税税额=90×12.5%×20%=2.25(万元)

B公司应纳企业所得税税额=90×12.5%×20%=2.25(万元)

天驰公司应纳企业所得税总额=2.25＋2.25=4.5(万元)

方案二比方案一少缴纳企业所得税6万元(10.5－4.5),因此应当选择方案二。

将大企业分立为两个或者两个以上的小企业,必然要耗费一定的成本,还有可能影响正常的经营,而且不利于今后企业规模的扩大,因此需权衡利弊。

二、创造条件成为国家重点扶持的高新技术企业的纳税筹划

高新技术企业,是指在《国家重点支持的高新技术领域》的范围内持续进行研究开发与技术成果转化,形成企业核心自主知识产权,并以此为基础开展经营活动,在中国境内(不包括港、澳、台地区)注册的居民企业。认定为高新技术企业须同时满足以下八个条件。

(1) 企业申请认定时须注册成立1年以上。

(2) 企业通过自主研发、受让、受赠、并购等方式,获得对其主要产品(服务)在技术上发挥核心支持作用的知识产权的所有权。

(3) 对企业主要产品(服务)发挥核心支持作用的技术属于《国家重点支持的高新技术领域》规定的范围。

(4) 企业从事研发和相关技术创新活动的科技人员占企业当年职工总数的比例不低于10%。

(5) 企业近3个会计年度(实际经营期不满三年的按实际经营时间计算,下同)的研究开发费用总额占同期销售收入总额的比例符合如下要求:①最近1年销售收入小于5 000万元(含)的企业,比例不低于5%。②最近1年销售收入在5 000万元至2亿元(含)的企业,比例不低于4%。③最近1年销售收入在2亿元以上的企业,比例不低于3%。其中,企业在中国境内发生的研究开发费用总额占全部研究开发费用总额的比例不低于60%。

(6) 近1年高新技术产品(服务)收入占企业同期总收入的比例不低于60%。

(7) 企业创新能力评价应达到相应要求。

(8) 企业申请认定前1年内未发生重大安全、重大质量事故或严重环境违法行为。

【例4-13】 甲公司职工总数为100人,本年具备国家需要重点扶持的高新技术企业认定的八个条件中的七个条件,只有第四个条件未满足,即从事研发和相关技术创新活动的科技人员9人,占企业当年职工总数不足10%。甲公司本年预计应纳税所得额为800万元。

要求:请对上述业务进行纳税筹划。

【筹划分析】 国家需要重点扶持的高新技术企业减按15%的税率征收企业所得税。

【筹划方案】 国家需要重点扶持的高新技术企业需同时满足八个条件。当企业满足其中部分条件时,可以通过努力满足全部条件,以便成为国家需要重点扶持的高新技术企业,从而获取税收上的优惠。

方案一:从事研发和相关技术创新活动的科技人员为9人。9÷100=9%<10%,从事研发和相关技术创新活动的科技人员占企业当年职工总数的比例不足10%,则不能申请认定成为高新技术企业,适用的企业所得税税率为25%。

应纳企业所得税税额=800×25%=200(万元)

方案二:通过招聘增加1名从事研发和相关技术创新活动的科技人员,使得从事研发和相关技术创新活动的科技人员增加至10人。10÷100=10%,从事研发和相关技术创新活动的科技人员占企业当年职工总数比例不低于10%,可申请认定成为高新技术企业,适用的企业所得税税率为15%。

应纳企业所得税税额=800×15%=120(万元)

方案二比方案一少缴纳企业所得税80万元(200-120),因此应当选择方案二。

案例解析

在中国境内未设立机构、场所的非居民企业取得的来源于中国境内的所得,以及在中国境内虽设立机构场所但取得的所得与其在中国境内所设机构、场所没有实际联系的所得,适用税率为20%,现减按10%的税率征收企业所得税。

方案一:在中国境内设立实际管理机构。由于该公司在中国境内设立实际管理机构,因此应被认定为居民企业,适用25%的企业所得税税率。

应纳企业所得税税额 =(1 300－300)×25% = 250(万元)

方案二:在中国境内不设立实际管理机构,但设立营业机构,销售收入由营业机构取得。该公司在中国境内设立营业机构,且取得的收入与其所设机构、场所有实际联系,同样适用25%的企业所得税税率。

应纳企业所得税税额 =(1 300－300)×25% = 250(万元)

方案三:在中国境内既不设立实际管理机构,也不设立营业机构。该公司在中国境内既不设立实际管理机构,也不设立营业机构,属于中国的非居民企业,其来源于中国境内的收入只需按10%的税率缴纳预提所得税。这种情况下,300万元的成本费用一般不允许税前列支。

预提企业所得税税额 = 1 300×10% = 130(万元)

根据上述分析,方案三比方案一、方案二少缴纳企业所得税120万元(250－130),因此应当选择方案三。

第四节 企业所得税税收优惠政策的纳税筹划

一、投资产业的纳税筹划

企业或者个人进行投资,首先需要选择的就是投资的产业。投资产业的选择需要考虑众多因素,仅就税收因素而言,国家对于不同产业的政策并不是一视同仁的,而是有所偏爱的。有些产业是国家重点扶持的,而有些产业则是国家限制发展甚至禁止发展的。国家对产业进行扶持或限制的主要手段之一就是税收政策。

目前,国家通过减免所得税的方式来扶持的产业主要包括以下几个方面:

(1)高新技术产业。根据现行企业所得税政策,国家需要重点扶持的高新技术企业,减按15%的税率征收企业所得税。

(2)农、林、牧、渔业。企业投资于农、林、牧、渔业项目的所得,可以免征、减征企业所得税。投资于基础农业如蔬菜、谷物、薯类、油料、豆类、棉花、麻类、糖料、水果、坚果的种植,牲畜、家禽的饲养,农作物新品种的选育等可以享受免征企业所得税待遇。投资于高收益的农、林、牧、渔业项目,如花卉、茶和其他饮料作物、香料作物的种植以及海水养殖、内陆养殖等可以减半征收企业所得税。

(3)软件生产企业和集成电路生产企业。符合条件的软件生产企业和集成电路生产企业可享受相应的减免税政策。

(4) 创业投资企业。创业投资企业采取股权投资方式投资于未上市的中小高新技术企业2年以上的,可以按照其投资额的70%在股权持有满2年的当年抵扣该创业投资企业的应纳税所得额;当年不足抵扣的,可以在以后纳税年度结转抵扣。

【例4-14】 甲农场本年计划在种植蔬菜以外增加种植项目,经过考察,最终决定在种植棉花和种植茶叶之中选择一个。假设种植棉花或种植茶叶均能实现利润600万元,且没有企业所得税纳税调整项目。

要求:请对上述业务进行纳税筹划。

【筹划分析】 企业从事农、林、牧、渔业项目的所得,包括免征和减征两部分。

(1) 企业从事下列项目的所得,免征企业所得税:①蔬菜、谷物、薯类、油料、豆类、棉花、麻类、糖料、水果、坚果的种植。②农作物新品种的选育。③中药材的种植。④林木的培育和种植。⑤牲畜、家禽的饲养。⑥林产品的采集。⑦灌溉、农产品初加工、兽医、农技推广、农机作业和维修等农、林、牧、渔服务业项目。⑧远洋捕捞。

(2) 企业从事下列项目的所得,减半征收企业所得税:①花卉、茶以及其他饮料作物和香料作物的种植。②海水养殖、内陆养殖。

【筹划方案】

方案一:选择种植茶叶。种植茶叶的所得可以减半征收企业所得税,则:

应纳企业所得税税额 = 600 × 25% ÷ 2 = 75(万元)

方案二:选择种植棉花,免征企业所得税。

方案二比方案一少缴纳企业所得税75万元(75-0),因此应当选择方案二。当然,具体种植什么项目,要看企业自身的具体情况,不能单纯根据企业所得税税负来选择。

二、投资项目的纳税筹划

企业投资于公共基础设施项目、环境保护项目、节能节水项目的所得,自项目取得第一笔生产经营收入所属纳税年度起,实行"三免三减半"的税收优惠。

企业以《资源综合利用企业所得税优惠目录》规定的资源作为主要原材料,生产国家非限制和禁止并符合国家和行业相关标准的产品取得的收入,减按90%计入收入总额。

企业购置并实际使用《环境保护专用设备企业所得税优惠目录》《节能节水专用设备企业所得税优惠目录》和《安全生产专用设备企业所得税优惠目录》规定的环境保护、节能节水、安全生产等专用设备的,该专用设备的投资额的10%可以从企业当年的应纳税额中抵免;当年不足抵免的,可以在以后5个纳税年度结转抵免。

三、投资地区的纳税筹划

投资的区域也是投资决策中需要考虑的一个重要因素,不同地区设立企业所享受的税收政策以及其他方面的政策是不同的。税收政策的不同也就相当于设立企业的税收成本是不同的,在进行投资决策的过程中应当将税收成本作为重要因素予以考虑。目前地区性的税收优惠政策主要包括经济特区和西部地区。

从现行优惠政策来看,国家因地制宜制定了适应不同地区发展的区域优惠政策,如西部地区。这为新企业通过选择注册地点进行纳税筹划提供了空间。而老企业也可以通过迁移注册地进行纳税筹划。

新企业或扩大经营追加投资的企业,可以选择税负较低的地区进行投资,达到享受税收优惠的目的,如西部地区、经济特区等。

对于已成立的企业而言,已具备了其他享受税收优惠政策的条件,只是由于注册地点不在特定区域而不能享受优惠的,可以考虑迁移注册地,但这也会受到企业成长的寿命周期、搬迁费用、技术、信息、客户开拓等方面因素的制约。可见,对于迁移注册地而享受税收优惠的筹划,企业需要全面分析,对有关经济技术数据进行测算,再做出相应决策。

不过,迁移企业注册地本身也存在方式上的筹划。如果整体迁移不现实的话,可以采取产权重组、分立、分别注册等方式,或者先在享受税收优惠的地区成立一家企业,再将老企业和新企业进行合并,将原来老企业变更为享受优惠政策的新企业的分支机构,享受合并纳税的好处。另外,企业还可以通过关联企业间的关联交易实现利润从高税负地区转移到低税负地区,需要注意的是,关联交易价格需在税法规定允许范围内,否则将面临税务机关对关联交易价格的纳税调整。

综上分析,新企业成立时可以对注册地点的选择进行事先筹划,老企业也可以筹划迁移注册地,达到享受区域税收优惠的目的。因此,每个企业都应该根据自己生产经营的特点、具体情况和对税收优惠政策的深入研究,找到适合自己企业的筹划空间,实现企业经济利益的最大化。

【例4-15】 甲投资者2021年欲在西部地区投资创办一个新公司,兼营公路旅客运输和其他业务,预计全年公路旅客运输业务收入为400万元,非公路旅客运输业务收入为400万元,假定利润率均为30%。其他业务不在《西部地区鼓励类产业目录》之内。

要求:请对上述业务进行纳税筹划。

【筹划分析】 自2021年1月1日至2030年12月31日,对设在西部地区的鼓励类产业企业减按15%的税率征收企业所得税。鼓励类产业企业是指以《西部地区鼓励类产业目录》中规定的产业项目为主营业务,且其主营业务收入占企业收入总额60%以上的企业。

【筹划方案】

方案一:投资创办一个公路旅客运输兼营其他业务的企业,因公路旅客运输收入占全部业务收入的比例为50%(即400÷800×100%),小于60%,不能享受15%的税率。

应纳企业所得税税额＝(400＋400)×30％×25％＝60(万元)

方案二：分别投资两个企业，一个从事公路旅客运输业务，一个从事其他业务。从事公路旅客运输业务的企业收入全部为公路旅客运输收入，占比为100％，超过了60％，可享受15％的税率。

应纳企业所得税税额＝400×30％×15％＋400×30％×25％＝48(万元)

方案二比方案一少缴纳12万元(60－48)的企业所得税，因此选择方案二。

四、运用免税收入优惠政策的纳税筹划

免税收入是指不需要纳税的收入，因此，企业在条件许可的情况下应当尽可能多地获得免税收入。当然，获得免税收入都是需要特定条件的，企业只有满足税法规定的条件才能享受免税待遇。例如，国债利息免税，当企业选择国债或者其他债券进行投资时，就应当将免税作为一个重要的因素予以考虑。再例如，直接投资的股息所得免税，而企业的股权转让所得要纳税，因此，当企业进行股权转让时尽量将该股权所代表的未分配股息分配以后再转让。

【例4-16】 甲公司为居民企业，拥有100万元闲置资金，准备用于获得利息。假设五年期国债年利率为4％，银行五年期定期存款年利率为4％，向其他企业贷款五年期年利率为6％。

要求：请对上述业务进行纳税筹划。

【筹划分析】 国债利息收入属于免税收入。

【筹划方案】

方案一：购买国债：

年利息＝100×4％＝4(万元)

税后利息＝4(万元)

方案二：存入银行：

年利息＝100×4％＝4(万元)

税后利息＝4－4×25％＝3(万元)

方案三：借给企业：

年利息＝100×6％＝6(万元)

应纳增值税税额＝6×6％＝0.36(万元)

税后利息＝(6－0.36)×(1－25％)＝4.23(万元)

从税后利息来看，存入银行的利息最小，不足取，购买国债的利息高于储蓄利息但低于借给企业的利息，但由于购买国债风险较小，借给企业风险较大，该公司应当在充分考虑借给企业的风险以后确定是否选择借给企业。

五、加计扣除的纳税筹划

(一) 研究开发费用的纳税筹划

研究开发费是指企业为开发新技术、新产品、新工艺发生的研究开发费用。自2021年1月1日起,制造业企业开展研发活动实际发生的研发费用,未形成无形资产计入当期损益的,在按照规定据实扣除的基础上,按照研究开发费用的100%加计扣除;形成无形资产的,在上述期间按照无形资产成本的200%在税前摊销。在正确掌握企业所得税法关于"三新"研究开发费用税前加计扣除的具体操作办法以后,还可以利用研究活动与开发活动的交叉与模糊性,恰当掌握形成无形资产,即资本化的资金额度,通过提前的加计扣除,获取资金的时间价值。

【例4-17】 甲公司属于制造业企业,根据市场需求拟开发一系列新产品,产品开发计划为两年,科研部门提出研究开发费用预算为1 000万元。现有两种方案可供选择。

方案一:第1年研究开发费用为250万元,第2年研究开发费用为750万元,第1年可实现利润总额600万元,第2年可实现利润总额1 700万元。

方案二:第1年研究开发费用为750万元,第2年研究开发费用为250万元,第1年可实现利润总额1 700万元,第2年可实现利润总额600万元。

上述利润总额均未扣除研究开发费用,且甲公司没有其他企业所得税纳税调整项目,预算安排不影响甲公司正常的生产进度。

要求:请对上述业务进行纳税筹划。

【筹划分析】 开发新技术、新产品、新工艺发生的研究开发费用,可以在计算应纳税所得额时加计扣除。制造业企业开展研发活动中实际发生的研发费用,未形成无形资产计入当期损益的,在按规定据实扣除的基础上,自2021年1月1日起,按照实际发生额的100%在税前加计扣除;形成无形资产的,在上述期间按照无形资产成本的200%在税前摊销。

【筹划方案】

方案一:第1年研究开发费用为250万元,第2年研究开发费用为750万元,第1年可实现利润总额600万元,第2年可实现利润总额1 700万元。

第1年可税前扣除的研究开发费用=250×(1+100%)=500(万元)

第1年应纳税所得额=600-500=100(万元)

第1年应纳企业所得税税额=100×25%=25(万元)

第1年税后利润=600-250-25=325(万元)

第2年可税前扣除的研究开发费用=750×(1+100%)=1 500(万元)

第2年应纳税所得额=1 700-1 500=200(万元)

第2年应纳企业所得税税额 = 200 × 25% = 50(万元)

第2年税后利润 = 1 700 − 750 − 50 = 900(万元)

方案二：第1年研究开发费用为750万元，第2年研究开发费用为250万元，第1年可实现利润总额1 700万元，第2年可实现利润总额600万元。

第1年可税前扣除的研究开发费用 = 750 × (1 + 100%) = 1 500(万元)

第1年应纳税所得额 = 1 700 − 1 500 = 200(万元)

第1年应纳企业所得税税额 = 200 × 25% = 50(万元)

第1年税后利润 = 1 700 − 750 − 50 = 900(万元)

第2年可税前扣除的研究开发费用 = 250 × (1 + 100%) = 500(万元)

第2年应纳税所得额 = 600 − 500 = 100(万元)

第2年应纳企业所得税税额 = 100 × 25% = 25(万元)

第2年税后利润 = 600 − 250 − 25 = 325(万元)

通过分析可以看出，方案一比方案二整体上能够晚缴纳企业所得税，但方案二比方案一整体上能够早获取税后利润。若企业以税负最小化或者延期纳税为目标，则应当选择方案一；若企业以税后利润最大化为目标，则应当选择方案二。

(二) 企业安置残疾人员的纳税筹划

企业安置残疾人员的，在按照支付给残疾职工工资据实扣除的基础上，按照支付给残疾职工工资的100%加计扣除。企业可以结合自身经营特点，分析哪些岗位适合安置国家鼓励就业的残疾人员，筹划录用上述人员与录用一般人员在工薪成本、培训成本、劳动生产率等方面的差异，在不影响企业效益的基础上尽可能录用可以享受优惠的特定人员。

【例4-18】 甲公司因生产规模扩大，本年计划招聘25名新员工，新增加的25名员工每年需要支付100万元工资。本年甲公司预计实现未扣除工资前的应纳税所得额为800万元。

要求：请对上述业务进行纳税筹划。

【筹划分析】 企业安置残疾人员及国家鼓励安置的其他就业人员所支付的工资，可以在计算应纳税所得额时加计100%扣除。

【筹划方案】

方案一：招聘25名身体健全人员作为新员工。

应纳企业所得税税额 = (800 − 100) × 25% = 175(万元)

方案二：在不影响企业正常生产经营的情况下，招聘25名残疾人员作为新员工。

应纳企业所得税税额 = [800 − 100 × (1 + 100%)] × 25% = 150(万元)

方案二比方案一少缴纳企业所得税25万元(175 − 150)，因此应当选择方案二。

企业可在不影响正常生产经营的前提下，招聘部分残疾人员。一方面，可以关爱社会弱势群体；另一方面，可以增加企业所得税税前扣除金额，从而降低企业所得税税负。

章 节 测 试 题

班级 _____ 姓名 _____ 学号 _____ 总分 _____

一、单项选择题(每小题1分,共计10分)

1. 从总体税负角度考虑,(　　)税负最重。
   A. 个人独资企业　　B. 合伙企业　　C. 公司制企业　　D. 个体工商户

2. 预计适用优惠税率的分支机构盈利,一般应选择(　　)形式。
   A. 子公司　　　　B. 分公司　　　C. 办事处　　　　D. 分公司或办事处

3. 下列各项中,不是直接通过应纳税所得额对企业所得税进行筹划的是(　　)。
   A. 通过分期收款调整收入
   B. 剩余资金购买政府公债
   C. 采用成本法核算投资收益
   D. 选择设立合伙企业而非公司制企业

4. 下列各项中,采用(　　)计提固定资产计提折旧节税效果最为明显。
   A. 年限平均法　　B. 年数总和法　　C. 双倍余额递减法　　D. 工作量法

5. 在预测购进货物价格下降的情况下,应当采用(　　)。
   A. 先进先出法　　B. 加权平均法　　C. 个别计价法　　D. 后进先出法

6. 下列各项中,子公司与分公司的根本区别在于(　　)。
   A. 子公司必须具备独立的法人资格
   B. 母子公司有直接的隶属关系
   C. 子公司存在法律上的独立财产权益
   D. 子公司独立纳税

7. 有时使用加速折旧法反而会加重企业的税收负担,下列属于加重税负情况的是(　　)。
   A. 当企业购入固定资产的初期恰好可以享受定期免税政策时
   B. 当企业的固定资产数额相当大时
   C. 当企业固定资产的数额很小时
   D. 当企业固定资产的平均折旧年限很长时

8. 下列关于纳税人身份的纳税筹划的说法中,正确的是(   )。

    A. 企业进行纳税筹划时,应当尽可能避免作为非居民纳税人,而选择作为居民纳税人可以达到节省税金支出的目的

    B. 许多外商投资企业和外国企业将实际管理机构设在低税区,或者在低税区设立销售公司,然后以该销售公司的名义从事营销活动。这种方法对所有的商品转让都适合,在跨国经营公司中尤其如此

    C. 利用销售货物降低税收负担率仅限于那些税高利大的工业产品或者是可比性不强的稀有商品

    D. 利用销售货物降低税收负担率仅限于那些税低利小的商业产品或者是可比性不强的稀有商品

9. 下列各项中,不需要计入应纳税所得额的是(   )。

    A. 企业债券利息收入　　　　　　B. 居民企业之间股息收益

    C. 非货币性交易收入　　　　　　D. 接受捐赠的实物资产价值

10. 在计算企业应纳税所得额时,不得从收入总额中扣除的是(   )。

    A. 土地增值税　　B. 消费税　　C. 增值税　　D. 资源税

二、多项选择题(每小题 2 分,共计 12 分)

1. 下列各项中,能够降低企业所得税负担的有(   )。

    A. 亏损企业均应选择能使本期成本最大化的计价方法

    B. 盈利企业应尽可能缩短折旧年限并采用加速折旧法

    C. 采用双倍余额递减法和年数总和法计提折旧可以降低盈利企业的税负

    D. 在物价持续下跌的情况下,采用先进先出法

2. 进行纳税人身份的纳税筹划要避免成为居民纳税人。实际管理机构所在地在中国境内,即为中国居民纳税人,负有无限纳税义务,因此对其进行纳税筹划的方法有(   )。

    A. 尽可能将实际管理机构设在避税地或低税区

    B. 尽可能将销售公司设在低税区,而实际管理机构设在高税区

    C. 尽可能减少某些收入与实际管理机构之间的联系

    D. 尽可能使某些收入与实际管理机构保持联系

3. 下列关于企业所得税纳税人的具体筹划方法的表述中,正确的有(   )。

    A. 从总体税负角度考虑,个人独资企业、合伙企业一般要低于公司制企业

    B. 企业最终税负的高低是多种因素起作用的结果,在考虑纳税主体身份的选择时,要充分考虑税基、税率和税收优惠政策等多种因素

    C. 设立分公司手续简单,有关财务资料也不必公开,分公司不需要独立缴纳企业所

得税,并且分公司这种组织形式便于总公司管理控制

D. 分公司具有独立法人资格,通常要履行与该国其他居民企业一样的全面纳税义务

4. 在日常纳税筹划过程中,我们可以从(   )方面来进行计税依据的纳税筹划。

 A. 推迟计税依据的实现   B. 选择合理的费用分摊方法

 C. 提前实现获利年度   D. 减少企业筹建期间的费用

5. 企业所得税计税依据的筹划空间很大,在日常纳税筹划过程中,可以推迟获利年度的出现,主要方法有(   )。

 A. 根据企业的行业情况选择加速折旧方法,抵消利润

 B. 用好用足税前列支政策,加大有关费用的支出标准

 C. 选择适当的商品销售价格压低利润

 D. 做到合法地在预缴期间尽可能少预缴,特别是不要在年终形成多预缴需退税的结果

6. 企业所得税的纳税义务存在的条件是纳税人有计税依据,也就是有应纳税所得额。因此,可以从推迟计税依据的实现方面做好纳税筹划,包括(   )。

 A. 设法压缩计税依据   B. 合理申报推迟预缴税款

 C. 推迟获利年度出现   D. 合理分摊汇兑损益中的汇兑溢余

三、判断题(每小题 1 分,共计 10 分)

1. 销货收入的纳税筹划,关键在于何时收到销货款。(   )
2. 采用双倍余额递减法计提折旧一定能实现递延纳税。(   )
3. 当企业利息支出超过允许扣除的数额时,企业可以将超额的利息转变为其他可以扣除的支出,如通过工资、奖金、劳务报酬或者转移利润的方式支付利息,从而降低所得税负担。(   )
4. 当企业预计当年的应纳税所得比上一纳税年度低时,可以选择上一年度应纳税所得的 1/12 或 1/4 的方法分期预缴所得税。(   )
5. 从税收角度分析,当新投资企业开办初期亏损的可能性不大,或新投资企业可享受所得税优惠时,应考虑采取母子公司形式。(   )
6. 实行公司制的企业,其所得税的税负比实行合伙制的企业低。(   )
7. 当投资企业开办初期亏损的可能性较大时,可采取总分公司形式,因分公司的亏损可以直接冲减总公司的盈利。(   )
8. 在材料价格不断上涨的情况下,存货计价方法采用先进先出法比采用加权平均法有利。(   )
9. 国家重点扶持的高新技术企业减按 15% 的税率征收企业所得税。(   )

10. 按照《企业所得税法》的规定,超支的广告费和业务宣传费可结转下年,在以后年度扣除。　　　　　　　　　　　　　　　　　　　　　　　　　　　　　　(　　)

四、思考题(每小题 5 分,共计 30 分)

1. 简述居民企业与非居民企业所适用的税收政策。
2. 简述子公司和分公司在纳税筹划方面的区别。
3. 简述企业所得税计税依据筹划的方法。
4. 企业所得税纳税人的筹划一般从哪些角度切入。
5. 简述收入的纳税筹划方法。
6. 简述企业所得税税前扣除项目的筹划方法。

五、案例分析题(第 1 小题 8 分,第 2、3、4 小题各 10 分,共计 38 分)

1. 甲公司本年的会计利润预计为 100 万元(扣除捐赠后的利润额),甲公司计划通过公益性组织捐赠 8 万元,直接向受赠单位捐赠 4 万元。甲公司没有其他企业所得税纳税调整项目,且假设甲公司不符合小型微利企业的条件。

   要求:请计算该公司当年应纳企业所得税,并对其进行纳税筹划。

2. 甲公司计划本年度的业务招待费支出为 150 万元,业务宣传费支出为 120 万元,广告费支出为 480 万元。该公司本年度的预计销售额为 8 000 万元。

   要求:根据上述资料,请对其进行纳税筹划。

3. 甲公司本年年初欲在外地设立乙公司,预计本年乙公司亏损 100 万元,甲公司自身盈利 200 万元。甲公司没有企业所得税纳税调整项目。

   请问乙公司应当选择作为甲公司的子公司还是分公司?

4. 长城公司是一个跨国公司,2020 年在我国的厦门和辽宁省某县城分别投资设立了两个外商投资企业:长江公司和河海公司,两个公司都生产同种机电产品。长江公司负责新型机电产品的研究开发,并负责生产、销售;河海公司只负责生产,并在本地区进行销售。2020 年,长江公司因为其研制生产的机电产品技术先进、生产效率高、销售状况良好、研制开发费用等各项指标均达标,被厦门科技部门认定为高新技术企业。2020 年,长江公司实现销售收入 7 000 多万元,税后利润 1 200 万元。河海公司实现销售收入 3 500 多万元,而税后利润仅有 150 万元。长江公司、河海公司在管理模式、材料成本方面并无实质性差别;在人工成本上,河海公司比长江公司少。

   要求:请根据以上资料,从长城公司的角度进行纳税筹划。

第五章　个人所得税的纳税筹划

知识导航

个人所得税的纳税筹划
- 个人所得税纳税人的纳税筹划
  - 个人所得税纳税人身份选择的纳税筹划
  - 组织形式选择的纳税筹划
- 个人所得税计税依据或税率的纳税筹划
  - 居民个人按年均衡取得综合所得的纳税筹划
  - 居民个人专项附加扣除方式选择的纳税筹划
  - 非居民个人均衡取得工资、薪金所得的纳税筹划
  - 非居民个人费用转移的纳税筹划
- 个人所得税应税项目转换的纳税筹划
  - 居民个人综合所得内部项目转换的纳税筹划
  - 居民个人综合所得与经营所得转换的纳税筹划
  - 居民个人股东取得红利所得与工资、薪金所得选择的纳税筹划
  - 非居民个人工资、薪金所得与劳务报酬所得转换的纳税筹划
- 个人所得税税收优惠及其他方面的纳税筹划
  - 财产转让所得的纳税筹划
  - 个人捐赠的纳税筹划
  - 偶然所得临界点的纳税筹划
  - 规避应税所得的纳税筹划

学习目标

1. 在了解个人所得税税法基本内容的基础上，熟悉个人所得税纳税筹划的基本思路。
2. 掌握个人所得税纳税人的纳税筹划方法。
3. 掌握个人所得税计税依据或税率的纳税筹划方法。
4. 掌握个人所得税应税项目转换的纳税筹划方法。
5. 掌握个人所得税税收优惠政策的纳税筹划方法。

案例导入

宏丰企业主要从事投资、融资、证券交易等业务,若不建立企业年金,则本年支付给每位员工的税前工资、薪金收入合计额均为 200 000 元(同上年数),本年每位员工专项扣除、专项附加扣除和依法确定的其他扣除合计金额均为 40 000 元。该企业若建立企业年金,则企业按员工缴费工资计税基数的 4% 为员工缴纳年金,员工个人缴纳年金的比例也为本人缴费工资计税基数的 4%。本年每位员工专项扣除、专项附加扣除和依法确定的其他扣除合计额均为 48 000 元(40 000+200 000×4%)。假设该企业共有 800 名员工,未建立企业年金之前全年的利润总额为 25 000 000 元,且没有企业所得税纳税调整项目。该企业为员工缴纳的年金符合国家有关政策规定的办法和标准。该企业的所有员工月平均工资均未超过职工工作地所在设区城市上一年度职工月平均工资的 300%。

方案一:企业不建立企业年金。

方案二:企业建立企业年金。

要求:从个人所得税筹划角度出发,该企业应选择哪种方案。

第一节 个人所得税纳税人的纳税筹划

一、个人所得税纳税人身份选择的纳税筹划

根据纳税人的住所和其在中国境内居住的时间,个人所得税的纳税人分为居民个人和非居民个人。由于对这两种纳税人的税收政策不同,纳税人可以通过住所和居住时间的筹划,改变纳税人的居民或非居民身份,实现节税目的。具体有控制居住时间和控制人员的住所(居住地)两种方式。

(1) 控制居住时间,改变居民身份。根据税法规定,在中国境内有住所或者虽然无住所但在中国境内居住满 183 天的个人为居民个人纳税人。其对从中国境内和境外取得的所得均负有纳税义务。居民个人纳税人是指在中国境内有住所或者是无住所而一个纳税年度内在中国境内居住累计满 183 天的个人。境内居住满 183 天是指在一个纳税年度(自公历 1 月 1 日起至 12 月 31 日止)中在中国境内居住 183 天。因此,通过控制居住时间,使停留在我国境内的时间不满 183 天,就可以避免成为我国的居民个人纳税人,从而规避了居民个人纳税人的无限纳税义务。

(2) 控制人员的住所(居住地)。控制人员的住所(居住地)进行纳税筹划,是指个人通过个人的住所或居住地跨越税境的迁移,即具体实施筹划的当事人把自己的居所迁出

某一国但又不在任何地方取得住所,从而躲避所在国对其纳税人身份的确认,进而免除个人所得税的纳税义务。在国际上,许多国家往往把拥有住所并在该国居住一定时间以上的个人确定为纳税义务人。这样一些从事跨国活动的人员就可以自由地游离于各国之间而不至于成为任何一个国家的居民纳税人,从而达到少缴税或不缴税的目的。

外籍个人到中国工作时,应充分利用中国税法对居民个人和非居民个人的规定,避免就从中国境内和境外取得的全部所得在中国缴纳个人所得税,而是仅就从中国境内取得的所得在中国缴纳个人所得税,从而减轻个人所得税税负。通过减少在中国工作的天数,使得单次离境超过30天,或者主动向主管税务机关备案,居住地跨越税境的迁移等形式均有可能避免就从中国境内和境外取得的全部所得在中国缴纳个人所得税。

【例5-1】 欧文任职于英国的M公司,于本年1月1日首次被英国M公司派往中国W公司(英国M公司的子公司)工作,本年8月6日回英国M公司继续工作,未向主管税务机关备案。欧文在中国W公司工作期间,中国W公司支付的工资、薪金收入为人民币25万元,英国M公司支付的工资、薪金收入折合人民币15万元。

要求:请对上述业务进行纳税筹划。

【筹划分析】 在中国境内有住所,或者无住所而一个纳税年度内在中国境内居住累计满183天的个人,为居民个人。居民个人从中国境内和境外取得的所得,均需要按规定缴纳个人所得税。

在中国境内无住所又不居住,或者无住所而一个纳税年度内在中国境内居住累计不满183天的个人,为非居民个人。非居民个人仅需从中国境内取得的所得缴纳个人所得税。

在中国境内无住所的个人,在中国境内居住累计满183天的年度连续不满6年的,经向主管税务机关备案,其来源于中国境外且由境外单位或者个人支付的所得,免予缴纳个人所得税;在中国境内居住累计满183天的任一年度中有一次离境超过30天的,其在中国境内居住累计满183天的年度的连续年限重新起算。

在中国境内无住所的个人,在一个纳税年度内在中国境内居住累计不超过90天的,其来源于中国境内的所得,由境外雇主支付并且不由该雇主在中国境内的机构、场所负担的部分,免予缴纳个人所得税。

【筹划方案】

方案一:欧文于本年1月1日首次被英国M公司派往中国W公司(英国M公司的子公司)工作,本年8月6日回英国M公司继续工作,未向主管税务机关备案。

欧文本年度在中国境内居住累计超过183天,为居民个人。其从中国境内和境外取得的所得40万元(25+15),需要依照中国《个人所得税法》的规定缴纳个人所得税。

方案二:欧文于本年1月1日首次被英国M公司派往中国W公司(英国M公司的

子公司)工作,本年7月1日回英国M公司继续工作。

欧文本年度在中国境内居住累计不超过183天,为非居民个人。其从中国境内取得的所得20万元,需要依照中国《个人所得税法》的规定缴纳个人所得税。

方案三:欧文于本年1月1日首次被英国M公司派往中国W公司(英国M公司的子公司)工作,本年8月6日回英国M公司继续工作,向主管税务机关备案。

欧文在中国境内无住所,在中国境内居住累计满183天的年度连续不满6年,经向主管税务机关备案,其来源于中国境外且由境外单位或者个人支付的所得,免予缴纳个人所得税;可以只就中国W公司支付的部分(25万元)缴纳个人所得税。

通过分析,方案三、方案二与方案一相比,欧文在中国不缴纳英国M公司支付的工资、薪金所得的个人所得税;方案三与方案二相比,欧文不需要调整在中国的工作时间。若以实现税负最小化为纳税筹划目标并且考虑其他成本因素,则应当优先选择方案三,其次是方案二,最后是方案一。

二、组织形式选择的纳税筹划

目前,个人可以选择的企业组织形式主要有:作为个体工商户从事生产经营和对企事业单位实行承包、承租经营业务;成立个人独资企业;组建合伙企业;设立公司制企业(企业所得税纳税人)。在对这些投资方式进行比较时,如果其他因素相同,投资者应承担的税收,便成为决定投资决策的关键。在上述几种投资方式中,通常在收入相同的情况下,个体工商户、个人独资企业、合伙企业、公司制企业的税负是不一样的。

(1) 公司制企业与个体工商户身份的选择。个人对企事业单位实行承包、承租经营,工商登记仍为企业的,就需要承担企业所得税与个人所得税两种税负。因此,从纳税筹划的角度,投资者应尽量将工商登记为个体工商户,以规避企业所得税和个人所得税的双重征税。

【例5-2】 王毅2021年承包经营了一家公司制企业。合同规定:王毅平时不领取工资,从企业净利润中上缴承包费100 000元,其余经营成果全部归王毅个人所有。王毅的生产经营所得当年为400 000元(已扣除相关费用)。假设王毅没有其他的劳务收入。在企业性质上,现有两种方案可供王毅选择。

方案一:王毅仍使用原企业的营业执照,可认定该企业为小型微利企业;

方案二:王毅将原企业的工商登记改为个体工商户。

要求:请对上述业务进行纳税筹划。

【筹划分析】 按税法规定,个人对企事业单位实行承包、承租经营后,工商登记仍为企业的,应先按照企业所得税的有关规定先缴纳企业所得税,然后将承包、承租人按合同协议规定取得的所得依照"经营所得"缴纳个人所得税。工商登记为个体工商户则个人仅需就其"经营所得"缴纳个人所得税。

取得经营所得的个人,没有综合所得的,计算其每一纳税年度的应纳税所得额时,应当减除固定费用6万元、专项扣除、专项附加扣除以及依法确定的其他扣除。专项附加扣除在办理汇算清缴时减除。经营所得个人所得税税率表如表5-1所示。

表5-1　　　　　　　　　经营所得适用的个人所得税税率表

级数	全年应纳税所得额	税率(%)	速算扣除数(元)
1	不超过30 000元的	5	0
2	超过30 000元至90 000元的部分	10	1 500
3	超过90 000元至300 000元的部分	20	10 500
4	超过300 000元至500 000元的部分	30	40 500
5	超过500 000元的部分	35	65 500

自2021年1月1日至2022年12月31日,对小型微利企业年应纳税所得额不超过100万元的部分,减按12.5%计入应纳税所得额,按20%的税率缴纳企业所得税;对年应纳税所得额超过100万元但不超过300万元的部分,减按50%计入应纳税所得额,按20%的税率缴纳企业所得税。上述小型微利企业是指从事国家非限制和禁止行业,且同时符合年度应纳税所得额不超过300万元、从业人数不超过300人、资产总额不超过5 000万元3个条件的企业。同时,自2021年1月1日至2022年12月31日,对个体工商户年应纳税所得额不超过100万元的部分,在现行优惠的基础上,减半征收个人所得税。

【筹划方案】

方案一:王毅仍使用原企业营业执照,认定为小型微利企业。

企业所得税=400 000×12.5%×20%=10 000(元)

王毅的承包经营所得=(400 000−10 000)−100 000=290 000(元)

王毅应缴纳的个人所得税税额=(290 000−60 000)×20%−10 500=35 500(元)

王毅实际获得的税后利润=290 000−35 500=254 500(元)

方案二:王毅将原企业的工商登记改为个体工商户。

王毅应缴纳的个人所得税税额=[(400 000−100 000−60 000)×20%−10 500]×50%
　　　　　　　　　　　　　=18 750(元)

王毅实际获得的税后利润=400 000−100 000−18 750=281 250(元)

通过比较,王毅采纳方案二比方案一可以多获利26 750元(281 250−254 500)。在实际工作中,除了考虑税负外,还应该综合考虑,权衡利弊,做出合理的决策。若以实现税负最小化为纳税筹划目标,则应当选择方案二。

(2) 公司制企业与合伙企业的选择。如果企业采用公司制形式,需要先就公司所得缴纳企业所得税,其自然人股东取得股息、红利所得还要缴纳个人所得税,如果采用合伙制经营则对自然人合伙人只征收个人所得税。投资者个人在不影响正常经营的情况下,应尽量不要注册成立股份有限公司、有限责任公司,而是注册成立合伙企业,以规避企业所得税和个人所得税的双重征税,虽然有可能多交个人所得税,但整体税负会降低。

【例 5-3】 李石大学毕业 5 年后,想与其他四位要好的朋友一起合伙做生意,成立一家公司。五人商定等额出资,均有 20% 的股份,预计公司年利润 150 万元。在成立何种组织形式的公司上,五人有两种不同的方案。

方案一:应该成立股份有限公司,有利于企业发展。

方案二:成立合伙制企业更实惠,假设不考虑货物劳务税的情况,假设会计利润就等于应纳税所得额,没有纳税调整项,不考虑增值税等。

要求:请对上述业务进行纳税筹划。

【筹划分析】 股份有限公司需要缴纳 25% 的企业所得税,个人股东从股份有限公司和有限责任公司分配的税后利润需要按照"利息、股息、红利所得"缴纳 20% 的个人所得税。合伙企业不需要缴纳企业所得税,取得的所得按照"经营所得"缴纳个人所得税。经营所得个人所得税税率表如表 5-1 所示。

【筹划方案】

方案一:成立股份有限公司,税后利润按照 10% 提取法定盈余公积后全部平均分配给股东。

有限责任公司应纳企业所得税税额 = 1 500 000 × 25% = 375 000(元)

有限责任公司税后利润 = 1 500 000 − 375 000 = 1 125 000(元)

有限责任公司向股东分配的利润合计 = 1 125 000 − 112 500 = 1 012 500(元)

五位股东"利息、股息、红利所得"应纳个人所得税总额 = 1 012 500 ÷ 5 × 20% × 5 = 202 500(元)

应纳税额合计 = 375 000 + 202 500 = 577 500(元)

方案二:成立合伙企业,1 500 000 元为应纳税所得额,平均在五位合伙人之间分配。

每位合伙人应纳税所得额 = 1 500 000 ÷ 5 = 300 000(元)

五位合伙人"经营所得"应纳个人所得税总额 = (300 000 × 20% − 10 500) × 5 = 247 500(元)

应纳税额合计 = 247 500(元)

方案二比方案一少缴纳税额 330 000 元(577 500 − 247 500)。在实际工作中,除了考虑税负外,还应该综合考虑,权衡利弊,做出合理的决策。若以实现税负最小化为纳税筹划目标,则应当选择方案二。

第二节 个人所得税计税依据或税率的纳税筹划

一、居民个人按年均衡取得综合所得的纳税筹划

综合所得包括工资薪金所得、劳务报酬所得、稿酬所得以及特许权使用费所得。居民个人综合所得采用七级超额累进税率，如果纳税人的综合所得越多，其适用的最高边际税率就越高，从而纳税人收入的平均税率和实际有效税率都可能提高。所以，在纳税人一定时期内综合所得总额既定的情况下，其分摊到各个纳税期内的综合所得应尽量均衡，不能大起大落，以免增加纳税人的税收负担。

绝对均衡各年度的综合所得有一定困难，但相对均衡各年度的综合所得却是可行的。居民个人工作一年（当年取得综合所得）、休假一年（当年未取得综合所得）属于最不均衡取得综合所得的情况，应当尽量避免这种情况出现。

【例5-4】 预计居民个人梁兵2021年、2022年、2023年三年取得的综合所得应纳税所得额（每一纳税年度的收入额减除费用60 000元以及专项扣除、专项附加扣除和依法确定的其他扣除后的余额）合计450 000元。根据梁兵各种工作的先后次序，现有三种取得所得的方案可供选择。

方案一：2021年的应纳税所得额为50 000元，2022年的应纳税所得额为150 000元，2023年的应纳税所得额为250 000元。

方案二：2021年的应纳税所得额为100 000元，2022年的应纳税所得额为150 000元，2023年的应纳税所得额为200 000元。

方案三：2021年的应纳税所得额为150 000元，2022年的应纳税所得额为150 000元，2023年的应纳税所得额为150 000元。

要求：请对上述业务进行纳税筹划。

【筹划分析】 居民个人的综合所得，以每一纳税年度的收入额减除费用60 000元以及专项扣除、专项附加扣除和依法确定的其他扣除后的余额，为应纳税所得额。劳务报酬所得、稿酬所得、特许权使用费所得以收入减除20%的费用后的余额为收入额。稿酬所得的收入额减按70%计算。

居民个人的综合所得适用七级超额累进税率，其应纳税额的计算公式如下：

应纳税额＝年应纳税所得额×适用税率－速算扣除数
　　　　＝（每一纳税年度的收入额－费用6万元－专项扣除－专项附加扣除－依法确定的其他扣除）
　　　　　×适用税率－速算扣除数

综合所得个人所得税税率表(按年)如表 5-2 所示。

表 5-2　　　　　　居民个人综合所得个人所得税的税率表(按年)

级数	全年应纳税所得额	税率(%)	速算扣除数(元)
1	不超过 36 000 元的	3	0
2	超过 36 000 元至 144 000 元的部分	10	2 520
3	超过 144 000 元至 300 000 元的部分	20	16 920
4	超过 300 000 元至 420 000 元的部分	25	31 920
5	超过 420 000 元至 660 000 元的部分	30	52 920
6	超过 660 000 元至 960 000 元的部分	35	85 920
7	超过 960 000 元的部分	45	181 920

【筹划方案】

方案一：2021 年的应纳税所得额为 50 000 元，2022 年的应纳税所得额为 150 000 元，2023 年的应纳税所得额为 250 000 元。

2021 年综合所得的应纳个人所得税税额 = 50 000 × 10% − 2 520 = 2 480(元)

2022 年综合所得的应纳个人所得税税额 = 150 000 × 20% − 16 920 = 13 080(元)

2023 年综合所得的应纳个人所得税税额 = 250 000 × 20% − 16 920 = 33 080(元)

2021 年、2022 年、2023 年三年应纳个人所得税合计 = 2 480 + 13 080 + 33 080 = 48 640(元)

方案二：2021 年的应纳税所得额为 100 000 元，2022 年的应纳税所得额为 150 000 元，2023 年的应纳税所得额为 200 000 元。

2021 年综合所得的应纳个人所得税税额 = 100 000 × 10% − 2 520 = 7 480(元)

2022 年综合所得的应纳个人所得税税额 = 150 000 × 20% − 16 920 = 13 080(元)

2023 年综合所得的应纳个人所得税税额 = 200 000 × 20% − 16 920 = 23 080(元)

2021 年、2022 年、2023 年三年应纳个人所得税合计 = 7 480 + 13 080 + 23 080 = 43 640(元)

方案三：2021 年的应纳税所得额为 150 000 元，2022 年的应纳税所得额为 150 000 元，2023 年的应纳税所得额为 150 000 元。

2021 年综合所得的应纳个人所得税税额 = 150 000 × 20% − 16 920 = 13 080(元)

2022 年综合所得的应纳个人所得税税额 = 150 000 × 20% − 16 920 = 13 080(元)

2023 年综合所得的应纳个人所得税税额 = 150 000 × 20% − 16 920 = 13 080(元)

2021 年、2022 年、2023 年三年应纳个人所得税合计 = 13 080 + 13 080 + 13 080 = 39 240(元)

方案三比方案一少缴纳个人所得税 9 400 元(48 640－39 240)，比方案二少缴纳个人所得税 4 400 元(43 640－39 240)，若以实现税负最小化为纳税筹划目标，则应当优先选择方案三，其次是方案二，最后是方案一。

二、居民个人专项附加扣除方式选择的纳税筹划

专项附加扣除包括子女教育、继续教育、大病医疗、住房贷款利息或者住房租金、赡养老人等支出。从筹划原理上分析，在一个家庭中，一般选择收入较高的个体来分摊这些扣除项，因为其收入较高、适用的税率较高，所以在享受扣除以后的节税效果更大。因此，对于夫妻之间的纳税筹划，夫妻双方应选择由综合所得高且适用个人所得税边际税率高的一方按扣除标准的 100% 扣除，实际上降低了夫妻双方整体的个人所得税税率，从而降低了夫妻双方整体的个人所得税税负。

【例 5-5】 一对夫妻在重庆居住，用商业贷款购买首套房，并在还贷期间，有一个孩子正在上小学，夫妻均为独生子女，双方父母均满 60 周岁。丈夫王先生每个月扣除"三险一金"后，每个月收入为 16 000 元；妻子张女士每个月扣除"三险一金"后，每个月收入为 10 000 元。现有两种方案选择。

方案一：子女教育及住房贷款利息支出全部在王先生个人所得税前扣除。

方案二：子女教育支出夫妻二人各扣除 50%，住房贷款利息支出由王先生税前扣除。

要求：请对上述业务进行纳税筹划。

【筹划分析】 子女教育专项附加扣除规定纳税人的子女接受全日制学历教育的相关支出、年满 3 岁至小学入学前处于学前教育阶段的子女，按照每个子女每月 1 000 元的标准定额扣除。学历教育包括义务教育(小学、初中教育)、高中阶段教育(普通高中、中等职业、技工教育)、高等教育(大学专科、大学本科、硕士研究生、博士研究生教育)。父母可以选择由其中一方按扣除标准的 100% 扣除，也可以选择由双方分别按扣除标准的 50% 扣除，具体扣除方式在一个纳税年度内不能变更。纳税人子女在中国境外接受教育的，纳税人应当留存境外学校录取通知书、留学签证等相关教育的证明资料备查。

住房贷款利息专项附加扣除规定纳税人本人或者配偶单独或者共同使用商业银行或者住房公积金个人住房贷款为本人或者其配偶购买中国境内住房，发生的首套住房贷款利息支出，在实际发生贷款利息的年度，按照每月 1 000 元的标准定额扣除，扣除期限最长不超过 240 个月。纳税人只能享受一次首套住房贷款的利息扣除。经夫妻双方约定，可以选择由其中一方扣除，具体扣除方式在一个纳税年度内不能变更。住房贷款利息专项附加扣除与住房租金专项附加扣除不可同时享有。

赡养老人专项附加扣除规定纳税人为独生子女的，按照每月 2 000 元的标准定额扣除。纳税人为非独生子女的，由其与兄弟姐妹分摊每月 2 000 元的扣除额度，每人分摊的

额度不能超过每月1 000元。被赡养人是指年满60岁的父母,以及子女均已去世的年满60岁的祖父母、外祖父母。

除本题涉及的上述三项专项附加扣除外,还有继续教育、大病医疗、住房租金三项。

继续教育是指纳税人在中国境内接受学历(学位)继续教育的支出,在学历(学位)教育期间按照每月400元定额扣除。同一学历(学位)继续教育的扣除期限不能超过48个月。纳税人接受技能人员职业资格继续教育、专业技术人员职业资格继续教育的支出,在取得相关证书的当年,按照3 600元定额扣除。

大病医疗是指在一个纳税年度内,纳税人发生的与基本医疗保险相关的医药费用支出,扣除医疗保险报销后个人负担(医疗保险目录范围内的自付部分)累计超过15 000元的部分,由纳税人在办理年度汇算清缴时,在80 000元限额内据实扣除。

住房租金是指纳税人在主要工作城市没有自有住房而发生的住房租金支出,可以按照以下标准定额扣除:①直辖市、省会(首府)城市、计划单列市以及国务院确定的其他城市,扣除标准为每月1 500元。②除上述所列城市以外,市辖区户籍人口超过100万的城市,扣除标准为每月1 100元。③市辖区户籍人口不超过100万的城市,扣除标准为每月800元。

【筹划方案】

方案一:子女教育及住房贷款利息支出全部在王先生个人所得税前扣除,全年家庭税额为6 960元。

方案二:子女教育支出每月1 000元,夫妻二人各扣除50%,住房贷款利息支出由王先生税前扣除,则全年家庭税额为7 380元,比方案一多缴纳420元。具体方案对比如表5-3所示。

表5-3　　　　　　　　　不同情况下夫妻二人的纳税情况　　　　　　　　单位:元

项目	方案一		方案二	
	王先生	张女士	王先生	张女士
全年扣除三险后收入	192 000	120 000	192 000	120 000
标准费用扣额	60 000	60 000	60 000	60 000
子女教育支出	12 000		6 000	6 000
住房贷款利息支出	12 000		12 000	
赡养老人支出	24 000	24 000	24 000	24 000
应纳税所得额	84 000	36 000	90 000	30 000
适用税率	10%	3%	10%	3%
应纳税额	5 880	1 080	6 480	900
家庭税额	6 960		7 380	

根据上述分析,方案二比方案一合计多缴纳个人所得税 420 元(7 380－6 960),若以实现税负最小化为纳税筹划目标,则应当优先选择方案一。

三、非居民个人均衡取得工资、薪金所得的纳税筹划

非居民个人的工资、薪金所得不按年综合计征,而是按月适用七级超额累进税率计征个人所得税。如果非居民个人每月的工资、薪金收入不均衡,则工资、薪金收入高的月份,适用的税率也可能较高,而工资、薪金收入低的月份,适用的税率也可能较低,甚至有可能因工资、薪金收入不超过免征额 5 000 元而不缴税。在这种情况下,非居民个人的实际税负将会超过其应当承担的税负。

在非居民个人每月工资、薪金变化幅度较大的情况下可以考虑采用平均取得工资、薪金的方式,一般情况下都能降低个人所得税税负,从而获取税收利益。具体操作时,企业可预估非居民个人各月工资、薪金总额,然后前几个月按月平均发放,最后一个月多退少补。

【例 5-6】 非居民个人杰克逊(美国国籍)本年 1 月 1 日至 5 月 31 日在中国境内的 S 公司工作,之后返回美国。杰克逊以每月绩效与薪酬挂钩的方式取得工资、薪金收入。杰克逊 1～5 月取得的税前工资、薪金收入分别为 10 000 元、2 000 元、4 000 元、3 000 元、7 000 元。

要求:请对上述业务进行纳税筹划。

【筹划分析】 非居民个人以每月工资、薪金收入额减除费用 5 000 元后的余额为应纳税所得额,适用 3%～45% 七级超额累进税率,如表 5-4 所示,计算公式如下:

$$应纳税所得额 = 每月收入 - 5 000$$

$$应纳税额 = 应纳税所得额 \times 税率 - 速算扣除数$$

表 5-4   非居民个人工资、薪金所得,劳务报酬所得,稿酬所得,
特许权使用费所得个人所得税的税率表

级数	应纳税所得额	预扣率(%)	速算扣除数(元)
1	不超过 3 000 元的部分	3	0
2	超过 3 000 元至 12 000 元的部分	10	210
3	超过 12 000 元至 25 000 元的部分	20	1 410
4	超过 25 000 元至 35 000 元的部分	25	2 660
5	超过 35 000 元至 55 000 元的部分	30	4 410
6	超过 55 000 元至 80 000 元的部分	35	7 160
7	超过 80 000 元的部分	45	15 160

【筹划方案】

方案一：采取每月绩效与薪酬挂钩的方式，杰克逊1~5月取得的税前工资、薪金收入分别为10 000元、2 000元、4 000元、3 000元、7 000元。

应纳个人所得税合计＝[(10 000－5 000)×10％－210]＋0＋0＋0＋[(7 000－5 000)×3％]＝350(元)

方案二：采取均衡取得税前工资、薪金收入的方式。

每月取得税前工资、薪金收入＝(10 000＋2 000＋4 000＋3 000＋7 000)÷5＝5 200(元)

应纳个人所得税合计＝(5 200－5 000)×3％×5＝30(元)

方案二比方案一少缴纳个人所得税320元(350－30)，若以实现税负最小化为纳税筹划目标，则应当选择方案二。

四、非居民个人费用转移的纳税筹划

非居民个人在提供劳务时，一般情况下，接受劳务的单位只是定额地支付劳务报酬，非居民个人的相关费用由自己承担。非居民个人也可以和接受劳务的单位进行协商，在合法合理的前提下，通过变换提供劳务的地点等方式，将相关费用转移到接受劳务的单位身上，通过适当降低劳务报酬的方法对接受劳务的单位进行补偿。这样接受劳务的单位没有损失，非居民个人的实际收入也没有减少，但由于劳务报酬(名义收入)降低了，因此可以降低非居民个人所得税税负。

【例5-7】 非居民个人汤姆居住在上海。2020年12月受邀为北京B公司的高管张某讲课，为期6天。有两种方案可供选择。

方案一：汤姆去北京B公司为高管张某讲课，汤姆可从B公司获取税前劳务报酬收入90 000元，但交通费、食宿费等由汤姆自理，汤姆共支出10 000元。

方案二：北京B公司的高管张某去上海听汤姆讲课，汤姆可从B公司获取税前劳务报酬收入80 000元，高管张某去上海的交通费、食宿费10 000元由B公司承担。假设不考虑增值税因素。

要求：请对上述业务进行纳税筹划。

【筹划分析】 非居民个人的劳务报酬所得，以每次收入额为应纳税所得额。劳务报酬所得以收入减除20％的费用后的余额为收入额。扣缴义务人向非居民个人支付劳务报酬所得时，按以下方法按月或者按次代扣代缴税款，适用3％至45％的超额累进税率，如表5-4所示。

劳务报酬收入额＝每次收入×(1－20％)

应纳税所得额＝收入额

应纳税额＝应纳税所得额×税率－速算扣除数

【筹划方案】

方案一：汤姆去北京B公司为高管张某讲课，汤姆可从北京B公司获取税前劳务报酬收入90 000元，但交通费、食宿费等由汤姆自理，汤姆共支出10 000元。

汤姆劳务报酬的应纳税所得额＝90 000×(1－20%)＝72 000(元)

汤姆应纳个人所得税＝72 000×35%－7 160＝18 040(元)

汤姆税后收益＝90 000－10 000－18 040＝61 960(元)

方案二：北京B公司的高管张某去上海听汤姆讲课，汤姆可从北京B公司获取税前劳务报酬收入80 000元，高管张某去上海的交通费、食宿费10 000元由北京B公司承担。

汤姆劳务报酬所得应纳税所得额＝80 000×(1－20%)＝64 000(元)

汤姆应纳个人所得税税额＝64 000×35%－7 160＝15 240(元)

汤姆税后收益＝80 000－15 240＝64 760(元)

方案二比方案一少缴纳个人所得税2 800元(18 040－15 240)，多获取税后收益2 800元(64 760－61 960)，若以实现税负最小化以及税后收益最大化为纳税筹划目标，则应当选择方案二。

案例解析

企业年金是指企业及其职工在依法参加基本养老保险的基础上，自愿建立的补充养老保险制度。企业和事业单位根据国家有关政策规定的办法为在本单位任职或者受雇的全体职工缴付的企业年金或职业年金，单位缴费部分，在计入个人账户时，个人暂不缴纳个人所得税；个人缴费部分，在不超过本人缴费工资计税基数的4%标准内的部分，暂从个人当期的应纳税所得额中扣除。超过上述规定的标准缴付的年金单位缴费和个人缴费部分，应并入个人当期的工资、薪金所得，依法计征个人所得税。企业年金个人缴费工资计税基数为本人上一年度月平均工资。月平均工资按国家统计局规定列入工资总额统计的项目计算。月平均工资超过职工工作地所在设区城市上一年度职工月平均工资300%以上的部分，不计入个人缴费工资计税基数。年金基金投资运营收益分配计入个人账户时，个人暂不缴纳个人所得税。个人达到国家规定的退休年龄，按月领取的年金，全额按照"工资、薪金所得"项目适用的税率，计征个人所得税。

方案一：企业不建立企业年金。

每位员工本年综合所得的应纳税所得额＝200 000－60 000－40 000＝100 000(元)

每位员工本年综合所得的应纳个人所得税＝100 000×10%－2 520＝7 480(元)

800名员工本年综合所得的应纳个人所得税合计＝7 480×800＝5 984 000(元)

企业应纳企业所得税＝25 000 000×25%＝6 250 000(元)

方案二：企业建立企业年金。

每位员工本年综合所得的应纳税所得额＝200 000－60 000－48 000＝92 000(元)

每位员工本年综合所得的应纳个人所得税＝92 000×10％－2 520＝6 680(元)

800名员工本年综合所得的应纳个人所得税合计＝6 680×800＝5 344 000(元)

企业应纳企业所得税＝(25 000 000－200 000×4％×800)×25％＝4 650 000(元)

方案二比方案一当期共少缴纳个人所得税640 000元(5 984 000－5 344 000)，企业少缴纳企业所得税1 600 000元(6 250 000－4 650 000)，若以实现税负最小化为纳税筹划目标，则应当选择方案二。

第三节 个人所得税应税项目转换的纳税筹划

一、居民个人综合所得内部项目转换的纳税筹划

综合所得包括工资、薪金所得、劳务报酬所得、稿酬所得、特许权使用费所得四项所得。其中，工资、薪金所得100％计入收入额，劳务报酬所得、稿酬所得、特许权使用费所得以收入减除20％的费用后的余额计入收入额。另外，稿酬所得的收入额再减按70％计算。

在纳税人实际收入水平不变的情况下，可以通过四项收入项目之间的转换，以达到减少应纳税额、实现税后净收入最大化的目的。因此，居民个人在具有四项所得的情况下，由于稿酬所得优惠最大，应尽可能创造条件使其收入适用于稿酬所得项目；其次因劳务报酬、特许权使用费所得以收入减除20％的费用后的余额计入收入额，也可尽可能创造条件提高劳务报酬、特许权使用费所得项目；最后因工资、薪金所得是全额计入收入额，应尽量降低工资、薪金所得项目。如果纳税人每月能从多处兼职取得工资、薪金，建议选定一处的固定收入作为工资、薪金项目收入，尽可能提高其余各处稿酬项目、劳务报酬项目收入。

【例5-8】 居民个人张捷为丙公司的一名设计师，本年有两种获取综合所得的方案可供选择。

方案一：从丙公司获取税前工资、薪金收入合计200 000元(含加班为任职单位丙公司设计效果图获得的收入50 000元)，业余兼职取得税前劳务报酬收入70 000元(含审稿取得的收入20 000元)，业余出版专业书籍取得税前稿酬收入80 000元。

方案二：张捷若放弃加班为任职单位丙公司设计效果图而减少税前工资、薪金收入

50 000元,则可以通过兼职为其他单位设计效果图从而相应地增加税前劳务报酬收入50 000元;若放弃审稿减少税前劳务报酬收入20 000元,则可以通过增加写作时间相应地增加税前稿酬收入20 000元。因此该方案张捷从丙公司获取税前工资、薪金收入合计150 000元(200 000−50 000),业余兼职取得税前劳务报酬收入100 000元(70 000+50 000−20 000),业余出版专业书籍取得税前稿酬收入100 000元(80 000+20 000)。

张捷本年专项扣除、专项附加扣除和依法确定的其他扣除合计40 000元。假设不考虑增值税因素。

要求:请对上述业务进行纳税筹划。

【筹划分析】 居民个人的综合所得,以每一纳税年度的收入额减除费用60 000元以及专项扣除、专项附加扣除和依法确定的其他扣除后的余额,为应纳税所得额。综合所得中的劳务报酬所得、稿酬所得、特许权使用费所得以收入减除20%的费用后的余额为收入额,稿酬所得的收入额减按70%计算。计算公式为:

综合所得的应纳税所得额 = 工资、薪金 + 劳务报酬 × (1−20%) + 特许权使用费 × (1−20%)
　　　　　　　　　　　+ 稿酬 × (1−20%) × 70% − 基本减除费用 − 专项扣除
　　　　　　　　　　　− 专项附加扣除 − 依法确定的其他扣除

应纳税额 = 综合所得应纳税所得额 × 适用税率 − 速算扣除数

居民个人综合所得适用个人所得税税率表(按年)如表5-2所示。

【筹划方案】

方案一:从丙公司获取税前工资、薪金收入合计200 000元(含加班为任职单位丙公司设计效果图获得的收入50 000元),业余兼职取得税前劳务报酬收入70 000元(含审稿取得的收入20 000元),业余出版专业书籍取得税前稿酬收入80 000元。

综合所得的应纳税所得额 = 200 000 + 70 000 × (1−20%) + 80 000 × (1−20%) × 70% − 60 000 − 40 000 = 200 800(元)

本年综合所得的应纳个人所得税税额 = 200 800 × 20% − 16 920 = 23 240(元)

方案二:从丙公司获取税前工资、薪金收入合计150 000元(200 000−50 000),业余兼职取得税前劳务报酬收入100 000元(70 000+50 000−20 000),业余出版专业书籍取得税前稿酬收入100 000元(80 000+20 000)。

本年综合所得的应纳税所得额 = 150 000 + 100 000 × (1−20%) + 100 000 × (1−20%) × 70% − 60 000 − 40 000 = 186 000(元)

本年综合所得的应纳个人所得税税额 = 186 000 × 20% − 16 920 = 20 280(元)

方案二比方案一少缴纳个人所得税2 960元(23 240−20 280),若以实现税负最小化为纳税筹划目标,则应当选择方案二。

二、居民个人综合所得与经营所得转换的纳税筹划

一般情况下,个人同等金额的劳动收入在综合所得和经营所得不同的应税项目下,其应纳税所得额和税率基本上是不同的。因此在个人劳动收入金额相同且能够相互转换的情况下,可以通过分别测算综合所得和经营所得各自的个人所得税税负,来选择税负低的应税所得项目。对于高收入者,综合所得的最高边际税率高达45%,而经营所得的最高边际税率仅为35%,因此高收入者最好通过注册成立个体工商户的方式取得收入。

同时需要注意的是并非所有的劳动收入均可在综合所得与经营所得之间转换。对于可以转换应税项目的劳动收入还需要考虑转换成本,因此居民个人需要权衡利弊、综合考虑,选择最优方案。

【例5-9】 居民个人王建是一名律师,主要从事律师咨询工作,本年有两种工作方案可供选择。

方案一:王建在甲律师事务所兼职提供法律咨询服务。本年度取得税前劳务报酬收入700 000元,且与甲律师事务所约定,王建自己承担因提供咨询活动产生的成本、费用和损失,当年的成本、费用以及损失为500 000元。

方案二:王建注册成立一家个体工商户,通过甲律师事务所对外提供咨询服务,且与甲律师事务所约定,该个体工商户自己承担因提供咨询活动产生的成本、费用和损失,本年度该个体工商户取得税前经营收入700 000元,当年的成本、费用以及损失为500 000元。

当年王建的专项扣除、专项附加扣除和依法确定的其他扣除合计40 000元。当年王建没有其他收入。假设不考虑增值税因素。

要求:请对上述业务进行纳税筹划。

【筹划分析】 居民个人的综合所得,以每一纳税年度的收入额减除费用60 000元以及专项扣除、专项附加扣除和依法确定的其他扣除后的余额为应纳税所得额。劳务报酬所得、稿酬所得、特许权使用费所得以收入减除20%的费用后的余额为收入额。稿酬所得的收入额减按70%计算。

经营所得,以每一纳税年度的收入总额减除成本、费用以及损失后的余额,为应纳税所得额。取得经营所得的个人,没有综合所得的,计算其每一纳税年度的应纳税所得额时,应当减除费用60 000元、专项扣除、专项附加扣除以及依法确定的其他扣除。专项附加扣除在办理汇算清缴时减除。

综合所得个人所得税税率表(按年)如表5-2所示;经营所得个人所得税税率表如表5-1所示。

【筹划方案】

方案一:王建在甲律师事务所兼职提供法律咨询服务,本年度取得税前劳务报酬收入700 000元,且与甲律师事务所约定,王建自己承担因提供咨询活动产生的成本、费用和损失,当年的成本、费用以及损失为500 000元。

由于劳务报酬所得以收入减除20%的费用后的余额为收入额,因此当年的成本、费用以及损失400 000元不能据实扣除,而只能按照收入的20%定率扣除。

本年综合所得的应纳税所得额 = 700 000 × (1 - 20%) - 60 000 - 40 000 = 460 000(元)

本年综合所得的应纳个人所得税税额 = 460 000 × 30% - 52 920 = 85 080(元)

方案二:王建注册成立一家个体工商户,通过甲律师事务所对外提供咨询服务,且与甲律师事务所约定,该个体工商户自己承担因提供咨询活动产生的成本、费用和损失,本年度该个体工商户取得税前经营收入700 000元,当年的成本、费用以及损失为500 000元。

本年经营所得的应纳税所得额 = 700 000 - 500 000 - 60 000 - 40 000 = 100 000(元)

本年经营所得的应纳个人所得税税额 = 100 000 × 20% - 10 500 = 9 500(元)

方案二比方案一少缴纳个人所得税75 580元(85 080 - 9 500),若以实现税负最小化为纳税筹划目标,则应当选择方案二。

三、居民个人股东取得红利所得与工资、薪金所得选择的纳税筹划

居民个人综合所得除了可以与经营所得转换外,在条件允许的情况下,还可以与其他所得转换。其他所得指的是非劳动性所得,如财产租赁所得、财产转让所得、股息红利所得等。不同应税项目适用的税率不同,导致在相同收入规模下不同应税项目所缴纳的个人所得税会存在较大的差异。

通过变换个人应税所得的形式可能会达到降低个人所得税税负的目的,利用不同应税项目之间税率的差异是进行纳税筹划的一个重要思路。综合所得的最高边际税率是45%,经营所得的最高边际税率是35%,其他收入的税率一般为20%。一般来说,个人收入越高,比例税率会带来相对税负下降,而累进税率则不同。如果居民个人综合所得较高,则可以考虑将高税率的工资薪金所得、劳务报酬所得等综合所得转换为较低税率的股息、红利所得,达到节税的目的。

居民个人应具体情况具体分析,通过测算比较工资、薪金所得与利息、股息、红利所得的税负大小来选择最优的纳税筹划方案。

【例5-10】 晨鸣有限责任公司有四位股东,每个股东出资100万元,持股比例均为

25%。2020年度,该公司职工人数为40人,全年工资、薪金总额为200万元(不含四位股东工资),实现税前利润120万元,没有企业所得税纳税调整项目。该年度四位股东有三种收入分配方案可供选择。

方案一:四位股东不取得工资、薪金,只取得红利。年终,该公司按照本年税后利润的10%提取法定盈余公积后,剩余的利润全部作为红利平均分配给股东。

方案二:四位股东取得工资、薪金与取得红利相结合。四位股东每人每年取得税前工资、薪金10万元,被税务机关认为是合理的工资、薪金支出;年终,四位股东取得红利41万元。

方案三:四位股东只取得工资、薪金,不取得红利。四位股东每人每年取得税前工资、薪金20.25万元,被税务机关认为是合理的工资、薪金支出。

四位股东的专项扣除、专项附加扣除和依法确定的其他扣除合计数均为4万元。假设四位股东除上述所得外,没有其他所得。

要求:请对上述业务进行纳税筹划。

【筹划分析】 下列各项个人所得应当缴纳个人所得税:①工资、薪金所得。②劳务报酬所得。③稿酬所得。④特许权使用费所得。⑤经营所得。⑥利息、股息、红利所得。⑦财产租赁所得。⑧财产转让所得。⑨偶然所得。

居民个人取得上述第①项至第④项所得(称为综合所得),按纳税年度合并计算个人所得税。纳税人取得上述第⑤项至第⑨项所得,依照规定分别计算个人所得税。

个人所得税的税率规定如下:①综合所得,适用3%至45%的超额累进税率。②经营所得,适用5%至35%的超额累进税率。③利息、股息、红利所得,财产租赁所得,财产转让所得和偶然所得,适用比例税率,税率为20%。

应纳税所得额的计算规定如下:①居民个人的综合所得,以每一纳税年度的收入额减除费用60 000元以及专项扣除、专项附加扣除和依法确定的其他扣除后的余额,为应纳税所得额。②经营所得,以每一纳税年度的收入总额减除成本、费用以及损失后的余额,为应纳税所得额。③财产租赁所得,每次收入不超过4 000元的,减除费用800元。4 000元以上的,减除20%的费用,其余额为应纳税所得额。④财产转让所得,以转让财产的收入额减除财产原值和合理费用后的余额,为应纳税所得额。⑤利息、股息、红利所得和偶然所得,以每次收入额为应纳税所得额。

通过变换个人应税所得的形式可能会达到降低个人所得税税负的目的。但要注意发放的工资、薪金应当为合理的工资、薪金,以避免税务机关进行纳税调整。合理的工资、薪金,是指企业按照股东大会、董事会、薪酬委员会或相关管理机构制定的工资、薪金制度规定实际发放给员工的工资、薪金。税务机关在对工资、薪金进行合理性确认时,可参照以下原则:

(1) 企业制定了较为规范的员工工资、薪金制度。

(2) 企业制定的工资、薪金制度符合行业及地区水平。

(3) 企业在一定时期内所发放的工资、薪金是相对固定的,工资、薪金的调整是有序进行的。

(4) 企业对实际发放的工资、薪金,已依法履行了代扣代缴个人所得税义务。

(5) 企业有关工资、薪金的安排,不以减少或逃避税款为目的。

【筹划方案】

方案一:

应纳企业所得税税额 $=120 \times 25\% = 30$(万元)

税后利润 $=120-30=90$(万元)

提取法定盈余公积 $=90 \times 10\% = 9$(万元)

可供分配给股东的利润 $=90-9=81$(万元)

每位股东取得的红利 $=81 \div 4 = 20.25$(万元)

四位股东红利所得应纳个人所得税合计 $=20.25 \times 20\% \times 4 = 16.2$(万元)

由于四位股东不领取工资、薪金,因此,四位股东综合所得应纳个人所得税为0。

四位股东应纳个人所得税合计 $=16.2+0=16.2$(万元)

税负总额 $=30+16.2=46.2$(万元)

方案二:

应纳企业所得税税额 $=(120-10 \times 4) \times 25\% = 20$(万元)

税后利润 $=120-10 \times 4-20=60$(万元)

提取法定盈余公积 $=60 \times 10\% = 6$(万元)

可供分配给股东的利润 $=60-6=54$(万元)

从54万元中拿出41万元发放红利,即四位股东每人领取10.25万元的红利。

每位股东取得的红利 $=41 \div 4 = 10.25$(万元)

四位股东红利所得应纳个人所得税合计 $=10.25 \times 20\% \times 4 = 8.2$(万元)

每位股东工资、薪金所得应纳税所得额 $=10-6-4=0$(万元)

每位股东工资、薪金所得应纳个人所得税税额 $=0$(万元)

四位股东综合所得应纳个人所得税税额 $=0$(万元)

四位股东应纳个人所得税合计 $=8.2+0=8.2$(万元)

税负总额 $=20+8.2=28.2$(万元)

方案三:

应纳企业所得税税额 $=(120-20.25 \times 4) \times 25\% = 9.75$(万元)

税后利润 $=120-20.25 \times 4-9.75=29.25$(万元)

提取法定盈余公积＝29.25×10%＝2.925(万元)

可供分配给股东的利润＝29.25－2.925＝26.325(万元)

由于公司不分配红利,因此四位股东的红利应纳个人所得税为0。

每位股东工资、薪金所得应纳税所得额＝20.25－6－4＝10.25(万元)

每位股东工资、薪金所得应纳个人所得税税额＝10.25×10%－0.252＝0.773(万元)

四位股东综合所得应纳个人所得税税额＝0.773×4＝3.092(万元)

四位股东应纳个人所得税合计＝0＋3.092＝3.092(万元)

税负总额＝9.75＋3.092＝12.842(万元)

以上三种收入分配方案比较如表5-5所示。

表5-5　　　　　　　　　三种收入分配方案比较　　　　　　　　单位：万元

方案	企业所得税税额	个人所得税税额	税负总额
方案一	30	16.2	46.2
方案二	20	8.2	28.2
方案三	9.75	3.092	12.842

通过三种方案的比较可以看出,方案二优于方案一,方案三优于方案二。三种方案中,最优的方案为方案三,其原因在于本案例中,工资、薪金个人所得税税率为10%,且有扣除项目,另外工资、薪金可以在企业所得税前扣除,而利息、股息、红利个人所得税税率为20%,且无扣除项目,是在企业所得税后发放的。

四、非居民个人工资、薪金所得与劳务报酬所得转换的纳税筹划

由于非居民个人工资、薪金所得与劳务报酬所得的费用扣除金额或方式不同(非居民个人的工资、薪金所得以每月收入额减除费用5 000元后的余额为应纳税所得额;劳务报酬所得以每次收入减除20%的费用后的余额为每次收入额,即应纳税所得额),因此相同数额的收入,是按工资、薪金所得纳税,还是按劳务报酬所得纳税,其应纳税所得额是不同的,由此计算的个人所得税税额也是不同的。非居民个人应通过测算不同所得的非居民个人所得税税负,选择最佳的纳税筹划方案。

【例5-11】 非居民个人杰克(德国人)是一名工程师,2020年2~6月在中国境内,其他时间在德国。2020年2~6月有两种工作方案可供选择。

方案一:与中国甲公司签订劳务合同,本年2~6月每月可取得税前劳务报酬收入7 000元。

方案二:与中国甲公司签订劳动合同,本年2~6月每月可取得税前工资、薪金收入7 000元。假设无论确定何种用工关系,对企业和个人的其他方面都不产生影响。假设不

考虑增值税因素。

要求：请对上述业务进行纳税筹划。

【筹划分析】 自2019年1月1日起，扣缴义务人向非居民个人支付工资、薪金所得，劳务报酬所得，稿酬所得和特许权使用费所得时，应当按以下方法按月或者按次代扣代缴个人所得税：非居民个人的工资、薪金所得，以每月收入额减除费用5 000元后的余额为应纳税所得额；劳务报酬所得以收入减除20%的费用后的余额为收入额。计算应纳税额适用按月换算后的非居民个人月度税率表，如表5-4所示。计算公式如下：

非居民个人工资、薪金所得，劳务报酬所得应纳税额 = 应纳税所得额 × 税率 − 速算扣除数

【筹划方案】

方案一：与中国甲公司签订劳务合同，2020年2~6月每月可取得税前劳务报酬收入为7 000元。

杰克每月劳务报酬所得的应纳税所得额 = 7 000 × (1 − 20%) = 5 600(元)

杰克每月劳务报酬所得的应纳个人所得税税额 = 5 600 × 10% − 210 = 350(元)

杰克2020年2~6月劳务报酬所得的应纳个人所得税合计 = 350 × 4 = 1 400(元)

方案二：与中国甲公司签订劳动合同，2020年2~6月每月可取得税前工资、薪金收入7 000元。

杰克每月工资、薪金所得的应纳税所得额 = 7 000 − 5 000 = 2 000(元)

杰克每月工资、薪金所得的应纳个人所得税税额 = 2 000 × 3% = 60(元)

杰克2020年2~6月工资、薪金所得的应纳个人所得税合计 = 60 × 4 = 240(元)

方案二比方案一少缴纳个人所得税1 160元(1 400 − 240)，若以实现税负最小化为纳税筹划目标，则应当选择方案二。

第四节 个人所得税税收优惠及其他方面的纳税筹划

一、财产转让所得的纳税筹划

个人转让有价证券、股权、建筑物、土地使用权、机器设备、车船以及其他财产取得的所得，应缴纳个人所得税。对于个人转让财产所得缴纳个人所得税政策中有相应的税收优惠，个人在转让财产过程中要充分利用好优惠政策。

【例5-12】 2015年5月王先生购买家中首套住房，并办理了房产证。2020年3月，王先生想卖掉该住房购买另一套改善型住房。现有三种方案可选择。

方案一：王先生2020年3月先卖掉旧房再购置改善房。

方案二：王先生2020年3月先购置改善房再卖掉旧房。

方案三：王先生2020年5月之后先卖掉旧房再购置改善房。

要求：请对上述业务进行纳税筹划。

【筹划分析】 个人出售满5年以上并且是家庭唯一住房，免征个人所得税，其契税在符合条件情况下可以减征。

【筹划方案】

方案一：由于购买旧房未达到5年以上，不能免征个人所得税，卖掉旧房，购置的新房成为家庭唯一住房，其契税在符合条件情况下可以减征。

方案二：先购置改善房，由于没有处置旧房，使其成为第二套房而无法享受契税优惠，旧房在购置了改善房后不是家庭唯一住房且不足5年，无法免征个人所得税。

方案三：2020年5月旧房已达到购买5年且是在购置改善房前处置的，是家庭唯一住房，可以免征个人所得税，改善房于旧房卖掉后再购置，在符合条件情况下可以减征契税。由此可以看出，第三种方案是纳税金额最少的。

二、个人捐赠的纳税筹划

从个人所得税纳税筹划角度，应充分利用税收优惠政策，优先选择全额扣除的捐赠，其次选择限额扣除的捐赠，最后选择不能扣除的捐赠。即个人在选择捐赠对象时，优先选择通过非营利性的社会团体和国家机关向红十字公益事业等进行捐赠，其次选择通过非营利性的社会团体和国家机关进行公益性捐赠，最后选择直接向受灾对象捐赠。当个人用于捐赠的资金数额超过了个人所得税有关的扣除限额时，个人也可以通过分期捐赠来实现纳税筹划。

【例5-13】 居民个人张荣于2020年12月购入一套住房，购进时原价为200 000元。2021年2月又将该住房转让，取得转让收入300 000元，同时将该笔收入中的50 000元进行捐赠且转让时支付有关税费20 000元。现有三种捐赠的方案可供选择：

方案一：直接捐赠50 000元。

方案二：通过中国境内的社会团体、国家机关捐赠50 000元。

方案三：通过非营利性的社会团体和国家机关向红十字公益事业等捐赠50 000元。

要求：请对上述业务进行纳税筹划。

【筹划分析】 与个人捐赠相关的税收优惠政策如下：

(1) 个人不通过公益性社会团体和国家有关部门，而是直接向受灾对象的捐赠，捐赠额不能在个人所得税税前扣除。

(2) 个人将其所得对教育、扶贫、济困等公益慈善事业进行捐赠，捐赠额未超过纳税人申报的应纳税所得额 30% 的部分，可以从其应纳税所得额中扣除。对教育、扶贫、济困等公益慈善事业进行捐赠，是指个人将其所得通过中国境内的社会团体、国家机关向教育、扶贫、济困等公益慈善事业的捐赠；所称应纳税所得额，是指计算扣除捐赠额之前的应纳税所得额。涉及捐赠的应纳个人所得税的具体计算公式如下：

$$捐赠扣除限额 = 应纳税所得额 \times 30\%$$

允许扣除的捐赠额的确定方法为：如果实际捐赠额大于捐赠限额，则以捐赠限额作为允许扣除的捐赠额；如果实际捐赠额小于或者等于捐赠限额，则以实际捐赠额作为允许扣除的捐赠额(此处运用了孰低原则)。

$$应纳个人所得税税额 = (应纳税所得额 - 允许扣除的捐赠额) \times 适用税率 - 速算扣除数$$

(3) 个人将其所得通过非营利性的社会团体和国家机关向红十字公益事业等进行捐赠，在缴纳个人所得税前准予全额扣除。涉及捐赠的应纳个人所得税的具体计算公式如下：

$$应纳个人所得税税额 = (应纳税所得额 - 全部捐赠额) \times 适用税率 - 速算扣除数$$

【筹划方案】

方案一：直接捐赠 50 000 元。

此时，捐赠额不能在个人所得税税前扣除。

应纳个人所得税税额 =（300 000 - 200 000 - 20 000）× 20% = 16 000（元）

方案二：通过中国境内的社会团体、国家机关捐赠 50 000 元。此时，捐赠额在缴纳个人所得税前限额扣除。

允许在个人所得税前扣除的捐赠限额 =（300 000 - 200 000 - 20 000）× 30% = 24 000（元）

实际捐赠额(50 000 元)大于捐赠限额(24 000 元)，只能将捐赠限额作为允许扣除的捐赠额，来计算应纳个人所得税。

应纳个人所得税税额 =（300 000 - 200 000 - 20 000 - 24 000）× 20% = 11 200（元）

方案三：通过非营利性的社会团体和国家机关向红十字公益事业等捐赠 50 000 元。此时，捐赠额在缴纳个人所得税前准予全额扣除。

应纳个人所得税税额 =（300 000 - 200 000 - 20 000 - 50 000）× 20% = 6 000（元）

方案三比方案二少缴纳个人所得税 5 200 元(11 200 - 6 000)，比方案一少缴纳个人所得税 10 000 元(16 000 - 6 000)，若以实现税负最小化为纳税筹划目标，则应当优先选择方案三，其次是方案二，最后是方案一。

三、偶然所得临界点的纳税筹划

偶然所得是个人得奖、中奖、中彩以及其他偶然性质的所得。偶然所得以每次收入额为应纳税所得额。偶然所得适用比例税率,税率为20%。对个人购买福利彩票、赈灾彩票、体育彩票,一次中奖收入在1万元以下的(含1万元),暂免征收个人所得税;超过1万元的,全额征收个人所得税。

【例5-14】 乙单位负责发行体育彩票。现有两种设立奖项的方案可供选择。

方案一:设置4个奖项,每个奖项中奖额为12 000元。

方案二:设置4个一等奖,每个一等奖中奖额为9 000元,同时设置4个二等奖,每个二等奖中奖额为3 000元。

要求:请对上述业务进行纳税筹划。

【筹划分析】 发行体育彩票的单位在设立奖项时,应当考虑税收政策的规定,尽量避免单项中奖额刚超过1万元的情况出现,而应将单项中奖额控制在1万元以下(含1万元),以使纳税人享受免税待遇。

【筹划方案】

方案一:设置4个奖项,每个奖项中奖额为12 000元。

应纳个人所得税税额=12 000×20%×4=9 600(元)

税后收益=12 000×4−9 600=38 400(元)

方案二:设置4个一等奖,每个一等奖中奖额为9 000元,同时设置4个二等奖,每个二等奖中奖额为3 000元。一次中奖收入在1万元以下的(含1万元),暂免征收个人所得税。

应纳个人所得税税额=0(元)

税后收益=9 000×4+3 000×4=48 000(元)

方案二比方案一少缴纳个人所得税9 600元(9 600−0),多获取税后收益9 600元(48 000−38 400),若以实现税负最小化以及税后收益最大化为纳税筹划目标,则应当选择方案二。

四、规避应税所得的纳税筹划

除个人独资企业、合伙企业以外的其他企业的个人投资者,以<u>企业资金</u>为本人、股东支付与企业生产经营无关的消费性支出及购买汽车、住房等财产性支出,视为企业对个人投资者的红利分配,依照"利息、股息、红利所得"项目计征个人所得税。企业的上述支出不允许在所得税税前扣除。

在进行纳税筹划时,如果企业购买汽车并将车辆所有权办到股东个人名下,其实质为企业对股东进行了红利性质的实物分配,股东个人应按照"利息、股息、红利所得"项目征收个人所得税。如果企业购买汽车并将车辆所有权办到公司名下,仅将车辆使用权交给股东个人,则股东个人无需缴纳个人所得税。同时企业可以抵扣购车的进项税额,每年车辆的折旧、修理费还可以减少企业所得税应纳税额,可谓一举多得。

【例5-15】 2021年1月，M公司（未上市司）购买了一辆价值4 520 000元（含增值税）的小汽车（取得了增值税专用发票），作为红利送给本公司高管居民个人张某（属于M公司股东）。张某每年工资、薪金总额均为800 000元。预计张某每年支付该汽车的保险等固定费用50 000元（取得了增值税普通发票；若将该小汽车的车辆所有权办到M公司的名下，也只能取得增值税普通发票），油耗及修理费加税合计101 700元（取得了增值税专用发票；若将该小汽车的车辆所有权办到M公司的名下，则可取得增值税专用发票）。小汽车预计使用年限为4年，预计净残值为0。张某本年专项扣除、专项附加扣除和依法确定的其他扣除合计60 000元。张某各年度均没有其他收入。

要求：请对上述业务进行纳税筹划。

【筹划分析】 公司将车辆所有权办到股东张某名下。相当于将小汽车作为红利送给本公司股东张某。张某应按照小汽车市场价格作为"利息、股息、红利所得"缴纳个人所得税。"利息、股息、红利所得"适用20%的比例税率。公司将车辆所有权办到公司名下，则张某无需缴纳个人所得税，且公司支付车辆折旧费、油耗及修理费可抵减企业所得税税额。

【筹划方案】

方案一：M公司将车辆所有权办到股东张某名下。

M公司购入该小汽车可抵扣进项税额 = 4 520 000 ÷ （1 + 13%） × 13% = 520 000（元）

M公司将该小汽车作为红利分配给张某时视同销售，则：

应计提增值税销项税额 = 4 520 000 ÷ （1 + 13%） × 13% = 520 000（元）

应纳增值税 = 520 000 − 520 000 = 0（元）

张某红利所得应纳个人所得税税额 = 4 520 000 × 20% = 904 000（元）

张某每年支付固定费用、油耗及修理费 = 50 000 + 101 700 = 151 700（元）

张某每年工资、薪金所得的应纳税所得额 = 800 000 − 60 000 − 60 000 = 680 000（元）

张某每年综合所得应纳个人所得税税额 = 680 000 × 35% − 85 920 = 152 080（元）

方案二：M公司将车辆所有权办到公司名下，仅将车辆使用权交给张某，由M公司支付该小汽车的固定费用、油耗及修理费，且该小汽车采用直线法计提折旧。同时每年降低张某的工资、薪金151 700元（相当于方案一中每年支付的固定费用、油耗及修理费）。

M公司购入该小汽车可抵扣进项税额 = 4 520 000 ÷ （1 + 13%） × 13% = 520 000（元）

M公司每年小汽车折旧抵减企业所得税税额 = 4 520 000 ÷ （1 + 13%） ÷ 4 × 25% = 250 000（元）

M公司每年小汽车油耗以及修理费抵减企业所得税税额 = [50 000 + 101 700 ÷ （1 + 13%）] × 25% = 35 000（元）

M公司每年小汽车油耗及修理费抵扣进项税额 = 101 700 ÷ （1 + 13%） × 13% =

11 700(元)

张某每年工资、薪金所得的应纳税所得额＝(800 000－151 700)－60 000－60 000＝528 300(元)

张某每年综合所得应纳个人所得税＝528 300×30％－52 920＝105 570(元)

方案二比方案一张某少缴纳个人所得税950 510元(904 000＋152 080－105 570)，甲公司每年少缴纳企业所得税285 000元(250 000＋35 000)，若以实现税负最小化为纳税筹划目标，则应当选择方案二。

章 节 测 试 题

班级 _____ 姓名 _____ 学号 _____ 总分 _____

一、单项选择题(每小题 1 分,共 8 分)

1. 下列关于个人所得税纳税人的筹划的表述中,错误的是(　　)。

   A. 可以利用"183 天规则"进行筹划

   B. 改变国籍,变更住所,合理避税

   C. 利用我国与世界上其他国家签订的双边或多边税收协定,争取享受税收饶让优惠政策

   D. 这种筹划的根本思路是如何避免成为中国的非居民纳税人

2. 下列各项中,属于偶然所得比较有效的纳税筹划方法的是(　　)。

   A. 多向公益事业捐赠

   B. 充分利用体育彩票等中奖所得暂免征税临界点的规定

   C. 将偶然所得隐瞒不报

   D. 将中奖所得由现金改为实物

3. 下列关于综合所得中的工资、薪金所得的纳税筹划方法的表述中,错误的是(　　)。

   A. 工资、薪金所得与劳务报酬所得转换

   B. 均衡收入法

   C. 改变自己工资薪金的支付方法,可由单位提供一些必要的福利

   D. 单位为职工购买的住房、汽车,所有权归职工所有

4. 当个人用于捐赠的资金数额超过了个人所得税有关的扣除限额时,可以通过(　　)来实现纳税筹划。

   A. 申请延期纳税　　　　　　　　B. 在捐赠之前向有关税务机关申请免税

   C. 提前计算下期收入以提高捐赠限额　　D. 分期捐赠

5. 在个人出售住房时,为降低税收负担,应该选择(　　)。

   A. 持有房屋 1 年以上　　　　　　B. 持有房屋 2 年以上

   C. 持有房屋 3 年以上　　　　　　D. 持有房屋 5 年以上

6. 下列各项中,不属于个人所得税应税项目转换的纳税筹划方法的是(　　)。

   A. 居民个人综合所得内部项目转换的纳税筹划

B. 居民个人综合所得与经营所得转换的纳税筹划

D. 居民个人股东取得红利所得与工资、薪金所得选择的纳税筹划

D. 个人所得税税收优惠的纳税筹划

7. 个体工商户的生产经营所得,以每一纳税年度的收入总额减除成本、费用以及损失后的余额,为应纳税所得额。下列关于个体工商户捐赠支出扣除的纳税筹划的说法中,错误的是(   )。

   A. 捐赠手段在必要时可以达到纳税筹划的效果,从而收到既降低税收负担,又扩大纳税人的社会影响的效果

   B. 捐赠必须是间接捐赠,主要是指个人将其所得通过中国境内的社会团体、国家机关向教育和其他社会公共事业及遭受严重自然灾害地区、贫困地区捐赠

   C. 捐赠额未超过纳税人申报的应纳税所得额30%的部分,可以从其应纳税所得额中扣除

   D. 纳税人发生的纯公益性捐赠支出可以在税前从应税所得额中全额扣除

8. 下列各项中,不属于免纳个人所得税项目的是(   )。

   A. 国债和国家发行的金融债券利息

   B. 按照国家统一规定发给的补贴、津贴

   C. 依照我国有关法律规定应予免税的各国驻华使馆、领事馆的外交代表、领事官员和其他人员的所得

   D. 个人转让自用达5年以上并且是唯一的家庭居住用房取得的所得

二、多项选择题(每小题2分,共10分)

1. 下列关于个人对企、事业单位的承包、承租经营所得的纳税筹划的表述中,正确的有(   )。

   A. 工商登记改为个体工商户的,应按个体工商户的生产经营所得计征个人所得税,不再征收企业所得税,税收负担比较轻

   B. 工商登记改为个体工商户的,应按个体工商户的生产经营所得计征个人所得税,不再征收企业所得税,税收负担比较重

   C. 是否变更营业执照,直接决定纳税人税负的轻重

   D. 若使用原单位的营业执照,税负可能比较重

2. 下列各项中,属于个人所得税计税依据或税率的纳税筹划方法的有(   )。

   A. 居民个人按年均衡取得综合所得的纳税筹划

   B. 居民个人专项附加扣除方式选择的纳税筹划

   C. 非居民个人均衡取得工资、薪金所得的纳税筹划

   D. 非居民个人费用转移的纳税筹划

3. 下列关于《个人所得税法》中规定的专项附加扣除标准的表述中,正确的有(   )。
   A. 纳税人年满3岁的子女接受学前教育和学历教育的相关支出,按照每个子女每年12 000元(1 000元/月)的标准定额扣除
   B. 纳税人在一个纳税年度内发生了与基本医保相关的医药费用支出,扣除医保报销后个人负担累计超过15 000元的部分,由纳税人在办理年度汇算清缴时,在80 000元限额内据实扣除
   C. 纳税人可以同时享受住房贷款利息专项附加扣除和住房租金专项附加扣除
   D. 除独生子女纳税人父母其中之一年满60周岁的,纳税人可以享受每年24 000元的标准定额扣除

4. 居民个人综合所得的纳税筹划方法除了可以与经营所得转换外,在条件允许的情况下还可以与(   )转换。
   A. 财产租赁所得   B. 财产转让所得   C. 股息红利所得   D. 稿酬所得

5. 下列关于降低个人所得税税负的途径的表述中,正确的有(   )。
   A. 尽量均衡各年度的综合所得
   B. 综合所得四种收入内部转换
   C. 员工私家车加油时索要以公司为抬头的发票,然后以此发票到公司报销
   D. 员工到超市购买生活用品时索要以公司为抬头的发票,然后以此发票到公司报销

三、判断题(每小题1分,共10分)

1. 省级人民政府、国务院部委和中国人民解放军以上单位,以及外国组织、国际组织颁发的科学、教育、技术、文化、卫生、体育等方面的奖金,免征个人所得税。(   )

2. 对个人购买福利彩票、赈灾彩票和体育彩票,一次中奖收入在1万元以下(含1万元)的,暂免征收个人所得税;超过1万元的,按差额征收个人所得税。(   )

3. 夫妻之间的纳税筹划,夫妻双方应选择由综合所得高且适用个人所得税边际税率高的一方对专项附加扣除按扣除标准的100%扣除,以此降低了夫妻双方整体的个人所得税税率,从而降低夫妻双方整体的个人所得税税负。(   )

4. 自2008年10月9日起,对储蓄存款利息所得暂免征收个人所得税。(   )

5. 从个人所得税纳税筹划角度,应充分利用税收优惠政策,优先选择全额扣除的捐赠,其次选择限额扣除的捐赠,最后选择不能扣除的捐赠。(   )

6. 个人购买国债和国家发行的金融债券所取得的利息,免征个人所得税;企业购买国债和国家发行的金融债券所取得的利息,免征企业所得税。(   )

7. 个人转让自用达5年以上,并且是唯一的家庭生活用房取得的所得,暂免征收个人所得税。(   )

8. 非居民个人可以和接受劳务的单位进行协商,在合法合理的前提下,通过变换提供劳

务的地点等方式,将相关费用转移到接受劳务的单位身上,通过适当降低劳务报酬的方法对接受劳务的单位进行补偿。   ( )
9. 对个人所得税中全年一次性奖金收入的筹划主要在于两个方面:一是由居民选择年终奖是否并入当年综合所得计算缴纳个人所得税;二是年终奖发放的数额要避免陷入税收陷阱,即出现发放金额增加但实际到手金额减少的情况。   ( )
10. 居民个人在四项综合所得都具备的情况下,由于其中稿酬所得优惠最大,应尽可能创造条件使其收入适用于稿酬所得项目,以达到减轻个人税负的目的。   ( )

四、思考题(每小题6分,共12分)

1. 以我国税法为例,说明个人所得税纳税人取得跨国所得的情况下,应如何通过人员的住所(居住地)变动降低税收负担。
2. 简述个人所得税组织形式选择的纳税筹划。

五、案例分析题(每小题15分,共60分)

1. 陈某为A咨询公司员工,每月扣除社保和住房公积金后工资收入为10 000元,此外无其他综合所得收入项目。
   要求:请对陈某的收入进行纳税筹划,以减少陈某该项收入的应纳税额(不考虑专项附加扣除和依法确定的其他扣除)。
2. 美国公民约翰和查尔斯受雇于美国大型咨询公司,两人均在2019年年底被派往该公司在中国的分公司工作。2020年,因工作需要,约翰6~9月离境100天回国述职,10~12月又回国探亲90天。查尔斯在年内曾4次临时离境,每次均未超过30天,共计85天。2020年内,约翰从美国公司取得报酬2万美元,从中国公司取得人民币报酬15万元;查尔斯从美国公司取得报酬2万美元,从中国公司取得人民币报酬8万元。
   要求:不考虑除每年6万元费用扣除外的其他扣除因素,试计算比较约翰和查尔斯各自应纳的个人所得税(假设美元对人民币汇率为1∶6.5)。
3. 科技人员王某2020年发明了一种新技术,该技术获得了国家专利,专利权属个人所有。如果单纯将该专利转让,扣除增值税后可获转让收入80万元;如果将该专利折合股份投资,扣除相关税费后也可拥有相同价款的股权,当年可获取股息收入8万元。
   要求:假设王某没有其他综合所得项目收入,在不考虑除每年6万元费用扣除以外的其他税前扣除因素的前提下,请对王某转让专利的方式进行纳税筹划。
4. 张某为A公司的高级职员,每月收入共计30 000元,并由A公司每月为其代扣个人所得税。目前,假设张某每年仅享受6万元的费用扣除,其每年需要缴纳的个人所得税为:(30 000×12−60 000)×20%−16 920=43 080(元)。因此,虽然名义上他每年有360 000元的收入,实际上拿到手的钱只有316 920元(360 000−43 080)。
   要求:请对张某的收入进行纳税筹划,以减少张某的个人所得税应纳税额。

第六章　其他税种的纳税筹划

知识导航

其他税种的纳税筹划
- 城市维护建设税的纳税筹划
  - 企业选址的纳税筹划
  - 根据地址选择受托方的纳税筹划
- 关税的纳税筹划
- 资源税的纳税筹划
- 土地增值税的纳税筹划
  - 利用分劈手段进行筹划
  - 利用项目合并方式进行筹划
  - 利用利息扣除项目进行筹划
- 城镇土地使用税的纳税筹划
  - 企业选址的纳税筹划
  - 城镇土地使用税税收优惠政策的纳税筹划
- 印花税的纳税筹划
  - 减少合同参与方的纳税筹划
  - 选择低税率的纳税筹划
  - 分开核算的纳税筹划
- 契税的纳税筹划
  - 减少涉税环节的纳税筹划
  - 利用隐性赠与的纳税筹划
  - 房屋不等价交换的纳税筹划
- 房产税的纳税筹划
  - 降低房产原值的纳税筹划
  - 将免租期扩大到合同租赁期的纳税筹划
- 车船税的纳税筹划
  - 车船税临界点的纳税筹划
  - 降低车船税适用税率的纳税筹划
- 车辆购置税的纳税筹划

学习目标

1. 掌握城市维护建设税的纳税筹划方法。
2. 掌握关税的纳税筹划方法。
3. 掌握资源税的纳税筹划方法。
4. 掌握土地增值税的纳税筹划方法。
5. 掌握城镇土地使用税的纳税筹划方法。
6. 掌握印花税的纳税筹划方法。
7. 掌握契税的纳税筹划方法。
8. 掌握房产税的纳税筹划方法。
9. 掌握车船税的纳税筹划方法。
10. 掌握车辆购置税的纳税筹划方法。

案例导入

欧阳先生是一位具有英国国籍的华侨,现工作于曼彻斯特某公司,2021年1月10日乘飞机回中国探亲。他送给亲友的礼物有两个方案可选。

方案一:300美元的法国名葡萄酒3瓶,关税税率为50%;400美元的芳香类化妆品,关税税率为50%;2 000美元的瑞士金表1块,关税税率为30%。

方案二:珠宝首饰2 400美元,关税税率为10%,300美元航空航海模型,关税税率为10%。

要求:从节省关税的角度出发,欧阳先生该选择哪种方案。

第一节 城市维护建设税的纳税筹划

一、企业选址的纳税筹划

城市维护建设税是对从事工商经营,缴纳增值税、消费税的单位和个人征收的一种税。由于不同的地区规定了不同的城市维护建设税税率,因此企业可以根据自身的情况,在不影响经济效益的前提下,选择在城市维护建设税适用税率低的区域设立厂区,这样不仅可以少缴纳城市维护建设税,还能降低房产税与城镇土地使用税的税负。

【例6-1】 和盛公司计划建立一个新厂区以扩大经营场地,现有两种方案可供选择:

方案一：将新厂区设在市区。

方案二：将新厂区设在县城。

假设无论选择哪种方案，都不会影响其经济效益，且当期增值税和消费税合计80万元。

要求：请对上述业务进行纳税筹划。

【筹划分析】 城市维护建设税的纳税人是在征税范围内从事工商经营，并缴纳增值税、消费税的单位和个人。征税范围为城市市区、县城、建制镇，及征收"二税"的其他地区。

纳税人所在地在城市市区的，税率为7%；纳税人所在地在县城、建制镇的，税率为5%；纳税人所在地不在城市市区、县城、建制镇的，税率为1%。

【筹划方案】

方案一：将新厂区设在市区。

应纳城市维护建设税税额＝80×7%＝5.6（万元）

方案二：将新厂区设在县城。

应纳城市维护建设税税额＝80×5%＝4（万元）

方案二比方案一少缴纳城市维护建设税1.6万元（5.6－4），若以实现税负最小化为纳税筹划目标，则应当选择方案二。

二、根据地址选择受托方的纳税筹划

纳税人可以选择设在城市维护建设税税率比自己低的地区的受托单位进行委托加工生产以达到降低城市维护建设税税额的目的。

【例6-2】 丙公司是高尔夫球生产企业，2021年2月有一批高尔夫球杆委托加工生产，受托加工单位代收代缴消费税税额为600万元。现有两个受托单位可供选择：一是设在市区的乙公司；二是设在县城的丁公司。

要求：请对上述业务进行纳税筹划。

【筹划分析】 城市维护建设税的征收管理、纳税环节等事项，比照增值税、消费税的有关规定办理。根据税法规定的原则，财政部和国家税务总局作了以下规定：

（1）纳税人直接缴纳"二税"的，在缴纳"二税"地缴纳城市维护建设税。

（2）代扣代缴的纳税地点。代征、代扣、代缴增值税、消费税的企业单位，同时代征、代扣、代缴城市维护建设税。没有代扣城市维护建设税的，由纳税单位或个人回到其所在地申报纳税。

【筹划方案】

方案一：选择设在市区的乙公司作为受托方。

丙公司承担的城市维护建设税税额（由受托方乙公司代收代缴）=600×7%
=42（万元）

方案二：选择设在县城的丁公司作为受托方。

丙公司承担的城市维护建设税税额（由受托方丁公司代收代缴）=600×5%
=30（万元）

方案二比方案一少缴纳城市维护建设税12万元（42-30），若以实现税负最小化为纳税筹划目标，则应当选择方案二。

第二节 关税的纳税筹划

《中华人民共和国进出口关税条例》（简称《进出口关税条例》）第十八条规定：进口货物的完税价格由海关以符合本条第三款所列条件的成交价格以及该货物运抵中华人民共和国境内输入地点起卸前的运输及其相关费用、保险费为基础审查确定。

进口货物以海关审定的正常成交价格为基础的到岸价格作为完税价格。到岸价格包括货价，加上货物运抵中华人民共和国关境内输入地点起卸前的包装费、运费、保险费和其他劳务费等费用。因此企业在进行纳税筹划时，可选择同类产品中成交价格比较低的，运输、杂项费用相对小的货物进口，才能降低关税完税价格，进而降低关税税额。

【例6-3】 捷昌企业需要钢结构产品自动生产线，可供选择的进货渠道有两种：一是从澳大利亚进口，二是从加拿大进口。从澳大利亚进口，境外成交价格为2 000万元，起卸前运费和保险费为60万元，另支付由买方负担的经纪费10万元，买方负担的包装材料和包装劳务费为50万元，与生产线有关的境外开发设计费为60万元；从加拿大进口，境外成交价格为1 900万元，但起卸前运输和保险费用高达100万元，另支付由买方负担的经纪费10万元，买方负担的包装材料和包装劳务费为30万元，与生产线有关的境外开发设计费用为90万元，关税税率为30%。

要求：请对上述业务进行纳税筹划。

【筹划分析】 进口货物的成交价格，是指卖方向中华人民共和国境内销售该货物时买方为进口该货物向卖方实付、应付的，并按照本条例第十九条、第二十条规定调整后的价款总额，包括直接支付的价款和间接支付的价款。

第十九条规定进口货物的下列费用应当计入完税价格：

(1) 由买方负担的购货佣金以外的佣金和经纪费。

(2) 由买方负担的在审查确定完税价格时与该货物视为一体的容器的费用。

(3) 由买方负担的包装材料费用和包装劳务费用。

(4) 与该货物的生产和向中华人民共和国境内销售有关的,由买方以免费或者以低于成本的方式提供并可以按适当比例分摊的料件、工具、模具、消耗材料及类似货物的价款,以及在境外开发、设计等相关服务的费用。

(5) 作为该货物向中华人民共和国境内销售的条件,买方必须支付的、与该货物有关的特许权使用费。

(6) 卖方直接或者间接从买方获得的该货物进口后转售、处置或者使用的收益。

第二十条规定进口时在货物的价款中列明的下列税收、费用,不计入该货物的完税价格:

(1) 厂房、机械、设备等货物进口后进行建设、安装、装配、维修和技术服务的费用。

(2) 进口货物运抵境内输入地点起卸后的运输及其相关费用、保险费。

(3) 进口关税及国内税收。

【筹划方案】

方案一:从澳大利亚进口。

关税完税价格 = 2 000 + 60 + 10 + 50 + 60 = 2 180(万元)

应纳关税税额 = 2 180 × 30% = 654(万元)

方案二:从加拿大进口。

关税完税价格 = 1 900 + 100 + 10 + 30 + 90 = 2 130(万元)

应纳关税税额 = 2 130 × 30% = 639(万元)

综上所述,方案一比方案二多缴关税15万元(654 − 639),应选方案一。

案例解析

本案例涉及个人回国探亲时携带的行李物品和个人邮递物品关税的缴纳问题。我国税法对烟酒、化妆品、金银及其制品,包括饰品、纺织品和制成品、电器用品、手表照相机、录像机等关税税率的规定差异比较大,特别烟酒与化妆品的税率都是50%,因此若欧阳先生想在国外购买礼物然后回中国馈赠亲朋好友,可选择购买税率较低的外国商品,以达到降低进口关税的目的。

方案一:300美元的法国名葡萄酒三瓶,关税税率为50%;400美元的芳香类化妆品,关税税率为50%;2 000美元的瑞士金表一块,关税税率为30%。

应纳关税税额 = 300 × 50% + 400 × 50% + 2 000 × 30% = 950(美元)

方案二:珠宝首饰2 400美元,关税税率为10%,300美元航空航海模型,关税税率为10%。

应纳关税税额 = 2 400 × 10% + 300 × 10% = 270(美元)

综上所述,方案二比方案一少缴680美元(950 − 270)的关税,选方案二。但是,购买礼品不能单纯从关税税负考虑,还应考虑个人的爱好、需要等很多方面。

第三节 资源税的纳税筹划

资源税是对在我国境内开采应税矿产品及生产盐的单位和个人,就其应税产品销售额或销售数量和自用数量为计税依据而征收的一种税,属于对自然资源占用课税的范畴。在中华人民共和国领域及管辖海域开采或生产应税产品的单位和个人,为资源税的纳税人。我国资源税税率形式有比例税率和定额税率两种。目前,我国资源税征税范围可分为矿产品、盐和水资源。

企业在销售资源税应税产品时应当将运杂费用与计税销售额分别进行核算,并取得相关运杂费用发票或其他合法有效凭据,以避免将运杂费用并入销售额计征资源税。

【例6-4】 安阳煤矿2020年12月开采原煤200万吨,当月对外销售180万吨。该煤矿每吨原煤含增值税售价为600元(含从坑口到车站、码头等的运输费用等运杂费用100元,且该运杂费用未取得相关运杂费用发票或者其他合法有效凭据,也不能与计税销售额分别核算),适用的资源税税率为5%。

要求:请对上述业务进行纳税筹划。

【筹划分析】 销售额是指纳税人销售应税产品向购买方收取的全部价款和价外费用,不包括增值税销项税额。对同时符合以下条件的运杂费用,纳税人在计算应税产品计税销售额时,可予以扣减:

(1) 包含在应税产品销售收入中。

(2) 属于纳税人销售应税产品环节发生的运杂费用,具体是指运送应税产品从坑口或者洗选(加工)地到车站、码头或者购买方指定地点的运杂费用。

(3) 取得相关运杂费用发票或者其他合法有效凭据。

(4) 将运杂费用与计税销售额分别进行核算。

纳税人扣减的运杂费用明显偏高导致应税产品价格偏低且无正当理由的,主管税务机关可以合理调整计税价格。

【筹划方案】

方案一:未取得相关运杂费用发票或其他合法有效凭据,也不能与计税销售额分别进行核算。

应纳资源税税额 $= 180 \times 600 \div (1 + 13\%) \times 5\% = 4\ 778.76$(万元)

方案二:取得相关运杂费用发票或其他合法有效凭据,且与计税销售额分别进行核算。

应纳资源税税额＝180×(600－100)÷(1＋13%)×5%＝3 982.30(万元)

方案二比方案一少缴纳资源税796.46万元(4 778.76－3 982.30)，若以实现税负最小化为纳税筹划目标，则应当选择方案二。

分别核算在一定程度上会加大核算成本，但与节税额相比是非常合算的。

第四节 土地增值税的纳税筹划

一、利用分劈手段进行筹划

房地产开发企业的管理通常比较复杂，纳税人可以利用分劈手段，将房地产开发合同分解为房屋出售合同和房屋开发合同，测算分解后的土地增值率和应纳土地增值税额，有效减轻纳税人的负担。

【例6-5】 万象房地产公司出售一栋房屋，房屋总售价为1 000万元，该房屋进行了简单装修并安装了简单必备设施。根据相关税法的规定，该房地产开发业务允许扣除项目金额为400万元，增值额为600万元。该房地产公司应该缴纳土地增值税、增值税、城市维护建设税、教育费附加以及企业所得税。假设该房屋的出售可以分为两个合同：第一个合同为房屋出售合同，不包括装修费用，房屋出售价格为700万元，允许扣除项目金额为300万元；第二个合同为房屋装修合同，装修费用为300万元，允许扣除的成本为100万元。现有两种方案可供选择。

方案一：就整个开发项目签订合同。

方案二：将该房屋的出售分为房屋出售合同和房屋装修合同。

要求：请对上述业务进行纳税筹划。

【筹划分析】 土地增值税的计税依据是纳税人转让房地产所取得的增值额。转让房地产的增值额，是纳税人转让房地产的收入额减除税法规定的扣除项目金额后的余额。土地增值额的大小，取决于转让房地产的收入额和扣除项目金额两个因素。

纳税人转让房地产取得的应税收入，应包括转让房地产的全部价款及有关的经济收益。从收入的形式来看，包括货币收入、实物收入和其他收入。

准予纳税人从房地产转让收入额中减除的扣除项目金额具体包括以下内容：

(1) 取得土地使用权所支付的金额。

(2) 开发土地的成本、费用。

(3) 新建房的配套设施的成本、费用，或者旧房及建筑物的评估价格。

(4) 与转让房地产有关的税金。

(5) 财政部规定的其他扣除项目。

计算公式如下：

$$\text{土地增值税应纳税额} = \text{增值额} \times \text{适用税率} - \text{扣除项目金额} \times \text{速算扣除数}$$

土地增值税实行四级超率累进税率，如表6-1所示。

表6-1　　　　　　　　　土地增值税四级超率累进税率表

级数	增值额与扣除项目金额的比率	税率(%)	速算扣除数(%)
1	不超过50%的部分	30	0
2	超过50%至100%的部分	40	5
3	超过100%至200%的部分	50	15
4	超过200%的部分	60	25

【筹划方案】

方案一：就整个开发项目签订合同，则：

土地增值率 = 600 ÷ 400 × 100% = 150%

应当缴纳的土地增值税 = 600 × 50% － 400 × 15% = 240(万元)

方案二：将该房屋的出售分为房屋出售合同和房屋装修合同，则：

土地增值率 = 400 ÷ 300 × 100% = 133%

应当缴纳的土地增值税 = 400 × 50% － 300 × 15% = 155(万元)

根据计算结果可以看出，方案二比方案一应缴纳的土地增值税少85万元(240－155)，采用方案二税收负担明显减少。但是，在实际操作过程中，要达到筹划的效果，还必须注意以下三点：

(1) 必须与负责装修工程的装潢企业签订严格的合同或协议，商品房的售价接近或略低于该小区政府公布的平均售价，装潢企业具有合理的利润空间。

(2) 应确定一个时间为房屋完工(达到可以入住)时间，然后再发生装修成本。

(3) 买房人必须与房地产开发企业和装潢企业分别签订协议或合同。

二、利用项目合并方式进行筹划

由于土地增值税适用四级超额累进税率，其中，最低税率为30%，最高税率为60%，如果对增值率不同的房地产合并在一起核算，就有可能降低高增值率房地产的适用税率，使该部分房地产的税负下降，同时可能会提高低增值率房地产的适用税率，增加这部分房地产的税负。因而，纳税人需要具体测算分开核算与合并核算的相应税额，再选择低税负的核算方法，达到节税的目的。

【例6-6】 隆泰房地产开发公司同时开发A、B两幢商业用房,且处于同一片土地上。销售A房产取得收入300万元,允许扣除的项目金额为200万元;销售B房产取得收入400万元,允许扣除的项目金额为100万元。现有两种方案可供选择。

方案一:隆泰公司分开核算A、B两幢商业用房。

方案二:隆泰公司合并核算A、B两幢商业用房。

【筹划分析】 参照[例6-5]的筹划分析。

【筹划方案】

方案一:隆泰公司分开核算A、B两幢商业用房。

A房产的增值率=(300−200)÷200×100%=50%,适用税率30%。

应纳土地增值税税额=(300−200)×30%=30(万元)

B房产的增值率=(400−100)÷100×100%=300%,适用税率60%。

应纳土地增值税税额=(400−100)×60%−100×35%=145(万元)

隆泰公司共缴纳土地增值税合计175万元(30+145)。

方案二:隆泰公司合并核算A、B两幢商业用房。

两幢房产的收入总额=300+400=700(万元)

允许扣除的项目金额=200+100=300(万元)

增值率=(700−300)÷300×100%=133.3%,适用税率50%。

应纳土地增值税税额=(700−300)×50%−300×15%=155(万元)

通过比较可以看出,合并核算对公司是有利的,因为方案二比方案一节税20万元(175−155)。

从上例我们可以看出,由于两类房产增值率相差很大,只要房地产开发公司将两处房产安排在一起开发、出售,并将两类房产的收入和扣除项目放在一起核算,一起申报纳税,就可以达到少缴税的目的。但是,由于低增值率房产的适用税率可能会提高,在实践中必须具体测算后才能做出选择。

三、利用利息扣除项目进行筹划

若某房地产企业主要依靠负债筹资,利息费用所占比例较大,应提供金融机构贷款证明,将利息费用计入房地产开发费用。反之,若主要依靠权益资本筹资,则可以按扣除项目金额的10%列支利息,纳税人可以根据自身状况选择有利的方式。

【例6-7】 飞达房地产公司2020年4月开发一处房地产,为取得土地使用权支付800万元,为开发土地和新建房及配套设施花费1 400万元,财务费用中可按转让房地产项目计算分摊的利息支出为200万元,不超过商业银行同类同期贷款利率。

【筹划分析】 房地产开发费用是指与房地产开发项目有关的销售费用、管理费用和财务费用。纳税人能够按转让房地产项目计算分摊利息支出,并能提供金融机构贷款证明的,其最多允许扣除的房地产开发费用为:利息+(为取得土地使用权所支付的金额+房地产开发成本)×5%;纳税人不能按转让房地产项目计算分摊利息支出或不能提供金融机构贷款证明的,其最多允许扣除的房地产开发费用为:(为取得土地使用权所支付的金额+房地产开发成本)×10%。

【筹划方案】

对于是否提供金融机构证明,公司财务人员通过核算发现:

方案一:不提供金融机构证明。

该公司所能扣除费用的最高额=(800+1 400)×10%=220(万元)

方案二:提供金融机构证明。

该公司所能扣除费用的最高额=200+(800+1400)×5%=310(万元)

方案二比方案一多扣除房地产开发费用90万元(310-220),因此一般会导致少缴纳土地增值税,若以实现税负最小化为纳税筹划目标,则应当选择方案二。

第五节 城镇土地使用税的纳税筹划

一、企业选址的纳税筹划

城镇土地使用税是以国有土地为征税对象,对拥有土地使用权的单位和个人征收的一种税。城镇土地使用税的征税范围,包括在城市、县城、建制镇和工矿区内的国家所有和集体所有的土地,但不包括农村集体所有的土地。城镇土地使用税采用定额税率,即采用有幅度的差别税额,按大、中、小城市和县城、建制镇、工矿区分别规定每平方米城镇土地使用税年应纳税额。因此,企业可以结合自身生产经营的需要,从以下几个方面考虑进行纳税筹划:一是将企业设在城市、县城、建制镇、工矿区以外的农村;二是由于税法允许经济落后地区土地使用税的适用税额标准适当降低,经济发达地区土地使用税的适用税额标准适当提高,因此可将企业设在经济落后地区;三是在同一省份的大中小城市以及县城和工矿区之中选择税率低的地区设立企业;四是在同一城市、县城和工矿区的不同等级的土地之中选择税率低的土地设立企业。

【例6-8】 金牛食品厂目前占地6 000平方米,现需征用新土地4 000平方米来扩大厂区。随着城市化的推进,该厂所在位置由原来的郊县变成了市区,导致土地使用税大幅增加,且原材料的供应也不如原来稳定。假设食品厂所在市区土地使用税税率为12元/平方米。

要求:请对上述业务进行纳税筹划。

【筹划分析】 凡在城市、县城、建制镇、工矿区范围内使用土地的单位和个人，均为城镇土地使用税的纳税义务人。城镇土地使用税采取的是有幅度的差别定额税率，最高税额(30元)是最低税额(0.6元)的50倍。城镇土地使用税的应纳税额可以通过纳税人实际占用的土地面积乘以该土地所在地段的适用税额求得。其计算公式为：

应纳税额(年) ＝ 应税土地的实际占用面积(平方米)×适用税额

【筹划方案】

方案一：该食品厂选择在市区内就近征用4 000平方米土地建设新厂区。此时，食品厂征用土地后每年应缴纳的土地使用税计算如下。

应纳城镇土地使用税税额 ＝(6 000＋4 000)×12＝120 000(元)

方案二：该食品厂选择在周边农村征用4 000平方米土地建设新厂区，位于农村的土地不在土地使用税的征收范围之内，食品厂只就目前占用的6 000平方米缴纳土地使用税。

应纳城镇土地使用税税额 ＝6 000×12＝72 000(元)

方案二比方案一少缴纳城镇土地使用税48 000元(120 000－72 000)，若以实现税负最小化为纳税筹划目标，则应当选择方案二。

如果设在农村会影响企业发展，食品厂可以考虑把总部、销售部门设在市区，而把工厂、生产车间设在农村，同时在厂区附近建立小麦等原材料生产基地，或与农户签订小麦收购合同，也就解决了原材料来源和质量问题。

二、城镇土地使用税税收优惠政策的纳税筹划

城镇土地使用税减免税优惠的基本规定：

(1) 国家机关、人民团体、军队自用的土地，免税。自用土地是指这些单位本身的办公用地和公务用地。

(2) 由国家财政部门拨付事业经费的单位自用的土地，免税。不包括实行自收自支、自负盈亏的事业单位。自用土地是指这些单位本身的业务用地。

(3) 企业办的学校、医院、托儿所、幼儿园自用的土地，免税。

(4) 宗教寺庙、公园、名胜古迹自用的土地，免税。宗教寺庙自用土地是指举行宗教仪式等的用地和宗教人员的生活用地。公园、名胜古迹自用土地是指供公共参观游览用地及其管理单位的办公用地。

(5) 市政街道、广场、绿化地带等公共用地，免税。非社会性的公共用地照章征税，如企业内的广场、道路、绿化等占用的土地。

(6) 直接用于农、林、牧、渔业的生产用地，免税。直接用于农、林、牧、渔业的生产用

地,是指直接从事种植、养殖、饲养的专业用地,不包括农副产品加工场地和生活、办公用地。

因此,企业应充分利用税收优惠政策,企业办的学校、医院、托儿所、幼儿园,其用地应尽量与企业其他用地明确区分,以享受免征城镇土地使用税的优惠。

【例 6-9】 某公司 2021 年占地面积合计 130 000 平方米。包括办公楼占地 100 000 平方米,厂房占地 13 000 平方米,自办的幼儿园占地 6 000 平方米,自办的医院占地 4 000 平方米,厂区内道路及绿化占地 7 000 平方米。当地城镇土地使用税税额为 4 元/平方米。

要求:请对上述业务进行纳税筹划。

【筹划分析】 企业办的学校、医院、托儿所、幼儿园,其用地能与企业其他用地明确区分的,可以比照由国家财政部门拨付事业经费的单位自用的土地,免征土地使用税。对企业厂区(包括生产、办公及生活区)以内的绿化用地,应照章征收城镇土地使用税;厂区以外的公共绿化用地和向社会开放的公园用地,暂免城镇征收土地使用税。

【筹划方案】

方案一:各种用地未明确区分,未分别核算面积。

应纳城镇土地使用税税额 = 130 000 × 4 = 520 000(元)

方案二:各种用地明确区分,分别核算各自面积,则该公司自办的幼儿园、医院占地免缴城镇土地使用税。

应纳城镇土地使用税税额 = (130 000 − 4 000 − 6 000) × 4 = 480 000(元)

方案二比方案一少缴纳城镇土地使用税 40 000 元(520 000 − 480 000),若以实现税负最小化为纳税筹划目标,则应当选择方案二。

第六节 印花税的纳税筹划

一、减少合同参与方的纳税筹划

立合同人为印花税的纳税人,立合同人是指书立各类经济合同的当事人。对于同一凭证,由两方或两方以上当事人签订并各执一份的,各方均为纳税人,应当由各方就所持凭证的各自金额贴花。当事人,是指对凭证有直接权利义务关系的单位和个人,不包括合同的担保人、证人、鉴定人。因此,应当在不影响合同效力的前提下,尽量减少书立使用各种凭证的参与人数,使更少的人缴纳印花税,使当事人的总体税负下降,从而达到少缴印花税税款的目的。

【例 6-10】 甲、乙、丙、丁四方签订合同,乙、丙、丁三方基本利益一致,合同总金额为 2 000 万元,适用印花税税率为 0.5‰。

要求: 请对上述业务进行纳税筹划。

【筹划分析】 对于同一凭证,由两方或两方以上当事人签订并各执一份的,各方均为纳税人,应当由各方就所持凭证的各自金额贴花。当事人,是指对凭证有直接权利义务关系的单位和个人,不包括合同的担保人、证人、鉴定人。

印花税应纳税额计算公式为:

(1) 从价计征的计算公式:

$$应纳税额 = 计税金额 \times 适用比例税率$$

(2) 从量计征的计算公式:

$$应纳税额 = 应税凭证数量 \times 单位税额$$

【筹划方案】

方案一:甲、乙、丙、丁四方签订合同。

各方应纳印花税合计 = 2 000 × 0.5‰ × 4 = 4(万元)

方案二:由于乙、丙、丁三方基本利益一致,可以选派乙作为代表和甲方签订合同。

各方应纳印花税合计 = 2 000 × 0.5‰ × 2 = 2(万元)

方案二比方案一少缴纳印花税合计 2 万元(4−2),若以实现税负最小化为纳税筹划目标,则应当选择方案二。

本例的前提是乙、丙、丁三方基本利益一致,以至于减少合同签订的参与方后不影响合同的效力和各方利益。但如果乙、丙、丁三方基本利益不一致,或作为代表的乙方以后出现违约情况,则不适合这种纳税筹划思路。

二、选择低税率的纳税筹划

在由受托方提供原材料的加工、定做合同中,将受托方提供的加工费金额与原材料金额分别记载,便可分别适用各自税率,从而达到避免多缴纳印花税的目的。

【例 6-11】 上海市丁家具厂接受本市甲家具城的委托,负责加工一批家具,加工所需原材料由上海市丁家具厂提供。上海市丁家具厂收取加工费及原材料费合计 1 000 万元,其中提供的原材料价值 800 万元,收取的加工费为 200 万元。现有两种方案可供选择。

方案一:合同记载上海市丁家具厂收取加工费及原材料费合计 1 000 万元。

方案二:合同记载上海市丁家具厂收取原材料价款 800 万元,收取加工费 200 万元。

要求: 请对上述业务进行纳税筹划。

【筹划分析】 对于由受托方提供原材料的加工、定做合同,凡在合同中分别记载加工费金额和原材料金额的应分别按"加工承揽合同""购销合同"计税,使得加工费金额按加工承揽合同适用 0.5‰ 税率计税,原材料金额按购销合同适用 0.3‰ 税率计税,可以达到节税的目的。若合同中未分别记载,则从高适用税率,即全部金额依照加工承揽合同适用税率计税贴花。

【筹划方案】

方案一:合同记载上海市丁家具厂收取加工费及原材料费合计 1 000 万元。

上海市丁家具厂和甲家具城各自应纳印花税税额 = 1 000 × 0.5‰ = 0.5(万元)

方案二:合同记载上海市丁家具厂收取原材料价款 800 万元,收取加工费 200 万元。

上海市丁家具厂和甲家具城各自应纳印花税税额 = 800 × 0.3‰ + 200 × 0.5‰
= 0.34(万元)

方案二比方案一上海市丁家具厂和甲家具城各自少缴纳印花税 0.16 万元(0.5 − 0.34),若以实现税负最小化为纳税筹划目标,则应当选择方案二。

三、分开核算的纳税筹划

税法规定,同凭证因载有两个或两个以上经济事项而适用不同税目税率,如分别记载金额的,应分别计算应纳税额,相加后按合计税额贴花;如未分别记载金额的,按税率高的计税贴花。因此,企业将不同的经济事项分别记载金额,便可分别适用各自税率,从而达到避免多缴纳印花税的目的。

【例 6-12】 某煤矿厂 2021 年 2 月与铁道部门签订运输合同,所载运输费及保管费共计 300 万元。该合同中涉及货物运输合同和仓储保管合同两个税目,其中货物运输费 260 万元,仓储保管费 40 万元。现有两种方案可供选择。

方案一:将货物运输合同和仓储保管合同不分开核算。

方案二:将货物运输合同和仓储保管合同分开核算。

要求:请对上述业务进行纳税筹划。

【筹划分析】 该合同中涉及货物运输合同和仓储保管合同两个税目,两者税率不同,货物运输合同的税率为 0.5‰,仓储保管合同的税率为 1‰,货物运输合同使用税率比仓储保管合同税率低,因此应分开核算降低税负。

【筹划方案】

方案一:将货物运输合同和仓储保管合同不分开核算,因未分开记载金额,应按税率高的计税贴花,即按 1‰ 税率计算应贴印花,则:

应纳印花税税额 = 300 × 1‰ = 0.3(万元)

方案二：将货物运输合同和仓储保管合同分开核算，则：

应纳印花税税额＝(260×0.5‰)＋(40×1‰)＝0.17(万元)

方案二比方案一少缴纳印花税 1 300 元(0.3 万元－0.17 万元)，若以实现税负最小化为纳税筹划目标，则应当选择方案二。

第七节 契税的纳税筹划

一、减少涉税环节的纳税筹划

由于每发生一次土地、房屋权属转移，权属承受方就要发生一次契税的纳税行为，因此，为了避免或者减少重复纳税，在条件允许的情况下，通过减少权属转移环节可达到降低契税税负的目的。

【例 6-13】 张某、李某、王某为三方当事人，张某和王某均拥有一套市价 200 万元(不含增值税)的房屋，李某欲购买张某的房屋，张某打算购买王某的房屋后出售其原有房屋。假设张某、李某、王某三方都知道各自的购房或售房供求信息，且本地契税税率为 5%。

要求：请对上述业务进行纳税筹划。

【筹划分析】 契税是以所有权发生转移的不动产为征税对象，向产权承受人征收的一种财产税。契税的纳税人是指在中华人民共和国境内转移土地、房屋权属，承受的单位和个人。契税的计税依据为所交换土地使用权、房屋的价格的差额。交换价格不相等的，由多交付货币的一方缴纳契税；交换价格相等的，免征契税。

【筹划方案】

方案一：先由张某购买王某的房屋，再由张某将其原有房屋出售给李某。

张某购买王某的房屋时：

张某应纳契税税额＝200×5%＝10(万元)

李某购买张某的房屋时：

李某应纳契税税额＝200×5%＝10(万元)

方案二：先由张某和王某交换房屋，再由王某将房屋出售给李某。

张某和王某交换房屋所有权为等价交换，免纳契税。王某将房屋出售给李某时：

李某应纳契税税额＝200×5%＝10(万元)

方案二比方案一整体少缴纳契税 10 万元(20－10)，若以实现税负最小化为纳税筹划目标，则应当选择方案二。

虽然现实中张某、李某、王某为三方当事人的上述行为出现的可能性较小,但这种纳税筹划方案至少提供了一种思路。

二、利用隐性赠与的纳税筹划

在赠与房屋的行为中,可通过隐性赠与等方式(例如通过不办理产权转移手续的方式)来达到避免缴纳契税的目的。

【例 6-14】 张某向其表弟李某赠送一套住房,该套住房的市价为 300 万元(不含增值税)。本地契税税率为 3%。

要求:请对上述业务进行纳税筹划。

【筹划分析】 契税的征税对象是境内转移土地、房屋权属,具体包括土地使用权的出让、转让及房屋的买卖、赠与、交换。

【筹划方案】

方案一:张某与其表弟李某办理产权转移手续。

李某应纳契税税额 = 300 × 3% = 9(万元)

方案二:张某与其表弟李某不办理产权转移手续。

李某不缴纳契税。

方案二比方案一少缴纳契税 9 万元,若以实现税负最小化为纳税筹划目标,则应当选择方案二。

由于方案二下双方未办理产权转移手续,因此该住房在法律上仍属于张某。

三、房屋不等价交换的纳税筹划

当双方交换不等价的房屋时,如果能通过一定的手段来降低双方交换房屋的差价,那么以差价作为计税依据计算出的契税税额就会降低。若能进一步变为等价交换,则可享受免征契税的优惠。

【例 6-15】 甲公司以市价 1 000 万元的办公楼与乙公司市价 1 200 万元的厂房进行交换。甲公司向乙公司支付差价 200 万元,假设乙公司打算出资 200 万元对换入的办公楼进行装修,并且甲公司获悉了乙公司未来的装修打算。以上价格均不含增值税。本地契税税率为 5%。

要求:请对上述业务进行纳税筹划。

【筹划分析】 土地使用权交换、房屋交换,契税的计税依据为所交换土地使用权、房屋的价格的差额。交换价格不相等的,由多交付货币的一方缴纳契税;交换价格相等的,免征契税。

【筹划方案】

方案一：甲公司与乙公司进行房屋产权交换，且甲公司向乙公司支付差价200万元。

甲公司应纳契税税额＝200×5％＝10(万元)

方案二：甲公司在与乙公司进行房屋产权交换之前，先对自己的办公楼按乙公司的要求进行装修，装修费用为200万元。

装修后办公楼的价值变为1 200万元，双方交换属于等价交换，因此免纳契税。

方案二比方案一少缴纳契税10万元，若以实现税负最小化为纳税筹划目标，则应当选择方案二。

甲公司先对办公楼按乙公司的要求进行装修，未必能得到乙公司的同意，这会限制此种纳税筹划方案的实施。

第八节 房产税的纳税筹划

一、降低房产原值的纳税筹划

房产税的纳税人是指在我国城市、县城、建制镇和工矿区(不包括农村)内拥有房屋产权的单位和个人，具体包括产权所有人、承典人、房产代管人或者使用人。

房产税是以房屋为征税对象，以房屋的计税余值或租金收入为计税依据，向房屋产权所有人征收的一种财产税。房产税采用比例税率，具体规定如下：

(1) 依据房产计税余值计税的，税率为1.2％。

(2) 依据房产租金收入计税的，税率为12％。2008年3月1日起，对个人出租住房，不区分实际用途，均按4％的税率征收房产税；对企事业单位、社会团体以及其他组织按市场价格向个人出租用于居住的住房，减按4％的税率征收房产税。

应纳税额的计算公式为：

(1) 从价计征的计算公式：

$$应纳税额 = 房产计税余值 \times 1.2\% = 房产原值 \times (1-原值扣除比例) \times 1.2\%$$

(2) 从租计征的计算公式：

$$应纳税额 = 租金收入 \times 12\%$$

上式从价计征方式所述房产计税余值，是指依照税法规定按房产原值一次减除10％～30％的损耗价值以后的余额。

上式从价计征方式所述房产原值，具体规定如下：

(1) 房产原值是指纳税人按照会计制度规定，在账簿"固定资产"科目中记载的房屋原价。没有记载房屋原价的，参照同类房屋，确定房产原值。

(2) 房产原值应包括与房屋不可分割的各种附属设备或一般不单独计算价值的配套设施，主要有暖气、卫生、通风、照明、煤气等设备；各种管线，如蒸汽、压缩空气、石油、给水排水等管道及电力、电讯、电缆导线；电梯、升降机、过道、晒台等。

值得注意的是，独立于房屋之外的建筑物，如室外游泳池、停车场等不属于房产，如果将游泳池、停车场等都建成露天的，并且把这些独立建筑物的造价同厂房、办公用房的造价分开，在会计账簿中单独核算，则这部分建筑物的造价不计入房产原值，不缴纳房产税。因此，企业应尽量将独立于房屋之外的建筑物在会计账簿中单独核算，以达到减少房产税应纳税额的目的。

【例6-16】 某建材企业欲建一工厂，总计造价为100 000 000元，其中，厂房、办公用房92 000 000元，厂区围墙、水塔、变电塔、停车场、露天凉亭、游泳池、喷泉设施等建筑物8 000 000元。该企业经营时间以20年计算。该企业所在地房产税依照房产原值一次减除30%后的余值计算缴纳。现有两种方案可供选择。

方案一：不单独核算。

方案二：单独核算，该企业把停车场、游泳池都建成露天的，并且把这些独立建筑物的造价同厂房、办公用房的造价分开，在会计账簿中单独记载。

要求：请对上述业务进行纳税筹划。

【筹划分析】 房产税在城市、县城、建制镇和工矿区征收，不包括农村。房产是以房屋形态表现的财产。房屋则是指有屋面和围护结构(有墙或两边有柱)，能够遮风避雨，可供人们在其中生产、工作、学习、娱乐、居住或储藏物资的场所。独立于房屋之外的建筑物，如围墙、烟囱、水塔、变电塔、油池油柜、酒窖菜窖、酒精池、糖蜜池、室外游泳池、玻璃暖房、砖瓦石灰窑以及各种油气罐等，不属于房产。与房屋不可分离的附属设施，属于房产。

【筹划方案】

方案一：不单独核算。此种情况下，该企业自工厂建成的次月起就应缴纳房产税，其扣除比例为30%，则该企业每年应缴纳的房产税为：

每年应纳房产税税额 = 100 000 000 × (1 − 30%) × 1.2% = 840 000(元)

方案二：单独核算，该企业把停车场、游泳池都建成露天的，并且把这些独立建筑物的造价同厂房、办公用房的造价分开，在会计账簿中单独记载，那么这部分建筑物的造价不计入房产原值，不需要缴纳房产税。则该企业每年应缴纳的房产税为：

每年应纳房产税税额 = 92 000 000 × (1 − 30%) × 1.2% = 772 800(元)

由此我们可以看出，该企业通过单独核算，每年可以少缴纳房产税67 200元(840 000 − 772 800)。若该企业经营时间以20年计算，就可以累计少缴纳房产税1 344 000元(67 200 × 20)。

二、将免租期扩大到合同租赁期的纳税筹划

在一些厂房租赁业务中,由于存在承租方需入场装修,一时无法正常使用,出租方常会给予承租方一定期限的免租期。免租期内,出租方既需要按照租金收入从租缴纳房产税,又需要按照房产原值从价缴纳房产税,因此可以将免租期期限扩大到合同租赁期内,即删除免租期条款,而延长租赁合同期限,这样出租房即可只按照租金收入计征房产税,节省从价计征房产税部分。

【例 6-17】 2020 年 A 公司向 B 公司出租厂房 3 年,年租金不含税 100 万元,每年年末支付。承租方 B 公司需要入场装修,向 A 公司提议 6 个月的免租期,免租期内不收取房租,免租期之后,年租金 100 万元,A 公司出租给 B 公司的房产原值为 3 000 万元。A 企业所在地房产税依照房产原值一次减除 30%后的余值计算缴纳。

要求:请对上述业务进行纳税筹划。

【筹划分析】 根据规定,对出租房产,租赁双方签订的租赁合同约定有免收租金期限的,免收租金期间由产权所有人按照房产原值缴纳房产税。

【筹划方案】

方案一:合同条款中签署免租期 6 个月,免租期内不收取房租,免租期之后,年租金 100 万元。上述租赁行为,A 公司除了要按房产租金收入计价征收 12%房产税外,免租期间还要按照房产原值缴纳房产税。

应纳房产税税额 = 3 000 × (1 − 30%) × 1.2% ÷ 12 × 6 = 12.6(万元)

方案二:A 公司和 B 公司在签署合同时,可以将免租期期限扩大到合同租赁期内,即删除免租期条款,而延长租赁合同期限。上例中,免租期条款可签订为 A 公司向 B 公司出租厂房 3.5 年,前 1.5 年租金 100 万元,后 2 年每年租金 100 万元。A 公司只需按租金收入计价缴纳房产税,节约了房产税支出 12.6 万元。

由此我们可以看出,该企业通过将免租期扩大到合同租赁期内,可节省房产税支出 12.6 万元。

第九节 车船税的纳税筹划

一、车船税临界点的纳税筹划

我国机动船舶车船税的税率实质上是一种全额累进性质的定额税率,机动船舶的单位税额达到哪一个等级,即全部按相应的单位税额征税,净吨位等级越高,适用的单位税

额越大。对于这种形式的税率，纳税人应当充分利用临界点，避免在稍高于各级的临界点处购买机动船舶，否则会出现税额大幅增加的现象。

【例6-18】 长富企业因生产需要购买一只船。现有两只船可供选择，一只船的净吨位是2 000吨，而另一只船的净吨位是2 001吨。

要求：请对上述业务进行纳税筹划。

【筹划分析】 机动船舶具体适用税额为：净吨位小于或者等于200吨的，每吨3元；净吨位在201～2 000吨的，每吨4元；净吨位在2 001～10 000吨的，每吨5元；净吨位在10 001吨及以上的，每吨6元。

【筹划方案】

方案一：购买净吨位为2 000吨的船。

应纳车船税税额＝2 000×4＝8 000(元)

方案二：购买净吨位为2 001吨的船。

应纳车船税税额＝2 001×5＝10 005(元)

方案二比方案一少缴纳车船税2 005元(10 005－8 000)。可见，虽然净吨位只相差1吨，但由于税额的全额累进所致，每年应纳车船税的税额有急剧的变化。

因而，企业和个人在选择购买船只时，一定要考虑该种吨位的船只所能带来的收益和因吨位发生变化所引起的税负增加之间的关系，然后选择最佳吨位的船只。

二、降低车船税适用税率的纳税筹划

小排量的乘用车车船税税率低，因此，企业购买车辆时，应尽量购买排气量小的乘用车，以降低车船税适用税额，从而降低车船税税负。

【例6-19】 维达公司本年需要购置15辆汽车，现在市场上有两种汽车可供选择：一是排气量为2.5升的汽车；二是排气量为2.8升的汽车。该地区乘用汽车的车船税税额为：排气量2.0至2.5升(含)的，每辆900元；排气量2.5至3.0升(含)的，每辆1 800元。

要求：请对上述业务进行纳税筹划。

【筹划分析】 山东省政府公布《山东省实施〈中华人民共和国车船税法〉办法》(以下简称办法)，该办法自2012年1月1日起施行。其中规定乘用车按发动机汽缸容量(排气量)分档具体适用税额为：1.0升(含)以下的，每辆240元；1.0～1.6升(含)的，每辆360元；1.6～2.0升(含)的，每辆420元；2.0～2.5升(含)的，每辆900元；2.5～3.0升(含)的，每辆1 800元；3.0～4.0升(含)的，每辆3 000元；4.0升以上的，每辆4 500元。

【筹划方案】

方案一：购买15辆排气量为2.5升的乘用汽车。

应纳车船税税额＝15×900＝13 500(元)

方案二：购买15辆排气量为2.8升的乘用汽车。

应纳车船税税额＝15×1 800＝27 000(元)

方案一比方案二少缴纳车船税13 500元(27 000－13 500)，若以实现税负最小化为纳税筹划目标，则应当选择方案一。

企业在不影响正常生产经营的情况下，购置排气量比较小的乘用汽车，不仅可以降低车船税税负，而且有利于环境保护。

第十节 车辆购置税的纳税筹划

在车辆购置税的纳税筹划中应注意尽量使用委托方的票据收取各代收款项，从而避免将代收款项并入车辆购置税的计税价格，进而降低车辆购置税税负。

【例6-20】 原城公司从4S店购买自用轿车一辆，支付含税车款339 000元。另外支付车辆装饰费22 680元，购买车载工具6 000元，临时牌照费200元，代收保险金500元。各款项由4S店开具发票。

要求：请对上述业务进行纳税筹划。

【筹划分析】 纳税人购买自用的应税车辆的计税价格为纳税人购买应税车辆而支付给销售者的全部价款和价外费用(不包括增值税税款)。价外费用是指销售方价外向购买方收取的基金、集资费、返还利润、补贴、违约金(延期付款利息)和手续费、包装费、储存费、优质费、运输装卸费、保管费、代收款项、代垫款项以及其他各种性质的价外收费。

需要注意的是：①代收款项应区别对待。凡使用代收单位的票据收取的款项，应视为代收单位的价外费用，并入计算征收车辆购置税；凡使用委托方的票据收取、受托方只履行代收义务或收取手续费的款项，不应并入计征车辆购置税，按其他税收政策规定征税。②购买者随车购买的工具或零件应作为购车款的一部分，并入计税价格征收车辆购置税，但如果不同时间或销售方不同，则不应并入计征车辆购置税。③支付的车辆装饰费应作为价外费用，并入计征车辆购置税，但如果不同时间或收款方不同，则不并入计税价格。

车辆购置税实行统一比例税率，税率为10%。

【筹划方案】

方案一：将各个代收款项体现在4S店开具的机动车销售统一发票中。

车辆购置税计税价格＝(339 000＋22 680＋6 000＋200＋500)÷(1＋13%)＝326 000(元)

应纳车辆购置税税额＝326 000×10%＝32 600(元)

方案二：各代收款项由委托方另行开具票据。

车辆购置税计税价格＝339 000÷(1＋13%)＝300 000(元)

应纳车辆购置税税额＝300 000×10%＝30 000(元)

方案二比方案一少缴纳车辆购置税 2 600 元(32 600－30 000)，若以实现税负最小化为纳税筹划目标，则应当选择方案二。

章 节 测 试 题

班级_____ 姓名_____ 学号_____ 总分_____

一、单项选择题(每小题1分,共计8分)

1. 根据《房产税暂行条例》的规定,不征收房产税的地区是(　　)。
   A. 县城　　　　B. 农村　　　　C. 建制镇　　　　D. 城市

2. 甲企业的一幢房产原值600 000元,已知房产税税率为1.2%,当地规定的房产税扣除比例为20%,该房产年度应纳房产税(　　)元。
   A. 9 360　　　B. 7 200　　　C. 5 040　　　D. 5 760

3. 本年1月,甲公司与乙公司签订了一份合同,由甲公司向乙公司提供货物并运输到乙公司指定的地点,合同标的金额为400万元,其中包括货款和货物运输费用。货物买卖合同适用的印花税税率为0.3‰,货物运输合同适用的印花税税率为0.5‰。根据印花税法律制度的规定,甲公司应纳印花税(　　)万元。
   A. 0.2　　　　B. 0.12　　　C. 0.09　　　D. 0.06

4. 甲有面积为120平方米的住宅一套,市场价格为70万元。乙有面积为100平方米的住宅一套,市场价格为50万元。两人进行房屋交换,差价部分乙以现金补偿甲。以上价格均不含增值税。已知契税适用税率为3%,则乙应纳契税(　　)万元。
   A. 1.5　　　　B. 2.1　　　　C. 0.6　　　　D. 0.72

5. 下列关于资源税的税收筹划方法,叙述错误的是(　　)。
   A. 将运杂费用与计税销售额分别进行核算,以避免将运杂费用计入销售额
   B. 在准备对自然资源采掘业进行投资时,可以选择那些没有包含在资源税征税范围内的自然资源,从而避免成为资源税的纳税人
   C. 兼营自然税不同税目应分开核算
   D. 将运杂费用与计税销售额合并核算

6. 甲公司本年7月从某汽车有限公司购买一辆小汽车供自己使用,支付含增值税的款项225 790元,另支付代收临时牌照费1 190元、代收保险费1 000元,支付工件和零配件价款3 000元、车辆装饰费2 930元。所支付的款项均由该汽车有限公司开具机动车销售统一发票和有关票据,则张某应纳车辆购置税(　　)元。

A. 20 700　　　　B. 24 219　　　　C. 19 981.4　　　　D. 23 000

7. 甲公司一辆商用货车整备质量为12.2吨,该地区商用货车整备质量每吨车船税税额为80元,该企业这辆商用货车每年应纳车船税(　　)元。

A. 960　　　　B. 1 000　　　　C. 1 040　　　　D. 976

8. 下列各项中,不属于土地增值税的纳税筹划方式的是(　　)。

A. 利用分劈手段进行纳税筹划　　　　B. 利用项目合并方式进行纳税筹划

C. 利用利息扣除项目进行纳税筹划　　　　D. 企业选址的纳税筹划

二、多项选择题(每小题 2 分,共计 10 分)

1. 下列各项中,应计入进口货物关税完税价格的有(　　)。

A. 由买方负担的购货佣金

B. 由买方负担的经纪费

C. 进口货物运抵境内输入地点起卸之后的运输及其相关费用、保险费

D. 由买方负担的与该货物视为体的容器费用

2. 下列关于印花税纳税筹划方法的表述中,正确的有(　　)。

A. 减少合同参与方的纳税筹划　　　　B. 选择低税率的纳税筹划

C. 分开核算的纳税筹划　　　　D. 利用税负转嫁进行纳税筹划

3. 下列关于房产税的纳税筹划方法的表述中,正确的有(　　)。

A. 降低房产原值的纳税筹划

B. 将免租期扩大到合同租赁期的纳税筹划

C. 单独核算室外游泳池、停车场等建筑物

D. 利用农村房屋不征房产税的规定进行纳税筹划

4. 车船税可以考虑的纳税筹划方法有(　　)。

A. 适当降低车船的购买价格,从而降低车船税的计税基础

B. 使用已停用或者报废的车船,避免企业购买新的车船

C. 清楚划分应税与免税的车船,避免从高适用税率

D. 因车船税的部分税率具有全额累进的特点,故可以利用"临界点"去筹划

5. 下列关于契税的纳税筹划的表述中,正确的有(　　)。

A. 减少涉税环节的纳税筹划

B. 利用隐性赠与的纳税筹划

C. 房屋不等价交换的纳税筹划

D. 利用不办理产权手续进行纳税筹划,且不办理产权手续不会产生产权归属纠纷

三、判断题(每小题1分,共计8分)

1. 小排量的乘用车车船税税率低,因此,企业购买车辆时,应尽量购买排气量小的乘用车,以降低车船税适用税额,从而降低车船税税负。（　　）

2. 载有两个或两个以上应适用不同税率经济事项的同一凭证,分别记载金额的,应分别计算应纳税额,相加后按合计税额贴花;未分别记载金额的,按税率高的计算贴花。（　　）

3. 企业可以根据自身的情况,在不影响经济效益的前提下,选择在城市维护建设税适用税率低的区域设立厂区,这样不仅可以少缴纳城市维护建设税,还能降低房产税与城镇土地使用税的税负。（　　）

4. 在车辆购置税的纳税筹划中应注意尽量使用委托方的票据收取各代收款项,从而避免将代收款项并入车辆购置税的计税价格,进而降低车辆购置税税负。（　　）

5. 房地产开发企业的管理通常比较复杂,纳税人可以利用分劈手段,将房地产开发合同分解为房屋出售合同和房屋开发合同,测算分解后的土地增值率和应纳土地增值税额,有效减轻纳税人的负担。（　　）

6. 城镇土地使用税的征税范围是:城市、县城、建制镇和工矿区内属于国家所有和集体所有的土地。（　　）

7. 企业办的学校、医院、托儿所、幼儿园,其用地能与企业其他用地明确区分的,免征城镇土地使用税。（　　）

8. 由于每发生一次土地、房屋权属转移,权属承受方就要发生一次契税的纳税行为,因此,为了避免或者减少重复纳税,在条件允许的情况下,通过减少权属转移环节可达到降低契税税负的目的。（　　）

四、思考题(每小题7分,共14分)

1. 简述房产税的纳税筹划方法。
2. 简述城镇土地使用税的税收优惠政策,以及利用优惠政策进行纳税筹划的方法。

五、案例分析题(每小题10分,共60分)

1. 某钢铁公司2020年需要进口铁矿石300万吨,可供选择的进货厂商有两家,一家在澳大利亚,另一家在加拿大。澳大利亚的铁矿石品位较高,价格为每吨20美元,运费为180万美元;加拿大的铁矿石品位较低,价格为每吨19美元,运费为720万美元。已知进口铁矿石的关税税率为20%。

要求:若暂不考虑其他条件,从纳税筹划角度来看,请分析该钢铁公司应该选择从哪一个国家进口铁矿石。

2. 某房地产开发公司2020年预计商品房销售收入为30 000万元,其中普通住宅的销售额为20 000万元,豪华住宅的销售额为10 000万元。根据税法规定,可扣除项目金额应为22 000万元,其中普通住宅的可扣除项目金额为16 000万元,豪华住宅的可扣除项目金额为6 000万元。

   要求:从纳税筹划的角度来看,请分析该公司应如何操作才能实现利益最大化。

3. 易达公司欲投资建厂,需占用土地15万平方米。在设立选址时有两个地方可供选择:一是设在市区,当地城镇土地使用税定额税率为10元/平方米;二是设在县城,当地城镇土地使用税定额税率为3元/平方米。假设无论选择哪种方案,都不会影响其经济效益,且全年应纳增值税合计1 000万元。

   要求:从纳税筹划角度来看,请选择最优的地址设立企业。

4. 甲公司为煤矿企业,2021年1月与铁路部门签订运输合同,记载运输费及保管费合计500万元,且未分别核算。该合同涉及货物运输合同和仓储保管合同两个税目,二者印花税适用税率不同,前者为0.5‰,后者为1‰。若分别记载,则运输费为300万元,保管费为200万元。

   要求:从纳税筹划角度来看,请问甲公司是否应分别核算运输费及保管费。

5. 有甲、乙、丙三位经济当事人,甲和丙均拥有一套价值500万元的房屋,乙想购买甲的房屋,甲也想购入丙的房屋后出售自己的房屋。

   请问如何进行纳税筹划才能使三人的总税负最少(契税税率为5%)。

6. 甲公司2020年购进一处房产,2021年年初将该房产用于投资联营。现有两种方案可供选择:方案一为参与投资利润分红,共担风险,每年取得收入290万元;方案二为只收取固定租金收入,当年取得收入300万元。该房产原值3 000万元,当地政府规定的减除幅度为30%。

   要求:若只考虑房产税,从纳税筹划角度来看,请问甲公司应该选择哪一种方案。

第七章　跨国经营的纳税筹划

> **知识导航**
>
> 跨国经营的纳税筹划 ⎰ 跨国经营的纳税筹划概述
> 　　　　　　　　　　 变换投资主体所在国的纳税筹划
> 　　　　　　　　　　 规避成为某国常设机构的纳税筹划
> 　　　　　　　　　　 跨国关联企业转让定价的纳税筹划
> 　　　　　　　　　　 在避税地成立销售公司的纳税筹划
> 　　　　　　　　　　 境外投资利润分配的纳税筹划

学习目标

1. 了解跨国经营纳税筹划的概念。
2. 掌握变换投资主体所在国的纳税筹划方法。
3. 掌握规避成为某国常设机构的纳税筹划方法。
4. 掌握跨国关联企业转让定价的纳税筹划方法。
5. 掌握在避税地成立销售公司的纳税筹划方法。
6. 掌握境外投资利润分配的纳税筹划方法。

案例导入

A 国甲公司在 B 国拥有一家子公司乙,并控制其全部股权。本年甲公司向乙公司提供一项劳务,无同类市场价格,采用成本加成方法。由于成本归集口径不同,成本加成后的价格为 100—160 万美元,与提供该劳务相关的成本为 60 万美元。乙公司的收入为 700 万美元,除该劳务成本外的其他成本为 300 万美元。A,B 两国的企业所得税税率分别为 20% 和 30%。假设不考虑相关流转税。

方案一:甲公司将劳务价格定为 100 万美元。

方案二:甲公司将劳务价格定为 160 万美元。

要求:甲公司应选择哪种筹划方案。

第一节　跨国经营的纳税筹划概述

随着经济国际化的不断深入,开放经济以及国际贸易、国际资本和劳动力流动深刻地影响着各国的税收政策及其效应。越来越多的经济学家和企业家开始对跨国税收问题进行研究,其中包括跨国纳税人的课税问题、各国间的税收分配、共同市场的财政协调、避税与反避税、跨国经营的纳税筹划等。本章将重点介绍跨国纳税筹划的概念及具体案例应用。

纳税筹划作为一种普遍且重要的经济行为,是由经济活动主体(纳税人)利用税法中对其经营活动有利的规定或某些漏洞而引起的。在跨国税收领域,一方面,国际投资者在进行国际投资的可行性研究或选择最优投资方案时,总是要把有关国家政府税负的大小作为确定其资本投向的一个重要因素;另一方面,对于国际投资者的跨国投资经营活动,各国政府也多半会给予某些特殊税收优惠待遇,因而各国在征税范围、税率高低以及征管水平上的差异,就有可能为国际投资者进行国际性的纳税筹划提供机会,使跨国纳税人拥有选择纳税的条件和机会,从而实现跨国纳税筹划利益。所以,当国际投资者的纳税筹划活动超越一国的税收管辖范围时,这种纳税筹划活动就具有了国际意义。

跨国纳税筹划是纳税筹划活动在国际范围内的延伸和发展,是跨国纳税人利用各国税法规定的差别和漏洞,以各种公开的合法手段减轻国际税负的行为。很明显,它与跨国纳税人采取种种隐蔽的非法手段进行的国际逃税(偷、漏税)活动性质是不同的。

跨国经营中的纳税筹划是由内因和外因相结合而产生的。从主观上说,利润最大化是所有从事生产、经营、投资活动的纳税人都追求的共同目标。跨国纳税人期望通过减轻纳税义务来尽可能地增加其税后利润,这已成为实现其经营战略目标的一个重要方面。但跨国纳税筹划要取得成功,仅有纳税人的主观愿望还不够,还必须具有客观条件。从客观上说,造成跨国纳税筹划的外部(客观)条件,或者说促使跨国税收成功的客观原因,主要是各国税法及有关法律方面的差异、不完善、不健全及各种法律和规章制度中的缺陷和漏洞。也就是说,当各国税法等规定存在差别、纰漏过多或不够严密时,纳税人降低跨国税收负担的主观愿望就有可能通过对这些税法差别或不足之处的利用而得以实现。在国际税收领域,这些漏洞和缺陷主要包括国家与国家之间税收制度的差异以及由此引起的税收负担轻重的差别。例如纳税义务确定标准的差异、税率高低的差异、税基宽窄的差异、避免重复征税方法的差异、税收管理水平的差异等。这就正如《多国性企业通论》一书所指出的:"多国企业之经营,既涉及多国,各国政府之税法及税率,又参差不一,多国企业为整个公司权益计,自当尽量设法减轻税收负担。故'政府的职责是拟订法令,我们的职责是找寻漏洞',似为所有多国企业财务人员之共同课题。"

第二节 变换投资主体所在国的纳税筹划

跨国企业根据各国对于在计算企业所得税时,境外分支机构的亏损是否可以抵减境内营业机构盈利规定的不同特点,通过变更投资主体的所在国来利用其所在国的境外机构所得税优惠政策,可以达到减轻税负的目的。

我国税法规定企业在汇总计算企业所得税时,其境外营业机构的亏损不得抵减境内营业机构的盈利,所以我国企业在海外投资设立分支机构时,如果预测该分支机构最初几年一定会亏损,则不论采取分公司的形式还是子公司的形式,都不能用该分支机构的亏损抵减境内盈利。

在一些国家的税收规则及相关法律规定中,其境外营业机构的亏损可以抵减境内营业机构的盈利。在这些国家境内的企业,若在海外投资设立子公司,子公司通常被视为一个独立的法人,需要独立承担所在国的纳税义务;若在海外投资设立分公司,分公司在更多情况下被视为不具有独立法人地位的经营机构,其在法律意义上仍然属于总公司,其经营成果往往要与总机构的经营成果汇总到一起。如果预测该分支机构最初几年一定会亏损,就可以通过设置分公司,用其亏损抵减总公司的盈利,从而实现税负最小化的目的。如果境外分公司在发展几年后开始盈利,这时,则应将该经营机构的组织形式由分公司改为子公司,以使其成为东道国的居民企业。这是因为作为东道国的税收居民,子公司通常可以享受到一些居民企业特有的税收优惠,比如,东道国与其他国家签订的税收协定中规定的预提税优惠条款等。

【例7-1】 甲公司是我国一家跨国企业,预计本年应纳税所得额为9 000万美元,适用我国25%的企业所得税税率。甲公司有一境外子公司乙,乙公司设立在B国,本年预计乙公司应纳税所得额为3 000万美元,B国的企业所得税税率为30%,且B国税法规定企业在汇总计算企业所得税时,其境外营业机构的亏损可以抵减境内营业机构的盈利。本年甲公司欲在C国投资兴建丙公司,预计丙公司当年发生亏损1 000万美元。

要求:请对上述业务进行纳税筹划。

【筹划分析】 我国企业在海外投资设立分支机构时,如果预测该分支机构最初几年一定会亏损,则不论采取分公司的形式还是子公司的形式,都不能用该分支机构的亏损抵减境内盈利。但若我国企业在海外某国设立子公司,而该国税法规定境外分支机构的亏损可以抵减境内营业机构的盈利,则可以考虑让该子公司在另一国投资设立分公司,让其分公司抵减子公司的盈利,从而达到降低总体企业所得税的目的。

【筹划方案】

方案一：由甲公司或乙公司在 C 国投资设立子公司丙。子公司具有法人资格，应当单独缴纳企业所得税。母子公司之间的盈亏不可互相抵消，丙公司的亏损只能由其以后年度的盈利来弥补。

甲、乙公司应纳企业所得税总额 $= 9\,000 \times 25\% + 3\,000 \times 30\% = 3\,150$（万美元）

方案二：由甲公司在 C 国投资设立分公司丙。丙公司的亏损由其以后年度的盈利弥补。甲公司设在我国，我国税法规定企业在汇总计算企业所得税时，其境外营业机构的亏损不得抵减境内营业机构的盈利，因此，丙公司的亏损不能抵减甲公司的盈利。

甲、乙公司应纳企业所得税总额 $= 9\,000 \times 25\% + 3\,000 \times 30\% = 3\,150$（万美元）

方案三：由乙公司在 C 国投资设立分公司丙。乙公司设立在 B 国，B 国税法规定企业在汇总计算企业所得税时，其境外营业机构的亏损可以抵减境内营业机构的盈利，因此丙公司的亏损可以抵减乙公司的盈利。

甲、乙公司应纳企业所得税总额 $= 9\,000 \times 25\% + (3\,000 - 1\,000) \times 30\% = 2\,850$（万美元）

方案三比方案一、方案二少缴纳企业所得税 300 万美元（3 150－2 850），因此应当选择方案三。

通过变更投资主体的所在国来利用其所在国的境外机构所得税优惠政策，不失为跨国经营的一种节税手段。

第三节 规避成为某国常设机构的纳税筹划

从国际税收协定的地域管辖权来看，常设机构是一国是否可以对境外企业征税的标准，即只有境外企业在一国境内拥有常设机构的情况下，该国才可以对其征收所得税。也就是说，纳税人一旦成为某国的常设机构，则来源于该常设机构的所得便应当在该国纳税。《联合国关于发达国家与发展中国家间避免双重征税的协定范本》第二章第五条规定："常设机构"是指一个企业进行全部或部分营业的固定营业场所。"常设机构"同样包括：建筑工地，建筑、装配或安装工程或者与其有关的监督管理活动，但该工地、工程或活动以连续为期六个月以上为限。

对跨国经营企业来说，避免成为常设机构就避免了在非居住国有限的纳税义务，特别是当居住国税率低于非居住国税率时，避免成为高税率的非居住国常设机构，获得非居住国的免税优惠，就成为很有效的跨国经营纳税筹划策略。因而，跨国经营者可通过货物仓储、存货管理、广告宣传或其他辅助性营业活动而并非设立常设机构来达到在非居住国免税的优惠。

【例7-2】 鹏飞公司是我国一家著名的建筑公司,本年计划到A国从事建筑工程作业,工期约为9个月。根据我国与A国的双边税收协定,建筑工期达到6个月以上的即构成常设机构,需按该国规定缴纳企业所得税。鹏飞公司实施该建筑工程的总成本为3 000万元,工程总收入为4 000万元。A国对该工程征收的除企业所得税以外的其他税负为300万元(均可以在企业所得税税前扣除),企业所得税税率为30%。

要求:请对上述业务进行纳税筹划。

【筹划分析】 对于到某国从事建筑、安装工程的跨国企业,若该国企业所得税税率较高,则企业应充分利用该国规定常设机构的条件,避免使自己成为该国的常设机构,这样可以降低税负。

【筹划方案】

方案一:鹏飞公司的建筑工期达到6个月以上,鹏飞公司构成A国的常设机构,需要在A国缴纳企业所得税。

鹏飞公司在A国应纳企业所得税税额=(4 000−3 000−300)×30%=210(万元)

鹏飞公司共纳税=300+210=510(万元)

该笔所得汇回我国后,由于A国企业所得税税率超过我国25%的税率,因此不需要补缴企业所得税。

鹏飞公司的税后利润=4 000−3 000−510=490(万元)

方案二:若鹏飞公司将此建筑工程分为两个阶段进行,每5个月作为一个阶段,中间停工休息一个月,则鹏飞公司就不构成A国的常设机构,不需要在A国缴纳企业所得税。

鹏飞公司在A国的税后利润=4 000−3 000−300=700(万元)

该笔所得汇回我国后,需要按照我国企业所得税税率缴纳企业所得税。

鹏飞公司应纳企业所得税税额=700×25%=175(万元)

鹏飞公司共纳税=300+175=475(万元)

鹏飞公司的税后利润=4 000−3 000−475=525(万元)

方案二比方案一少缴纳企业所得税35万元(510−475),多获取税后利润35万元(525−490),因此应当选择方案二。

通过利用税收协定中常设机构的条件,使用合理的方法与手段避免成为常设机构,从而避免采用所在国的高企业所得税税率,可以达到节税的目的。

第四节 跨国关联企业转让定价的纳税筹划

转让定价是企业进行跨国纳税筹划的基本手段。一般来说,转让定价是跨国企业内部各公司之间通过提供产品、劳务、资金或财产等形式而进行的收入与费用的分配。从本质来看,跨国企业的转让定价是利润在其位于不同国家的公司之间的转移过程,因而也成为跨国企业进行纳税筹划的重要手段。

跨国企业会通过转让定价的手段降低其位于高税负地区的关联公司的利润,同时增加其位于低税负地区的关联公司的利润,从而降低集团整体税负,实现税后利润最大化。具体来说,跨国企业通过转让定价在其内部各公司间转移利润,主要是通过转让货物、提供劳务、资金融通、成本分摊等活动来实现的。

通过合理制定转让货物的价格转移利润是跨国企业常用的纳税筹划方法,其操作方法如下:在跨国企业位于高税率国家(或地区)的子公司将原材料或产品销售给位于低税率国家(或地区)的子公司时,在相关国家(或地区)税法允许的范围内,通过制定尽可能低的交易价格,尽可能降低位于高税率国家(或地区)子公司的利润,提高位于低税率国家(或地区)的子公司的利润,实现减轻整体税负的目的。在实践中,这种方法常常适用于跨国企业的生产性子公司位于高税率的国家或地区(在这些国家或地区设立生产基地的生产成本有可能会更低)、销售子公司位于低税率的国家或地区(跨国企业在这些国家或地区可能拥有较为成熟的销售网络)的情形。反过来说,如果跨国企业出于生产成本或其他因素的考虑将生产子公司设在了低税率的国家或地区,而其销售子公司位于高税率国家时,则在生产子公司将货物转让给销售子公司时,应该尽可能提高货物转让的价格。

【例7-3】 甲公司是A国的一家企业,在B国拥有一家全资子公司乙,本年甲公司向乙公司销售一批半成品,由乙公司加工后对外出售。甲公司生产这批半成品的成本为60万元,甲公司按正常价格销售该批半成品的收入为140万元,乙公司的总成本为在甲公司的进价基础上加价20万元,乙公司加工完毕后以300万元对外出售最终产品。A国企业所得税税率为30%,B国企业所得税税率为20%,假设不考虑相关流转税。

要求:请对上述业务进行纳税筹划。

【筹划分析】

应纳企业所得税税额的计算公式为:

$$应纳企业所得税税额 = 应纳税所得额 \times 适用税率 - 减免税额 - 抵免税额$$

在没有减免税额和抵免税额的情况下,计算公式为:

$$应纳企业所得税税额 = 应纳税所得额 \times 适用税率$$

若没有企业所得税纳税调整项目,则利润总额即应纳税所得额。

跨国关联企业之间的购销业务,若在不同的国家适用的企业所得税税率不同,可以通过合理运用"高进低出"或"低进高出"的手段,将利润在关联集团公司内部各成员之间进行合理转移,使得利润从高税率地区转移到低税率地区,从而在一定程度上降低整个集团公司的企业所得税税负。

【筹划方案】

方案一：假设甲公司将零件按140万元的正常价格出售给乙公司。设置较高的交易价格，将利润更多的保留在企业所得税税率较高的A国。

甲公司应纳企业所得税税额＝(140－60)×30％＝24(万元)

乙公司应纳企业所得税税额＝[300－(140＋20)]×20％＝28(万元)

甲、乙公司纳税合计＝24＋28＝52(万元)

方案二：假设甲公司将零件按120万元的较低价格出售给乙公司。设置较低的交易价格，将利润更多的转移到企业所得税税率较低的B国。

甲公司应纳企业所得税税额＝(120－60)×30％＝18(万元)

乙公司应纳企业所得税税额＝[300－(120＋20)]×20％＝32(万元)

甲、乙公司纳税合计＝18＋32＝50(万元)

方案二比方案一少缴纳企业所得税2万元(52－50)，因此应当选择方案二。

关联方之间的交易均应遵循独立交易原则，转让定价的纳税筹划要合理有度，不能过分地降低或提高价格。

提供劳务是跨国企业利用转让定价进行纳税筹划的另一有效途径。与转让货物相比，跨国企业内部各关联企业之间提供劳务的价格制定具有更大的灵活性。由于劳务的类型多样、性质各异且富有变化，许多劳务的市场价格往往相差较大，难以形成公平的交易价格，因此，关联企业之间提供劳务的转让定价往往具有更大的空间。

案例解析

跨国关联企业之间相互提供劳务时，若在不同的国家适用的企业所得税税率不同，则可以通过合理运用"高作价"或"低作价"的方式来收取劳务费用，使得关联企业之间的利润根据需要合理地转移，从而在一定程度上降低整个集团公司的企业所得税税负。

方案一：甲公司将劳务价格定为100万美元。设置较低的劳务价格，将利润更多的转移到企业所得税税率较高的B国。

甲公司应纳企业所得税税额＝(100－60)×20％＝8(万美元)

乙公司应纳企业所得税税额＝(700－100－300)×30％＝90(万美元)

甲、乙公司纳税合计＝8＋90＝98(万美元)

方案二：甲公司将劳务价格定为160万美元。设置较高的劳务价格，将利润更多的保留在企业所得税税率较低的A国。

甲公司应纳企业所得税税额＝(160－60)×20％＝20(万美元)

乙公司应纳企业所得税税额＝(700－160－300)×30％＝72(万美元)

甲、乙公司纳税合计＝20＋72＝92(万美元)

方案二比方案一少缴纳企业所得税6万美元(98－92)，因此应当选择方案二。

第五节 在避税地成立销售公司的纳税筹划

国际避税地的说法源自英文"tax haven"，又称避税天堂、避税港、离岸中心等，一般是指那些税负非常低甚至不征收所得税的国家或地区，由于其极低的税收待遇，因此往往是跨国公司进行避税活动的主要途径。

从目前世界上的主要避税地来看，国际避税地主要包括以下几种类型：一是不征收任何所得税的国家或地区。这类避税地通常称为"纯避税地"，如巴哈马、开曼群岛、瓦努阿图等。这些国家或地区对于在本地注册的公司，每年会收取公司年检费，而且费用也相对较低。二是虽然征收所得税但税率极低的国家或地区，其税率一般不超过10%。这类避税地比较典型的有英属维尔京群岛、所罗门群岛等。三是对特殊的境外控股公司设置非常低的税率的国家或地区。这类避税地对本国的企业往往按照正常税率征收所得税，但是对于境外企业在境内设立的不在其境内开展经营活动、仅具有控股作用的公司，往往不征收所得税或者征收极低的所得税。四是与大部分国家签订具有特殊优惠条款的税收协定的国家或地区。在这些国家或地区签订的税收协定中，预提税的税率非常低甚至为零。此外，有的国家或地区(比如中国香港地区)实行单一的地域管辖权，仅对来源于境内的所得征税，对于来自境外的所得不征收所得税。这些国家或地区也常常被认为是国际避税地。

上述各种类型的国际避税地有一个共同的特点：对于境外控股的公司往往设置了非常低的税率，甚至不征收所得税。这就形成了世界上最为明显的"税收洼地"。显然，对跨国企业来说，这些避税地成为其进行跨国纳税筹划的主要途径：通过将利润从其他国家的子公司转移到位于国际避税地的子公司，并将利润累积在国际避税地，便可以在很大程度上降低公司的整体税负。实际上，跨国企业往往根据自身的需要，利用世界各地的避税地虚设各种形式的离岸公司(也称为信箱公司)，然后通过关联交易，把利润留在该离岸公司，从而减轻所得税负。

【例7-4】 甲公司为A国企业，在避税港B国设立了全资子公司乙。现甲公司欲销售一批货物给C国丙公司，这批货物的成本及分摊的经营管理费用为800万美元，双方协定离岸价格为1 000万美元。已知甲、乙两国的企业所得税税率分别为30%和10%，假设不考虑相关流转税。

要求：请对上述业务进行纳税筹划。

【筹划分析】 跨国公司通过在国际避税地设置销售公司,并运用转让定价等手段,将部分利润转移给避税地公司,从而降低跨国公司在全球经营中的总体税负。

【筹划方案】

方案一:由甲公司直接销售给丙公司。

甲公司应纳企业所得税税额 = (1 000 - 800) × 30% = 60(万美元)

方案二:假设甲公司先将这批货物以 900 万美元的价格销售给 B 国的乙公司,再由乙公司以 1 000 万美元的价格销售给丙公司。

甲公司应纳企业所得税税额 = (900 - 800) × 30% = 30(万美元)

乙公司应纳企业所得税税额 = (1 000 - 900) × 10% = 10(万美元)

甲、乙公司纳税合计 = 30 + 10 = 40(万美元)

方案二比方案一少缴纳企业所得税 20 万美元(60-40),因此应当选择方案二。

利用避税地进行纳税筹划越来越受到各国政府的限制,各国纷纷制定反避税(特别纳税调整)措施来限制避税地纳税筹划。

第六节 境外投资利润分配的纳税筹划

我国财税〔2009〕125 号文规定,来源于境外的股息、红利等权益性投资收益,应按被投资方做出利润分配决定的日期确定收入实现。

若跨国企业所在税率高于境外某国税率,并且在境外该国经营预计产生盈利,则可考虑设立子公司,并进行递延纳税筹划。由于跨国企业所在税率高于子公司所在国,因此子公司分配利润,不仅需要向子公司所在国缴纳税款,还需要向母公司所在国补缴税款,但如果子公司不做利润分配,通常无须再向母公司所在国补缴税款,从而达到递延纳税的目的。需要注意的是,如果境外子公司不做利润分配,还需关注母公司所在国的受控外国公司法规。还有一些国家有推迟课税的规定,境外子公司即便做了利润分配,只要境外股息不汇回居住国就无须向居住国缴税。

【例 7-5】 甲公司为我国的一家企业,乙公司是甲公司在国外设立的全资子公司,本年盈利 400 万元。已知我国企业所得税税率为 25%,乙公司所在地企业所得税税率为 15%。

要求:请对上述业务进行纳税筹划。

【筹划分析】 当投资企业在境内(适用 25% 的企业所得税税率),被投资企业在境外,被投资企业的企业所得税税率低于投资企业时,被投资企业将税后利润分回给投资企业,投资企业应补缴企业所得税。被投资企业的税后利润若暂不进行分配,则投资企业本期不需要补缴企业所得税,这样便可以实现延迟纳税。

【筹划过程】

方案一:乙公司将全部税后利润分回给甲公司。

甲公司应补缴企业所得税税额 $=400\times(25\%-15\%)=40$(万元)

方案二:乙公司对其税后利润暂不进行分配。

甲公司不必补缴企业所得税,这样便延迟了纳税时间,充分利用了资金的时间价值,相当于获取了一笔免息贷款。

方案二比方案一当期少缴纳企业所得税40万元(40−0),因此应当选择方案二。

保留利润不分配的方案必须符合集团公司的整体发展需要,同时还需兼顾各方利益,否则不宜长期采用。

章 节 测 试 题

班级 _____ 姓名 _____ 学号 _____ 总分 _____

一、单项选择题(每小题1分,共5分)

1. 常设机构中工地、工程或活动以连续(　　)以上为限。
   A. 1个月　　　　B. 2个月　　　　C. 3个月　　　　D. 6个月

2. 下列各项中,属于跨国公司纳税筹划的客体的是(　　)。
   A. 跨国公司　　　　　　　　　B. 跨国公司的税收
   C. 跨国公司的利润　　　　　　D. 跨国公司的组织机构

3. 国际避税地的说法源自英文(　　),也称国际避税港。
   A. WTO　　　　B. tax haven　　　　C. OECD　　　　D. ICC

4. 我国财税规定,来源于境外的股息、红利等权益性投资收益,应按(　　)确定收入实现。
   A. 被投资方做出利润分配决定的日期
   B. 被投资方实际发放利润的日期
   C. 投资方实际取得被投资方利润的日期
   D. 被投资方确认利润的日期

5. 跨国纳税人利用各国对税收管辖权的规定在一定程度上的差异所形成的某些重叠和空白来避税,属于(　　)。
   A. 运用国际重复征税的免除方法避税
   B. 利用避税地避税
   C. 利用税境差异避税
   D. 利用税收优惠避税

二、多项选择题(每小题2分,共6分)

1. 下列做法中,能够降低跨国企业整体所得税负担的有(　　)。
   A. 跨国企业根据自身的需要,利用世界各地的避税地设立各种形式的离岸公司,然后通过关联交易,把利润留在该离岸公司
   B. 当居住国税率低于非居住国税率时,避免成为高税率的非居住国常设机构
   C. 跨国企业会通过转让定价的手段降低其位于高税负地区的关联公司的利润,同时增加其位于低税负地区的关联公司的利润

D. 跨国企业会通过转让定价的手段增加其位于高税负地区的关联公司的利润,同时降低其位于低税负地区的关联公司的利润

2. 下列各项中,国际避税地主要包括( )。
   A. 不征收任何所得税的国家或地区
   B. 虽然征收所得税但税率极低的国家或地区,其税率一般不超过10%
   C. 对特殊的境外控股公司设置非常低的税率的国家或地区
   D. 与大部分国家签订具有特殊优惠条款的税收协定的国家或地区

3. 下列各项中,属于国际转让定价的形式的有( )。
   A. 劳务价格   B. 劳务量
   C. 有形资产交易价格   D. 交易时间

三、判断题(每小题1分,共4分)

1. 跨国纳税人采取隐蔽的非法手段进行的国际逃税(偷、漏税)活动也可称为跨国经营的纳税筹划。 ( )
2. 不征收任何所得税的国家或地区通常被称为"纯避税地"。 ( )
3. 在境外设立的分公司具有独立法人资格。 ( )
4. 一个国家或地区若想成为避税地,不仅要实行低税或无税的政策,还要在政治上相对稳定,在法律上允许跨国投资者自由出入境,并满足其社会公共设施齐全、生活和工作环境良好等方面的要求。 ( )

四、思考题(第1题15分,第2题20分,共35分)

1. 简述跨国纳税筹划的概念,并分析其形成的主观意愿和客观条件。
2. 简述跨国经营中的纳税筹划的方法,并分析其主要原理。

五、案例分析题(每小题25分,共50分)

1. 甲公司为A国的企业,在避税港B国设有子公司乙,并控制其全部股权。现甲公司欲销售一批货物给C国丙公司。这批货物的成本及分摊费用为600万美元,双方协商的离岸价格为1 000万美元。已知A、B两国的企业所得税税率分别为30%和20%,假设不考虑相关流转税。

   要求:请根据上述资料,对甲公司进行纳税筹划。

2. 甲公司为A国企业,本年取得一项外观设计专利权,并欲将此专利权转让给B国的全资子公司乙,有效年限为10年。A、B两国均无同类专利可比价格,双方协商定价范围为20~40万美元,转让期为10年。乙公司又将此专利权在B国以50万美元的价格转让出去。A、B两国的企业所得税税率分别为20%和30%,假设不考虑相关流转税。

   要求:请根据上述资料,对甲公司进行纳税筹划。